서울대 1등급 노트

대학수학능력시험 개요

구분 영역	문항 수	배점	시험 시간	출제 범위 (선택과목)
국어	45	100점	80분	공통과목 : 독서, 문학 선택과목(택 1) : 화법과 작문, 언어와 매체 공통 75%, 선택 25% 내외
수학	30	100점	100분	공통과목 : 수학 I, 수학 II 선택과목(택 1) : 확률과 통계, 미적분, 기하 단답형 30% 포함
영어	45	100점	70분	영어 I, 영어 II를 바탕으로 다양한 소재의 지문과 자료를 활용하여 출제 듣기평가 문항 17개 포함
한국사 (필수)	20	50점	30분	한국사를 바탕으로 우리 역사에 대한 기본 소양을 평가하기 위한 핵심 내용 위주로 출제
탐구 / **사회 · 과학 탐구**	과목당 20	과목당 50점	과목당 30분	생활과 윤리, 윤리와 사상, 한국지리, 세계지리, 동아시아사, 세계사, 경제, 정치와 법, 사회·문화 물리학 I, 화학 I, 생명과학 I, 지구과학 I, 물리학 II, 화학 II, 생명과학 II, 지구과학 II 17개 과목 중 최대 택 2
직업 탐구	과목당 20	과목당 50점	과목당 30분	1과목 선택 : 농업 기초 기술, 공업 일반, 상업 경제, 수산·해운 산업 기초, 인간 발달 중 택 1 2과목 선택 : 성공적인 직업생활 + 위 5개 과목 중 택 1
제2외국어 /한문	30	50점	40분	독일어 I, 프랑스어 I, 스페인어 I, 중국어 I, 일본어 I, 러시아어 I, 아랍어 I, 베트남어 I, 한문 I 9개 과목 중 택 1

(2025학년도 기준)

4등급도 1등급 되는
정시 파이터의
특급 전략

서울대 1등급 노트

한정윤 지음

포레스트북스

내가 공부를 하도록
이끌었던 원동력

중학교 재학 시절까지만 해도, 저는 공부를 열심히 하는 학생이라고는 말할 수 없었습니다. 그저 주변에서 하라고 하기에 억지로 하고, 또 남들에게 보여주기 위한 공부만 계속했을 뿐 공부를 해나가게끔 하는 자기만의 원동력은 없었던 학생이었죠.

그런 식으로 공부를 했음에도 중학교에서 좋은 성적을 거둘 수 있었던 것은 행운이었을까요, 아니면 불행이었을까요. 이러한 공부가 불러오는 결과에는 한계가 있다는 것을 깨달은 건 고등학교에 진학한 이후였습니다.

중학교 때와는 전혀 다른 면학 분위기, 그와 동시에 차원이 다르게 높아진 학생들의 실력. 고등학교에 입학하고 처음 치러진 내신 시험에서 제 진짜 실력은 바로 모습을 드러내고야 말았습니다.

이렇게는 안 된다는 생각에 제가 처음으로 선택한 방법은 공부를 잘하는 주위 친구들이 활용하는 공부법을 따라 해 보는 것이었습니다. 그러나 불행히도 그 시도들은 전부 실패로 돌아가고 말았죠. 그렇게 마무리된 1학년, 저에게 남겨졌던 건 입학할 당시의 기대와는 전혀 다른 모습을 하고 있는 내신 성적표밖에 없었습니다.

곧이어 찾아온 고1 겨울방학, 일반적인 학생이라면 으레 이 시기에 2학년 내신 준비를 하게 되겠지만, 저는 내신이 아닌 수능 공부를 하는 선택을 했습니다.

내신은 지금까지 치러진 모든 시험의 결과물이 업보가 되어 남기에 추후 성적을 올리더라도 전체적인 대학 진학의 기댓값 상승에는 한계가 있을 수밖에 없습니다.

그에 반해 수능은 단 한 번 치러지는 시험이기에, 이전에 거두었던 모의고사 성적과 관계없이 좋은 성적을 얻기만 하면 대학 진학의 기댓값도 그에 맞춰서 상승하게 되기 마련이죠.

이미 1학년 내신에서 기대에 한참 뒤떨어지는 성적을 거둔 시점에서, 내신은 더 이상 저에게 유의미한 선택지가 되지 못했습니다. 더 이상 내신을 붙들어 봤자 원하는 성과를 낼 수 없으리라는 생각에, 저는 온전히 수능 공부에 제 모든 시간을 투자하는 쪽을 택했습니다.

그렇게 약 3개월이라는 시간을 모두 수능 공부에 전념한 뒤 마주한 고2 3월 모의고사에서 저는 기대를 훨씬 뛰어넘는 성적을 얻을 수 있었습니다. 이 덕분에 고등학교에 진학한 이후 처음으로 공부로 인정을 받는 경험을 할 수 있었죠.

그 이후, 저는 진심에서 우러나서 모의고사 공부를 하게 되었습니다. 공부로 인정받는 것이 저에게 있어 행동을 계속해 나가게끔 하는 이유가 되었던 것이죠.

'공부를 잘하는 사람'이라는 친구들과 선생님의 저에 대한 인식, 그로부터 자연스레 우러나오는 기대감, 그 기대감을 또다시 충족시켰을 때 받게 되는 부러움의 시선에서 저는 저라는 사람의 존재 가치를 찾았으며, 그 존재 가치를 잃지 않기 위해서라도 더욱더 열심히 공부에 매진하게 되었습니다.

인정이라는 이름의 원동력이 이끄는 대로 따라가 계속해서 공부를 이어 나간 저는 결국 정시로 서울대학교에 입학하는 성과를 거두게 되었습니다. 그렇다면 중학교 재학 당시의 저와 서울대학교에 입학한 저 사이에는 어떤 차이점이 존재하는 것일까요? 많은 답변이 나올 수 있겠지만, 이에 대해 제가 내어 놓고 싶은 답은 단 한 가지입니다.

'공부를 해야 하는 이유의 발견'

앞서 이야기했듯 타인의 인정은 제가 공부를 계속해 나가도록 하는 이유가 되었습니다. 그리고 이처럼 공부를 해야 하는 이유를 찾고 나서야 비로소 저는 높은 학업적 성취를 얻을 수 있었던 것입니다.

그리고 이 이야기에서 제가 여러분에게 궁극적으로 하고 싶은 말도 이 지점에 있습니다. 공부를 해야 하는 여러분만의 이유를 찾으세요.

그 이유는 저처럼 타인의 인정이 될 수도 있겠고, 또는 스스로의 만족감이 될 수도 있겠고, 아니면 꿈에 대한 추구가 될 수도 있겠죠.

그러나 이유가 무엇이 되었건 간에, 이유를 찾았는가 또는 찾지 못했는가 여부는 공부를 해 나갈 때의 마음가짐과 앞으로의 학업적인 성취 정도에 반드시 유의미한 차이를 만들게 됩니다. 공부를 해야 하는 이유를 찾기 전의 제 성적과 이유를 찾은 뒤의 성적 간 매우 큰 차이가 나던 것처럼 말이죠.

이유가 없는 공부는, 마치 연료를 채우지 않고 질주하는 차와도 같습니다. 지금 당장은 이상 없이 달려나갈 수 있어도, 결국 '이유'라는 이름의 연료가 모두 떨어지고 나면 바닥에 주저앉게 되고야 말죠.

반면에 꾸준히 연료를 주입받기만 하면, 차는 지치지 않고 계속 달려가 언젠가는 결국 가고자 하는 곳에 도달하게 되어 있습니다. 마찬가지로 공부를 해 나갈 이유를 찾은 여러분은 어떠한 학업적인 성취라도 결국 이뤄 낼 수 있습니다.

여러분도 저처럼 그 이유를 찾아 낼 수 있기를 바랍니다.

CONTENTS

prologue 내가 공부를 하도록 이끌었던 원동력   004

Chapter 1

Encounter
(특히 반갑지 않은 일에) 맞닥뜨리다

01	고등학생이 알아야 할 공부 10계명	014
02	노베들이 많이 하는 6가지 실수	029
03	수시냐 정시냐, 그것이 문제로다	037
04	인강 vs. 학원 vs. 과외 선택의 기준	045
05	수험생을 위한 마인드 세팅	051
06	미리 보는 고3 1년간 최적의 학습 루틴	060
07	고3이 되기 전에 끝내고 가야 할 것들	068

수험생이 되며 읽을 글   **수능 D-365, 그것이 가지는 의미**   082

Chapter 2

Withstand

견뎌 [이겨] 내다

08 행동 영역에 관한 모든 것   090

09 수능 국어 공부의 기틀 잡기   099

10 수능 수학 공부의 기틀 잡기   125

11 수능 영어 공부의 기틀 잡기   138

12 수능 사회탐구 공부의 기틀 잡기   149

13 수능 과학탐구 공부의 기틀 잡기   168

14 기출의 유용성과 기출 학습의 방향   193

15 N제의 유용성과 N제 학습의 방향   210

16 모의고사의 유용성과 모의고사 학습의 방향   224

17 기출·N제·모의고사 간 학습 배분법   238

18 슬기로운 방학 생활을 위한 조언   245

19 점수를 깎아 먹는 실수를 떨쳐 내는 4가지 방법   254

20 많이 받았던 공부 질문과 답변   260

6월 모의고사 전 읽을 글   어느새 반환점이 눈앞으로 다가왔습니다   266

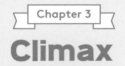

Climax

(어떤 일·시간상) 절정에 이르다

21 벼락치기로 최고의 효율을 뽑아 내는 법   274

22 9월 모의고사가 끝난 뒤 해야 할 것들   286

23 D-100부터 수능까지 내가 따랐던 생활 패턴   292

24 파이널, 모든 것에 대한 갈무리   296

25 실전 모의고사 활용 시 체크리스트   307

9월 모의고사 후 읽을 글 **모의고사가 끝난 뒤 남겨진 것은**   319

Finale

(작품 등의) 마지막 부분, 마무리 [대단원]

26 사소한 듯 사소하지 않은 수능에 대한 궁금증들   324

27 내가 수능 시험장까지 가지고 갔던 행동강령   329

28 수능 당일 최적의 시험 운용 루틴   341

29 경험자가 조언하는 기타 수능 팁   349

수능 전 읽을 글 **'순응'이 곧 끝납니다**   352

Epilogue 새로운 세상으로 나아가는 여러분에게   356

서울대 1등급 노트

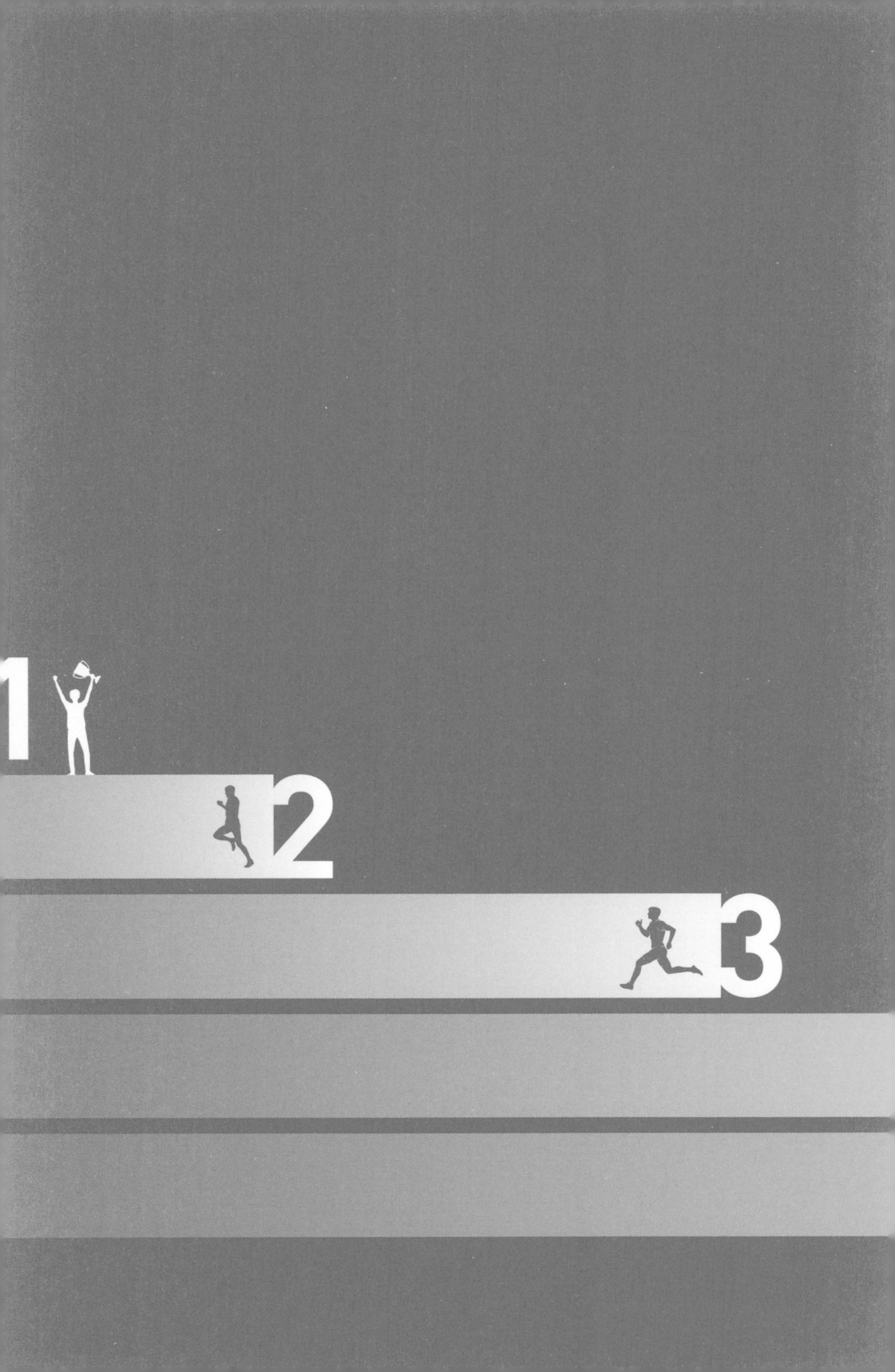
1
2
3

Chapter 1

Encounter

(특히 반갑지 않은 일에) 맞닥뜨리다

고등학생이 알아야 할
공부 10계명

1. 암기와 이해는 서로 돕는 관계다

암기와 이해, 두 학습의 방향은 언뜻 보기에는 대척점에 서 있는 것처럼 느껴집니다. 하지만 사실 이 둘은 서로가 서로를 용이하게 해 주는 **상호 보완적인 관계**입니다.

특정 내용을 암기해야 할 때 그 내용에 대한 충분한 이해를 갖추는 것은 암기의 틀과 방향을 잡아 줍니다. 그리고 이렇게 암기를 통해 형성한 배경지식은 추후 다른 내용을 이해하는 데 도움이 되는 발판으로 작용합니다.

이는 우리의 상식과 반대처럼 보입니다. 대부분의 학생들은

'이해가 가지 않으면 암기해라'라는 말을 들어 왔고, 또 이 말을 따라 왔기 때문입니다.

그러나 이미 우리는 알게 모르게 이해를 통해 암기를 보조하고, 또 암기를 통해 이해를 보조하는 방식의 학습을 해 왔습니다.

영어 어휘를 암기할 때 접두사와 접미사를 통해 어휘의 형성을 이해하는 것, 사상가의 주장을 암기할 때 그가 펼친 논리의 체계를 이해하는 것, 문학 작품의 특성을 암기할 때 작품에 담겨 있는 시대상과 주제를 이해하는 것까지, 이들은 모두 우리가 해 왔던 **이해를 통해 암기를 보조**하는 공부입니다.

또한 배경지식을 통해 국어 비문학(독서) 지문을 이해하는 것, 암기한 수학 공식을 통해 수학적 증명을 이해하는 것, 역사적 사실에 대한 지식을 바탕으로 역사적 사건의 전개 양상을 이해하는 것들은 모두 우리가 해 왔던 공부이자, **암기를 통해 이해를 보조**하는 공부죠.

그리고 암기뿐만 아니라 암기한 정보의 인출에도 이해는 큰 도움을 줍니다. 이는 비문학 지문을 이해한 채로 문제를 푸는 경우와 이해하지 못한 채로 문제를 푸는 경우 간의 차이를 생각해 보면 쉽게 와닿을 것입니다.

이와 같이 우리는 인지하지 못한 채 이해와 암기 간 상호작용의 도움을 받아 많은 학습을 진행해 왔습니다. 그리고 이제는 이 상호작용을 인지할 수 있는 단계로 올라가야 합니다.

학습 계획을 세울 때 이해와 암기의 활용을 모두 적극적으로 고려하세요. 학습에 활용할 수 있는 배경지식이 있는지, 또 암기에 앞서 학습할 내용을 이해할 수 있는지를 따져 보세요.

2. 본인의 수준을 파악하고 받아들이자

학생들에게는 실력에 따라 나름의 학습 수준이 존재합니다. 이 학습 수준은 당연히 학생들마다 다르기에, 스스로의 학습 수준을 객관적으로 파악한 뒤 그에 맞추어 공부 계획을 수립하고 이행하는 것은 실력 상승을 위해 매우 중요합니다.

『개념원리』를 겨우 풀 수준의 학생이 『블랙라벨』을 푸는 것, 또는 『블랙라벨』을 원활하게 풀 수 있는 학생이 『개념원리』를 푸는 것은 둘 다 실력 상승에 유의미한 기여를 하지 못하겠죠.

그러나 학생들은 종종 자신의 수준을 올바르게 파악하지 못하거나, 파악한 자신의 수준을 받아들이기를 거부합니다. 이 두 경우 모두 현재 필요한 최적의 학습을 하는 것을 막아 학습의 효율을 떨어뜨린다는 문제점을 불러일으킵니다.

수준 파악이라는 귀찮은 과정을 거치지 않는 공부 또는 현실을 외면한 채 자기 위안 속에서 하는 공부는 당장의 만족감과 편안함을 줄 수는 있겠지만, 이를 통해 원하는 목표를 달성하기는 어렵습니다.

학습을 해 나가면서 실시간으로 현재 진행 중인 학습이 내 수준에 적합한지, 또는 내 수준보다 너무 낮거나 높은지에 대해 고민해 보세요.

이 과정에서는 현재 자신과 비슷한 등급의 다른 학생들이 세운 계획을 참고하는 것이 도움이 될 것입니다. 해당 내용이 내 수준보다 너무 낮거나 높다는 결론이 나왔으면, 겸허히 받아들이고 현재 자신의 수준에 맞는 새로운 학습 계획을 수립하세요.

자신의 수준을 과대평가해 과도하게 어려운 학습을 하는 것, 또는 쉬운 학습으로 도피하는 것은 실력 상승에 결코 도움이 되지 않습니다.

3. 학습의 올바른 순서를 지키자

모든 공부에는 나름대로 따라야만 하는 순서가 있습니다.

순서는 일반적으로 '개념 학습 → 문제 풀이 학습 → 실전 학습'으로 이루어지는데, 여기서 문제 풀이 학습은 다시 '기초 → 기출 → N제(사설 문제)' 순으로 구성되어 있습니다.

예외적으로 종종 기초 문제 풀이 학습은 개념 학습과 같이 이루어지나, 그 이외의 학습들은 보통 이 순서를 따라 이루어집니다. 이 일련의 순서는 현재 성적과 관계없이 모든 학생이 따라야 하며, 이 순서를 벗어난 학습은 실력 상승에 도움을 주기 힘듭니다.

여기서 우리는 다음과 같은 의문을 가질 수 있습니다. "그러면 모든 과목 공부를 시작할 때마다 저 순서를 반복해야 하나요?"

분명히 이것은 비효율적인 이야기로 들립니다. 이는 2번에서 언급한, 자신의 수준에 맞는 학습을 해야 한다는 사실에도 위배되죠.

공부를 할 때마다 저 모든 순서를 반복할 필요는 없습니다. 단지 현재 자신의 학습 수준과 상응하는 한 지점을 골라 그 지점에서부터 공부를 시작하면 될 뿐입니다.

그러나 학습의 효율을 극대화하기 위해서는 저 일련의 순서에서 어느 지점이 현재 내 학습 수준과 상응하는지에 대한 올바른 판단을 내려야 합니다.

현재 자신의 학습 수준을 판단할 때 개념 학습, 문제 풀이 학습, 실전 학습 중 어느 학습이 필요한 수준인지, 문제 풀이 학습이라면 기초 문제 풀이, 기출 문제 풀이, N제 풀이 중 어느 것을 해야 하는지를 판단 기준으로 두세요.

자신에게 어느 학습이 필요한지를 올바르게 판단한 뒤, 그 학습 이후의 단계들을 착실하게 따라가다 보면 어느새 원하는 목표에 한 발짝 더 다가선 자신을 발견할 수 있을 것입니다.

4. 꾸준한 복습이 학습의 완성이다

공부에 있어 복습이 중요하다는 이야기는 이 글을 읽고 있는 여러분을 포함해 우리 모두가 귀에 못이 박히도록 들어 온 이야기일 것입니다. 그러므로 우리는 복습이 중요하다는 사실을 머리로는 받아들이면서도 한편으로는 지루하다는 이유로, 또는 이미 다 아는 내용이라는 이유로 무시하죠.

그러나 많은 경우, '이미 다 아는 내용이라는' 생각은 착각에 불과합니다. **공부에 있어 생각보다 '이미 다 안다'의 기준은 높습니다.** 특정 내용을 다 안다고 하기 위해서는 이해와 암기를 모두 온전히 수행해야 하고, 이는 단 한 번의 학습으로 이루기에는 불가능한 일일뿐더러 이루었다 하더라도 결국에는 망각이라는 장애물을 마주하게 됩니다.

그러므로 여러 번에 걸친 반복 학습, 그리고 구멍이 난 부분에 대한 보완 학습을 할 때 비로소 우리는 어떤 내용을 '다 안다'는, 다시 말해 '그 내용에서는 더 얻어 갈 것이 없다'는 수준에 도달할 수 있습니다.

내가 했던 공부는 완벽할 것이라는 자만심을 버리고, 공부에 부족함은 없었는지 또는 새롭게 구멍이 난 부분은 없는지 확인하는 취지의 복습을 진행하세요. 최초로 학습한 내용은 반드시 다음 날 복습을 거치고, 이해도에 대해 주기적인 테스트를 진행한 뒤 미비한 부분을 확인하고 복습하기를 권합니다.

학습에 이러한 복습 절차를 도입하는 것은 이후 학습한 내용들을 온전히 스스로의 것으로 만드는 데 큰 도움을 줄 것입니다.

5. 약점 파악과 개선에 힘을 쏟자

이제 막 공부를 시작한 학생들부터 모의고사를 쳤다 하면 항상 만점에 근접한 성적을 거두는 학생들까지, 공부를 하는 학생이라면 누구나 자기만의 약점을 가지고 있습니다.

다음 표는 수능 국어 영역에서 측정하는 능력들입니다. 하나의 영역에서도 여러 능력을 측정함을 알 수 있죠. 이처럼 수능이라는

어휘·개념	어휘·개념은 정확하고 효과적인 어휘 사용 능력과 과목별 교육과정에 제시된 기본 개념의 이해 능력을 측정 요소로 한다. 어휘의 지시적·문맥적·비유적 의미를 이해하고 표현하는 능력, 문장과 문단의 의미가 분명하게 드러나도록 표현하는 능력뿐만 아니라 화법, 작문, 언어, 매체, 독서, 문학 영역의 기본 개념도 어휘·개념 영역에서 다룬다.
사실적 이해	사실적 이해는 언어로 표현된 말이나 글의 내용을 정확히 파악하고 이해하는 능력, 말이나 글에 담긴 정보 간의 관계를 파악하는 능력, 말이나 글의 조직과 구조를 파악하는 능력을 측정 요소로 한다.
추론적 이해	추론적 이해는 말이나 글에서 직접 명시되지 않은 정보를 논리적으로 추론하는 능력, 내포적(함축적, 문맥적) 의미를 추론하는 능력, 전제나 논거를 추론하는 능력, 전후 관계를 추론하는 능력, 필자의 견해·주장·의도를 추론하는 능력을 측정 요소로 한다.
비판적 이해	비판적 이해는 말이나 글의 내용 및 형식을 주체적인 관점에서 해석하고 그에 대한 타당성·적절성·가치 및 우열에 대해 평가하는 능력을 측정 요소로 한다.
적용·창의	적용·창의는 창의적 사고를 바탕으로 말이나 글의 개념과 원리를 새로운 맥락에 적용 또는 활용하는 능력, 말이나 글의 생산을 위해 내용을 생성·조직·표현·수정하는 능력을 측정 요소로 한다.

수능 국어 영역에서 측정하는 능력들

시험은 매우 많은 종류의 능력을 요구하기에, 이 능력 하나하나를 모두 완성의 수준까지 발전시킨 후 그 수준으로 꾸준하게 유지하는 것은 거의 불가능한 영역에 속해 있습니다.

따라서 겉으로는 완벽해 보이는 학생들도 나름대로 약점을 가지고 있고, 그들은 이 약점을 인지하고 고치고자 최대한 많은 노력을 기울입니다.

그리고 공부를 잘하는 학생들과 못하는 학생들 간의 중요한 차이는 바로 여기서 발생합니다. **가지고 있는 약점의 개수가 많을수록, 즉 수능이 요구하는 능력을 충족하지 못한 부분이 많을수록 시험에서 높은 성적을 거둘 확률은 줄어듭니다.**

흔히 말하는 '공부를 잘하는' 학생들은 이 사실을 알고 있기에 약점의 발견과 개선에 끊임없는 노력을 기울입니다. 다르게 말하면, 약점의 발견과 개선은 실력과 학업 성적의 상승을 거둘 수 있는 지름길이라는 이야기이죠.

그러니 만약 공부를 하다가 약점을 발견하게 되면 포스트잇이나 노트 등을 활용하여 **약점의 내용과 그 개선 방안을 기록해 두고**, 이후 그 기록을 주기적으로 참고하여 여러분이 해야 하는 일들에 대해 리마인드하세요.

예를 들면, '옳은' 또는 '옳지 않은'과 같은 발문을 확인하지 못해 문제를 틀리는 실수를 자주 하는 학생은, 해당 부분을 약점으로 판단한 뒤 '문제에서 주요 발문에 표시를 한 뒤에 문제에 접근하기' 정도의 개선 방안을 마련할 수 있겠습니다.

약점의 파악과 개선을 통해 가장 효율적이고 또 효과적으로 실전에서 마주할 수 있는 다양한 변수들을 줄일 수 있습니다.

6. 내신과 수능은 엄연히 다르다

고등학교에 진학한 이후 우리는 내신과 수능이라는 두 가지 종류의 공부를 마주합니다. 그리고 이 두 공부는 서로 매우 다른 특징을 가지고 있습니다. 내신은 학교 수업을 바탕으로 한 내용에 대한 '암기'가 주된 구성 요소가 되지만, 수능은 각 과목의 본질적인 '사고 능력'이 주된 구성 요소가 됩니다.

앞서 1번에서 언급했듯 암기와 이해는 상호 보완적인 관계이나 사고 능력은 이해 하나만으로는 계발할 수 없는, 보다 고차원적인 능력입니다. 때문에 내신 공부를 통해 수능 성적을 올리는 것에는, 그리고 수능 공부를 통해 내신 성적을 올리는 것에는 어느 정도의 한계가 존재합니다.

내신에 대한 대비는 내용에 대한 암기를, 수능에 대한 대비는 각 과목에서 요구하는 사고 능력의 배양을 중심으로 이루어집니다. 그리고 이 두 가지 공부의 공통분모는 이해 외에는 존재하지 않으므로, 암기한 내용이 수능에서 활용할 수 있는 배경지식으로 작용하지 않는 이상 한 가지 공부를 통해 내신과 수능을 모두 잡기란 불가능합니다. 각자의 영역에 속한 공부는 각자의 방식으로 따로 진행해야 하죠.

하지만 우리에게 주어진 공부 시간은 한정되어 있습니다. 때문에 우리는 한정된 공부 시간을 내신 공부와 수능 공부 사이에 어떻게 배분할 것인지를 결정해야 하며, 이것이 바로 내신(수시)으로 대학에 진학할 것인지 아니면 수능(정시)으로 대학에 진학할 것인지를 확실하게 결정해야 하는 이유이기도 합니다.

수시로 대학에 진학하기로 결정했다면 지원코자 하는 대학의 수능 최저 커트라인이 어느 정도인지를 참고한 후 내신과 수능 공부 비율을 적절하게 설정해야 하며, 정시로 대학에 진학하기로 결정했다면 내신에 대한 미련은 깔끔하게 버리고(정시에도 내신이 반영되는 서울대학교를 지망하는 것이 아니라면) 온전히 수능 공부에만 집중해야 합니다.

고등학생이 되었다면 수시와 정시라는 대학 진학의 두 갈래 길 중 어느 길을 선택할지에 관한 결정을 내려야 하며, 이 결정은 이후 내신과 수능이라는 두 영역의 공부를 어떻게 배분해서 학습할지에 관한 기준이 되어 줄 것입니다.

7. 입시는 3년에 걸쳐 이뤄지는 체력전이다

정들었던 중학교에 작별 인사를 고하고 고등학교에 입학한 시점부터 여러분은 3년간의 대학 입시를 향한 레이스에 참여하게 되었습니다. 그리고 이 기나긴 여정을 버텨 나가기 위해서는 강인한 체력이 필요합니다.

하루에 7~8시간, 많으면 10시간 이상씩 매일 공부에 투자하는 일정은 어쩔 수 없이 체력적으로 큰 부담으로 다가올 것이기에, 오랫동안 이루어지는 강도 높은 학습을 뒷받침해 줄 체력 배양을 위해서라도 매일 일정 시간을 운동에 투자하는 것은 필수적입니다.

물론 당장은 운동을 하는 시간이 학습에 투자할 시간을 낭비하는 것처럼 보일 수 있습니다. 특히나 수능을 목전에 둔 고3이라면 더욱 그렇겠죠. 그러나 운동을 통해 향상된 체력은 결국 학습 효율의 상승으로 이어져 궁극적으로는 운동 없이 공부만 했을 때보다 더 높은 학업적인 성취를 거둘 수 있게끔 도와줄 것입니다.

또한 적당량의 운동은 쌓여 있는 스트레스를 풀어 주는 효과가 있습니다. 특히나 그 운동이 친구들과 어울려서 할 수 있는 축구나 농구 같은 것들이라면, 친구들과 어울리면서 오는 효과까지 더해져 스트레스 해소 효과는 배가 됩니다.

많은 학생이 공부를 이유로 체육 시간 이루어지는 신체 활동에 제대로 참여하지 않지만, 장기적으로 보았을 때 이는 결코 현명한 선택이 아닙니다.

8. 공부를 해야만 하는 이유를 찾자

긴 시간 동안 공부를 해 나갈 수 있게끔 도와주는 요소는 신체적 요소인 체력 외에도 한 가지가 더 있습니다. 정신적 요소인 동기부여가 바로 그것이죠.

이 책을 읽고 있는 학생 여러분 모두 공부를 이어 나가고 있겠지만, 그 이유는 저마다 다를 것입니다. 누군가는 스스로의 자아실현을 위해 공부를 할 수도 있고, 누군가는 자신이 어디까지 이뤄낼 수 있는 사람인지 알아보고자 공부를 할 수도 있고, 누군가는 단지 부모님이 시켜서 하기 싫은 공부를 억지로 하고 있을 수도 있습니다.

그러나 공부를 통해 이루고자 하는 자기만의 목적의식 없이 진행되는 공부는, 결국 그 동력을 잃어 탈진으로 이어질 가능성이 높습니다. 어떤 일을 하든 그 일을 해야 하는 자기만의 이유를 찾는 것은 매우 중요합니다. 그중에서도 특히 **공부는 당장 눈앞에 보이는 즉각적인 보상이 없으므로 자기만의 이유가 특히 중요합니다.**

지금 여러분이 공부에 목적의식이 없다면, 공부를 해 나가야만 하는 여러분만의 이유를 꼭 만드세요.

9. 적당량의 휴식은 독이 아닌 약이다

대학 입시는 3년이라는 시간 동안 이루어지는 기나긴 공부의 레이스입니다. 실제 레이스에서도 선수들을 위한 휴식 시간이 존재하듯, 공부라는 레이스에서 선수로서 달리고 있는 학생들을 위해서도 일정량의 휴식은 반드시 필요합니다.

'2보 전진을 위한 1보 후퇴'라는 말이 있듯이, 이후 더 높은 효율의 학습을 진행하기 위해서라도 일정한 휴식 시간은 공부 계획 안에 포함되어야 합니다.

그러나 많은 학생이 계획을 세울 때 휴식에 대해 고려하지 않는 실수를 저지릅니다. 그들에게 휴식은 단지 공부를 방해하는 독일 뿐이기에 계획에 들어가서는 안 되는 것이고, 결국 그들의 계획표는 자신에게 일말의 여유도 허락하지 않는 무자비한 모습으로 변해 갑니다.

그러다 어느 순간 탈진 상태가 되어 비로소 휴식을 취하게 되나 그 휴식은 계획에 없던 것이기에 비정기적이고 안정되지 않았으며, '이러면 안 되는데'라는 죄책감으로 가득 차 있습니다. 결국 그들은 편히 쉬지도 못한 채 다시금 스스로를 벼랑 끝으로 몰아넣는 공부를 시작합니다.

이를 방지하기 위해서는, **적당량의 휴식은 공부를 이어나가는 데 꼭 필요한 것**이라는 사실을 받아들여야 합니다. 매일매일의 학습 계획을 세울 때 일정 시간은 휴식 시간으로 꼭 남겨 두세요. 수업 사이사이의 쉬는 시간처럼 공부와 공부 사이에 짧은 휴식 시간을 넣을 수도 있고, 일주일에 하루를 쉬는 날로 설정해 두는 것도 좋은 방법입니다.

우리의 동력은 무한하지 않기에 달려 나가기 위해서 숨을 고르는 시간은 반드시 필요합니다. 그 시간이 더 높은 곳까지 날아오를 수 있게끔 하는 발판이 될 것입니다.

10. 그럼에도, 공부에 매몰되지는 말자

여러분은 대학 입시라는 큰 목표를 목전에 두고 있고, 그러므로 공부는 여러분의 생활에서 떼려야 뗄 수 없는 아주 밀접한 관계를 맺고 있을 것입니다. 여러분이 무엇을 하려고 계획하든 학습 일정은 1번 고려 사항에 들어가죠. 그러나 고등학교 학창 시절을 보내면서 여러분이 할 수 있는 경험은 공부 이외에도 많습니다. 그리고 이 경험들 모두 각자 소중하기에 공부를 이유로 항상 뒷전으로 밀어내기에는 아쉽습니다.

친구들과 함께하는 일상, 그로부터 쌓여가는 여러 추억, 다양한 취미 활동 등의 경험은 모두 우리의 내적 성장을 이끌어냅니다. 그리고 이들 중 상당수는 성인이 된 후에는 결코 겪지 못할, 오로지 학창 시절에만 경험할 수 있는 것들입니다.

더욱이 학창 시절에 쌓은 인간관계와 사회생활, 리더십 등 다양한 방면에서의 경험은 대학에 진학한 후에도, 아니 사회에 진출한 후에도 여러분을 더 가치 있는 사람으로 거듭나게 하는 데 큰 기여를 합니다. 그리고 이 모든 것들은, 고등학생으로서 마땅히 해야하는 공부와 비교해도 중요성 측면에서 결코 밀리지 않습니다.

비록 고등학생으로서 공부는 여러분의 인생에서 크게 고려해야 하는 사항이지만, 그럼에도 공부를 이유로 학창 시절에만 누릴 수 있는 경험들을 전부 포기하지는 마세요.

여러분이 보내고 있는 학창 시절의 막바지는 인생에서 소중한 순간으로 남는 시기이고, 다시는 찾아오지 않기에 언젠가는 그리움의 모습으로 남게 될 때입니다. 훗날 돌이켜 봤을 때 아쉬움이 남지 않도록 최대한 많은 경험과 추억을 쌓기를 바랍니다.

노베들이 많이 하는
6가지 실수

1. 여러 강사들, 콘텐츠 찍먹

공부의 기초가 없는 상태의 학생을 흔히 '노 베이스(No Base)' 상태라고 말합니다. 줄여서 '노베'라고 부릅니다. 이러한 노베들은 아직 공부를 제대로 해 본 적이 없기에 어떤 강사가 자신에게 잘 맞는지, 어떤 콘텐츠가 자신에게 잘 맞는지 알지 못합니다.

그러므로 노베들은 처음에는 최대한 많은 강사의 강의를 들어 보고, 최대한 많은 콘텐츠를 풀어 보기를 시도합니다. 물론 그렇게 공부를 하다 보면 언젠가는 스스로에게 맞는 콘텐츠를 찾아낼 수 있기는 합니다. 그러나 문제는 시간과 비용의 효율 측면에서 큰 손해가 발생한다는 것입니다.

남들이 딱 한 가지의 콘텐츠를 선택해 우직하게 파는 동안 혼자 여러 콘텐츠를 살펴보고, 여러 강사들의 강의를 전부 들어 보는 것은 낭비가 심할 수밖에 없겠죠.

그럼 다음과 같은 질문을 할 수 있겠습니다. "하지만 한 번만에 스스로에게 가장 잘 맞는 콘텐츠나 강사를 찾을 수 있나요?"

물론 완벽하게 자신에게 맞는 콘텐츠나 강사들을 스스로의 힘만으로 한 번에 찾아내기란 불가능에 가깝습니다. 그러나 본인이 선택하려고 하는 콘텐츠나 강사에 대한 리뷰를 찾아 보거나, OT를 들어 보는 것으로 해당 콘텐츠나 강사가 본인에게 맞는 스타일인지는 파악할 수 있습니다.

물론 이것을 위해서는 본인이 어떤 스타일인지에 대한 객관적인 파악이 선행되어야 합니다.

2. 수준에 맞지 않는 콘텐츠 소비

바로 앞에서 말한 1번과도 연결되어 있는 이야기입니다. 노베 상태의 학생들은 스스로의 수준에 맞지 않은 콘텐츠를 소비하는 경우가 많이 있는데, 근본적인 이유는 자신의 실력에 대한 객관적인 파악이 힘들기 때문입니다.

이런 실수가 일어나는 구체적인 경우에 대해 살펴보자면, 첫 번째로는 1번에서 언급한 '여러 콘텐츠 찍먹'이 있을 수 있습니다. 여러 가지 콘텐츠들을 모두 시도하다 보니, 스스로의 실력과 맞지 않는 콘텐츠가 섞여 들어가는 것이죠.

그러나 이 경우 그 콘텐츠가 스스로의 실력에 맞지 않는다는 것을 금방 깨닫고 포기하기 마련이기에 그나마 다행이라고 볼 수 있습니다.

진짜 문제가 되는 것은 두 번째 경우인데, 이 경우는 스스로의 실력이 이 콘텐츠에 맞지 않는데도 모종의 이유로 계속해서 그 콘텐츠를 소비하는 것입니다. 이것은 앞으로 설명할 3번(보여 주기에 집착)이나 4번(자신만의 공부법의 부재) 실수와도 연관이 되어 있는 경우이죠.

남들에게 '내 실력은 이 정도다!'라는 것을 보여주려고 하거나, 스스로 세운 공부법이 없어 남들의 공부법을 무턱대고 모방하는 경우에 이 두 번째 문제가 발생할 수 있습니다. 이는 스스로가 실력이 부족함을 깨닫고도 그 콘텐츠를 포기하지 않는 상태라, 첫 번째 경우보다 더 위험합니다.

그러므로 이러한 실수를 없애기 위해서는, 무엇보다 현재 **자신의 실력을 객관적으로 파악하고 그에 맞춘 공부법을 스스로 수립**하는 노력이 필요하겠죠.

3. '보여 주기'에 집착

누구나 공부를 하다 보면 타인에게 자신이 공부한다는 사실과 거기에서 비롯된 성과를 보여주고 싶은 순간이 있습니다. 그리고 그 마음은, 대부분의 순간에는 공부를 하게 하는 원동력으로 작용하여 학업 성취에 기여를 합니다. 그러나 그 정도가 지나쳐서 타인에게 보여 주는 것이 '목적'이 되어버리면 문제가 됩니다.

타인에게 더 잘 보일 수단만 강구하느라 정작 진짜로 본인의 학업적인 성취를 올리는 데는 소홀해지게 되기 때문이죠. 그리고 이것은 흔히 과도한 플래너 꾸미기나 '공스타(공부하는 인스타그램)' 운영의 형태로 드러납니다. 물론 이것들 자체는 적절히만 활용한다면 공부에 동기부여를 해줄 수 있는 좋은 수단으로 작용할 수 있죠.

플래너는 장단기 공부 계획을 세우는 데 매우 효과적이며, 공스타는 같은 목표를 공유하는 사람들끼리 소식을 공유하고 유대 관계를 쌓는 수단으로 활용할 수 있기 때문입니다.

그러나 앞서 이야기했듯, 이것들을 비롯한 '타인에게 보일 수 있는 무언가'를 하는 것이 학업에 우선시되어서는 안 되겠습니다. 저것들은 어디까지나 공부 동기부여를 위한 수단으로만 작용해야지, 그 자체가 목적이 되면 그 뒤부터 공부는 뒷전으로 밀려 버리기 때문입니다.

4. '자신만의 공부법'의 부재

앞서 언급한 2번과도 밀접하게 연결되어 있는 실수입니다. 노베 상태의 학생들은 스스로의 수준이나 공부 스타일이 어떻게 되는지도 모르고, 또 스스로 공부 방법을 세워서 공부를 해 본 적이 없는 경우가 대부분입니다. 그러므로 그들은 공부를 시작할 때 종종 공부를 잘하는 학생들의 공부법을 모방하거나, 아예 계획 없이 공부를 진행하는 경우가 대부분이죠.

그러나 모든 일이 그러하듯, 공부에서도 자신에게 맞는 계획을 수립해 그것을 따라가는 것은 매우 중요합니다. 저마다 공부를 하는 데는 그 나름의 목표가 있고 그 목표를 달성하는 데 도움이 되지 않는 공부는 가치가 없는데, 계획이 없는 공부는 목표를 달성하기 위한 공부에서 매우 쉽게 벗어나기 때문입니다.

이것을 방지하기 위해서는 스스로 자기에게 맞는 공부법을 찾으려는 노력을 해야 합니다. 그러나 앞에서 이야기했듯, 노베 상태의 학생들은 스스로의 수준이나 공부 스타일에 대해 객관화가 되어 있지 않은 경우가 많습니다. 그래서 스스로에게 맞는 공부법을 찾기 전에, 이 학생들은 먼저 자신의 수준과 공부 스타일을 객관적으로 파악해야 합니다.

그렇게 스스로의 실력이나 공부 스타일을 깨달은 다음에는, 시간이 많다면 여러 가지 공부법을 직접 시도해 볼 수도 있습니다. 그러나 시간이 부족한 경우에는 자신과 공부 스타일이 비슷하거나 수준이 비슷한 다른 학생들의 공부 방법을 참고하며 자신만의 공부법을 계획하는 것이 좋습니다.

무작정 공부를 잘하는 사람의 방법을 따라 하기보다는 이렇게 스타일과 학습 상황이 비슷한 사람들의 공부 방법을 따라 하는 것이 당연히 더 본인에게 맞는 공부법을 찾을 확률을 높여 주겠죠.

5. 스스로 생각하는 시간의 부재

노베 상태인 학생들이 공부하는 양상을 보면, 스스로 생각해 보는 시간의 비중이 그다지 높지 않은 경향이 나타납니다.

이 학생들은 흔히 인강이나 학원, 과외 등등 '하나하나 알려주는' 학습 수단에 많이 의존하는 편인데, 이러한 학습 수단들이 가능케 하는 '떠먹여 주는' 공부가 스스로 생각하면서 하는 공부보다 훨씬 편하기 때문입니다.

물론 이러한 학습 수단들은 적절하게 활용했을 때는 큰 도움이 될 수 있습니다(자신에게 맞는 학습 수단을 택하는 법은 뒤의 4장 '인강 vs. 학원 vs. 과외 선택의 기준'에서 조금 더 자세히 설명하겠습니다). 특히나 공부 습관이나 방법이 아예 잡혀 있지 않은 학생들에게는 '떠먹여 주는' 공부를 통해 공부 습관과 방법을 잡는 과정이 필요하죠.

그러나 이 공부 습관과 방법이 확립되고 나면 그 뒤에는 '스스로 생각하는' 공부의 필요성이 대폭 증가합니다. 결국 수능에서 궁극적으로 평가하는 요소는 사고력인데, 이 **사고력은 스스로 생각해 보는 시간을 늘림으로써만 키울 수 있기 때문입니다.**

인강이나 학원, 과외는 공부의 '방향'을 설정해 주는 것에 가장 큰 의의가 있으며, 그 방향을 향해 걸어 나가는 것은 오롯이 학생 스스로의 몫입니다. 공부의 방향이 명확히 설정된 후에도 저 수단들에 의존한다면, 성적 상승에는 결국 정체기가 찾아올 수밖에 없습니다.

어느 시점까지는 '떠먹여 주는' 공부를 해야 하고, 또 어느 시점부터 '스스로 생각하는' 공부를 해야 하는지, 올바른 판단을 내려야 합니다.

6. 잘못된 공부 방향 설정

마지막으로, 노베 상태의 학생들은 스스로의 공부 목표나 학습 상황에 부합하지 않는 공부 방향을 설정해 공부하는 경우가 많습니다. 예를 들면, 수능 비문학 공부를 위해 현재까지 출제된 비문학 주제에서 다뤄진 내용들을 전부 외우는 경우가 있을 수 있겠죠.

이는 공부 경험의 부재로 인해 발생하는 실수입니다. 본인이 세운 목표를 추구하기 위해서 어떤 공부를 해야 하는지에 대한 노하우가 부족하기 때문에 발생하는 일이죠.

스스로 자신만의 상황에 맞는 공부 방향을 설정할 능력이 없는 경우

에는 타인의 도움을 받는 것이 좋습니다.

이 문제를 해결하기 위해서는 앞서 5번에서 언급했듯 인강, 과외, 학원 등의 '떠먹여 주는' 학습 수단들을 활용하는 것이 도움이 될 수 있습니다. 이 실수는 공부의 방향을 제대로 잡지 못해 발생하기에, 공부 방향을 잡는 데 도움이 될 수 있는 수단들이 필요합니다.

또는 학습 커뮤니티 사이트에 업로드된, 여러분과 비슷한 상황을 겪었던 사람들이 업로드한 학습 칼럼들을 참고하는 것도 도움이 될 수 있습니다.

여기서 언급한 어떤 방법을 활용했든 간에 올바른 공부 방향을 설정하는 것은 최종적인 공부 목표를 성취하는 데 있어 굉장히 중요한 문제이며, 공부의 효율성을 챙기기 위해서 꼭 행해야 하는 일입니다.

수시냐 정시냐,
그것이 문제로다

수시 vs. 정시 선택의 중요성

수시를 준비할 것이냐, 또는 정시를 준비할 것이냐는 아마 많은 고등학생들이 하게 되는 고민들 중 하나일 것입니다. 그리고 이 두 가지 대학 진학의 길 중에서 어떤 것을 택할지 명확히 정하지 못한 학생들은 공부의 방향을 제대로 잡지 못할 것이기에, 이들 중 하나를 확실하게 선택하고 그에 따라 학습의 길을 준비해 나가는 것은 매우 중요합니다.

이 장에서 제시하는 내용들을 잘 살펴본 뒤, 본격적으로 학습을 시작하기 전 방향을 확정해 봅시다.

예비 고1의 경우

이제 막 고등학교에 입학하는 예비 고1은 수시와 정시 사이에서 고민을 하지는 않을 것입니다. 당장 수시와 정시가 무엇이 다른 것인지조차 파악하지 못한 학생들이 대다수겠죠. 예비 고1의 경우에는 충분히 그럴 수 있습니다.

그리고 이 예비 고1 학생들에게는, 적어도 고등학교 1학년을 다니는 동안은 무조건 수시를 먼저 챙겨 보라고 이야기하고 싶습니다.

학교를 입학하기 전 방학 동안 정시(모의고사) 공부를 하지 말라고 이야기하는 것이 아닙니다. 그러나 고1 모의고사 성적, 또 고1 내신 시험 성적만을 보고 바로 정시에 '올인'하기로 결정하는 것은 너무나 시기상조입니다.

이 시점엔 내신을 올릴 수 있는 여지가 많이 남아 있기도 하거니와, 무엇보다 고1 모의고사에서 거둔 성적이 수능 날까지 그대로 이어질 가능성은 매우 희박하다는 데 그 이유가 있습니다.

물론 공부 방법을 아예 몰라 고등학교 1학년 때는 본인의 역량보다 낮은 점수를 받았다가, 이후 열심히 공부해 수능에서 높은 성적을 받은 사례가 없는 것은 아닙니다. 그러나 이는 굉장히 희귀한 사례입니다. 또한 애초에 고1 모의고사 성적을 토대로 수능 성적을 예측한다는 것은 무리가 있기에, 이때 얻은 성적이 높다고 내신을 완전히 버리는 것은 좋지 않은 선택입니다.

따라서 현재 예비 고1인 학생들은 내신 공부를 중심으로 공부를 하되, 학기 중 모의고사 공부를 한다면 최대한 내신 공부를 잠식하지 않는 방향으로 이어 나가기를 추천합니다.

예비 고2의 경우

만약 이 글을 읽고 있는 여러분이 예비 고2이고 정시에 집중할지 고민하고 있다면, 아마도 여러분은 고1 내신의 쓴맛을 이미 보고 온 거겠죠. 그러나 이런 경우라도 바로 내신을 버리고 완전히 수능 준비에 올인하는 것이 더 나은 전략이라고는 볼 수 없습니다.

현재 여러분이 처해 있는 상황을 종합적으로 고려해 결정하는 것이 옳은 판단입니다. 그러므로 다음 기준을 잘 읽어 보고 현재 여러분이 처한 상황이 어디에 해당하는지를 판단한 후, 그에 따라 옳은 선택을 내리면 됩니다.

1. 현재까지 내신 성적이 지방 사립대 이하인 경우

이 경우에는 완전히 정시에 집중하는 것을 추천합니다. 앞으로 계속 내신을 파서 수시로 대학을 가는 경우보다, 앞으로 남은 2년 동안 수능 공부를 계속해 정시로 대학을 가는 경우가 예상되는 기대치가 훨씬 더 높습니다.

내신의 경우는 앞에서 얻은 낮은 성적이 이후에도 계속 발목을 잡지만, 정시의 경우는 이전 모의고사에서 어떤 성적을 얻었든 간에 개의치 않고 수능 성적 딱 하나만으로 대학이 결정되기 때문이죠.

물론 이것은 이제부터라도 최선을 다해 공부를 할 때의 기댓값을 이야기한 것이지, 이전과 같이 나태하게 공부를 이어 나간다면 달라지는 것은 아무것도 없을 것입니다.

2. 현재까지 내신 성적이 지방 거점 국립대 이상인 경우

이 경우에는 일단 겨울방학 때 모의고사 공부에 올인을 한 이후 고2 3월 모의고사 성적이 나오는 양상을 보고 결정하는 편이 좋습니다.

현재까지 여러분이 본 고1 모의고사 성적은 표본의 수준도 수준이고, 탐구 과목이 상대평가로 시행되지도 않기에 여러분의 위치를 정확히 나타내 주지 못합니다.

표본의 수준은 고3의 그것과는 비교할 수 없지만, 탐구 과목이 상대평가로 시행되어 그나마 여러분의 현재 위치를 '어느 정도는' 제대로 보여줄 고2 3월 모의고사를 바탕으로 결정을 내려야 한다는 것이죠.

겨울방학 때 모의고사 공부에 최선을 다했다는 가정하에, 다음과 같은 기준을 따라 수시·정시를 선택하면 됩니다. 내신으로 진학할 수 있는 대학의 평균 등급과 수능으로 진학할 수 있는 대학의 평균 등급을 놓고 따져 봤을 때, 선택의 기준은 다음과 같습니다.

❶ 고2 3월 모의고사로 진학 가능한 대학의 평균 등급이 현재까지 따
놓은 내신으로 진학 가능한 대학의 평균 등급보다 1.5 이상으로 높
은 경우
→ 정시에 집중

❷ 고2 3월 모의고사로 진학 가능한 대학의 평균 등급이 현재까지 따
놓은 내신으로 진학 가능한 대학의 평균 등급보다 0.7 이상 1.5 미
만으로 높은 경우
→ 수시와 정시를 최대한 병행

❸ 고2 3월 모의고사로 진학 가능한 대학의 평균 등급이 현재까지 따
놓은 내신으로 진학 가능한 대학의 평균 등급보다 0.7 미만으로
높은 경우
→ 수시에 집중, 정시 공부는 스스로가 목표한 대학의 수능 최저 등
급을 맞출 정도로만 할 것

예비 고3의 경우

예비 고3의 경우에도 판단 기준의 틀은 전체적으로는 예비 고2와
비슷합니다. 고3 3월 모의고사를 기준으로 판단을 내리는 것이죠.
다만 고3들이 치르는 모의고사는 이전보다는 수능의 표본과

그 표본 수준이 더 비슷해진다는 것을 고려할 필요가 있습니다. 따라서 정시에 집중하는 것의 판단 기준이 예비 고2의 경우보다는 조금 더 너그러워집니다.

다만 예비 고2에 비해 남은 시간이 훨씬 적으므로 정시에 집중하게 된다면 정말 공부를 열심히 해야 한다는 점은 유념해 두어야 합니다.

1. 현재까지 내신 성적이 지방 사립대 이하인 경우

마찬가지로, 이 경우에는 정시에 집중하는 것이 낫습니다. 앞으로 계속 내신을 파서 수시로 대학을 갈 경우와 정시에만 완전히 집중해서 수능으로 대학을 갈 경우의 예상되는 대학 급간의 기대치의 차이가, 예비 고2의 그것보다도 훨씬 더 큽니다.

예비 고3이라면 앞으로 내신을 더 올리기도 매우 어려울 뿐더러, 올린다고 해도 전체적인 등급에 큰 영향을 주지는 못합니다. 따라서 이 경우에는 완전히 정시에 집중하는 게 여러분의 대학 입시에 훨씬 더 긍정적인 방향으로 작용할 것입니다.

2. 현재까지 내신 성적이 지방 거점 국립대 이상인 경우

이 경우에도 마찬가지로 겨울방학 때 전력을 다해 모의고사 공부를 한 후 고3 3월 모의고사 성적이 나오는 양상을 보고 결정해야 합니다.

그러나 고2 3월 모의고사보다는 고3 3월 모의고사의 전체적인 수준이 수능과 더 비슷해지기에, 판단 기준은 조금 더 넉넉해집니다. 역시 겨울방학에 모의고사 공부에 올인했다는 가정하에, 다음과 같은 기준을 따라 수시·정시를 선택하면 됩니다.

내신으로 진학할 수 있는 대학의 평균 등급과 수능으로 진학할 수 있는 대학의 평균 등급을 놓고 따져 봤을 때, 선택의 기준은 다음과 같습니다.

❶ 고3 3월 모의고사로 진학 가능한 대학의 평균 등급이 현재까지 따 놓은 내신으로 진학 가능한 대학의 평균 등급보다 1.3 이상으로 높은 경우
→ 정시에 집중

❷ 고3 3월 모의고사로 진학 가능한 대학의 평균 등급이 현재까지 따 놓은 내신으로 진학 가능한 대학의 평균 등급보다 0.5 이상 1.2 미만으로 높은 경우
→ 수시와 정시를 최대한 병행

❸ 고3 3월 모의고사로 진학 가능한 대학의 평균 등급이 현재까지 따 놓은 내신으로 진학 가능한 대학의 평균 등급보다 0.5 미만으로 높은 경우
→ 수시에 집중, 정시 공부는 스스로가 목표한 대학의 수능 최저 등급을 맞출 정도로만 할 것

다만 고3의 경우에는 대부분의 수업과 그에 따른 내신 시험이 연계 교재 위주로 진행이 되고, 이 연계 교재들을 공부하는 것은 수능 준비에도 도움이 되므로 이것까지 고려해 수시·정시 집중을 결정하기를 추천합니다.

인강 vs. 학원 vs. 과외
선택의 기준

인터넷 강의(인강)의 장단점

장점: 상대적으로 적은 비용으로 유명 강사들의 강의를 들을 수 있다. 원하는 부분을 중점적으로 여러 번 다시 들을 수 있다.

단점: 강제성이 거의 존재하지 않아서 집중도가 저하되는 문제가 발생하기 쉽다. 어려운 부분이 생겼을 때 해결이 힘들다.

아마 이 글을 읽고 있는 여러분 중 대다수는 이 인터넷 강의, 보통 줄여서 '인강'이라고 부르는 것을 이미 학습 수단으로 선택하고 있을 것입니다. 그만큼 인강은 대중적인 학습 수단이지만, 한편으로는 가장 진입장벽이 높은, 그리고 높아야만 하는 수단이기도 합니다.

명확한 단점으로 인해, 인강은 개인의 강한 의지와 실천력이 뒷받침되지 않으면 학습 효율이 0에 수렴할 수밖에 없기 때문입니다. 당장 강의 하나를 구매해 놓고, 혹은 패스를 구매한 채 수강 신청만 해 놓고 듣는 둥 마는 둥 하다가 결국엔 반도 듣지 못한 채 수강 기간이 끝나 버린 경험, 다들 한 번씩 있지 않나요?

인강은 그 특성상 학습의 강제성이 0에 가깝기에 이는 어쩔 수 없이 발생하게 되는 문제점이며, 일단 태블릿 앞에 앉아 인강을 켰더라도 그것을 '집중해서' 듣는 것은 또 다른 차원의 문제입니다.

물론, 의지와 실천력이 뒷받침된다면 인강만큼 적은 비용으로 높은 효율을 뽑아낼 수 있는 수단은 없습니다. 대치동에서 현장 강의로 수십만 원의 수강료를 호가하는 스타 강사들의 강의를 그보다 훨씬 저렴한 가격으로 자기 자리에 앉아 만나 볼 수 있다는 것은 매우 큰 장점이죠. 한마디로 **인강은 여러분이 어떻게 하느냐에 따라 효율이 하늘과 땅 차이가 나는 학습 수단**이란 이야기입니다.

또한 인강은 뒤에서 언급할 두 가지 학습 수단과 달리 모르는 부분이 생겼을 때 해결하기가 굉장히 난감합니다. 인강 강사의 질의응답 페이지가 있긴 하지만, 이를 활용해서 해결할 수 있는 부분은 제한적이죠.

그래서 궁극적으로, 인강은 어느 정도 학습 습관이 잡힌 학생들, 스스로 어려운 부분에 대해 고민할 수 있는 능력을 갖춘 학생들만 듣는 게 좋습니다.

이 정도의 학습 수준을 갖추지 못한 학생들은, 인강 수강을 시작하기 전에 먼저 뒤에 설명할 학원이나 과외 등을 통해 학습 수준을 올리기를 추천합니다.

학원의 장단점

장점: 개인별 맞춤 코칭이 가능하다. 인근 학교의 내신 대비에 매우 효율적이다. 상당한 수준의 강제성이 존재한다.

단점: 수능 대비 학습에 있어서는 효율이 떨어지는 경우가 많다. 이동 시간의 손실이 발생한다.

여기서 말하는 학원은, 대치동에서 주가를 올리고 있는 대형 재수 종합 학원들이 아닌 일반적인 동네 학원입니다.

내신 공부법을 수능에도 적용하면 안 되는 이유를 가장 효과적으로 보여줄 수 있는 수단이 바로 학원입니다. 이러한 학원들은, 인근 학교의 내신 시험을 대비하는 데는 매우 효과적입니다. 이들이 가지고 있는 각 학교의 기출과 출제 스타일에 관한 정보는, 학생들에게 내신 시험을 대비하기 위한 커리큘럼을 제시해 주는 데 최적화되어 있죠.

그러나 수능에 대한 대비로 넘어간다면 이야기는 180도 달라집니다. 소수의 경우를 제외하면, 학원들은 다른 학습 수단과 비교했을 때 수능을 대비하기 위한 적절한 강의와 학습 계획을 제공하기 어렵습니다.

내신 대비를 위한 학습법과 수능 대비를 위한 학습법은 엄연히 그 내용이 다른데, 이러한 학원들은 내신식 학습법을 수능에까지 적용하려고 하는 경향이 있고, 여기에서 실책이 발생하는 것이죠.

그래서 만약 여러분이 학원에 다닐지 말지 고민을 하고 있다면, **스스로가 대비해야 하는 것이 내신인지 아니면 수능인지에 대해 생**각해 보기 바랍니다.

반면에 학원의 장점은, 학원은 인강이 가지지 못한 강제성을 가지고 있다는 점입니다. 인강은 듣지 않아도 제재를 할 만한 수단이 없는 반면, 학원은 제재 수단이 있죠. 그래서 스스로에 대한 절제력이 부족한 학생들에겐 학원이 좋은 답이 될 수도 있습니다.

과외의 장단점

장점: 가장 강한 수준의 1:1 케어가 가능하다, 세 가지 학습 수단을 통틀어 가장 높은 강제성을 지닌다.

단점: 상대적으로 가격대가 가장 비싸다. 선생님별로 교습 능력이 천차만별이다.

사실, 과외의 경우 단 한 가지를 제외하고는 인강과 학원에 비해 학습 수단으로써의 거의 모든 측면이 열세에 놓여 있습니다. 선생님의 교습 능력도 일반적으로 다른 두 수단에 비해 밀리며, 가격도 세 가지 수단 중에서 가장 비싼 편입니다. 그럼에도 과외의 그 단 한 가지 측면 덕분에, 과외는 교습 방식으로서의 수요를 확보할 수 있었습니다. 그것은 바로 **완전한 1:1 케어**입니다.

이미 학습 습관이 잡혀 있는 분들은 다음과 같이 물을 수도 있겠습니다. "강의 내용만 잘 전달되면 됐지, 굳이 1:1 케어까지 필요할까요?"

실제로 이미 학습 습관이 잡힌 분들에게 과외는 그다지 추천하는 선택지가 아닙니다. 이런 분들은 1:1 케어 없이도 스스로 효율적으로 공부를 해 나갈 능력이 있는 분들이기 때문이죠.

그러나 아직 학습 습관이 정립되지 않은, 공부를 이제 막 시작하는 분들이 습관을 정립하기에는 과외만한 것이 없습니다. 이런 분들은 교과 내용을 배우기 전에 먼저 '공부를 하는 법'부터 익혀야 하고, 그것을 익히는 데는 과외가 가장 큰 도움이 될 수 있기 때문입니다.

또, 선생님이 직접 집까지 찾아오기에 강제성이 매우 높고, 이것 또한 처음 공부를 시작하는 의지가 부족한 학생들에게 플러스 요인이 될 수 있습니다.

그래서 이제 공부를 막 시작하는 분들에게는 과외를 학습 수단으로 택하는 것을 권장합니다. 시작하는 학생들은 외부에서의 직접적인 케어가 없으면 학습을 제대로 이어 나갈 가능성이 적은데, 이 외부에서의 직접적인 케어 역할을 과외가 충실하게 이행해 주기 때문이죠.

그러나 이미 습관이 잡혀 있는 분들에게 과외는 별로 추천하고 싶은 선택지가 아닙니다. 이러한 학생들은 과외나 학원처럼 강제성이 높으나 선생님의 교습 능력이 보장되어 있지 않은 수단 대신, 강제성은 낮으나 선생님의 교습 능력은 보장된 인강을 학습 수단으로 택하는 것이 좋습니다.

	인강	학원	과외
장점	낮은 비용, 여러 번 수강 가능	개인별 맞춤 코칭, 높은 강제성, 강력한 내신 대비	강한 1:1 케어, 가장 높은 강제성
단점	약한 강제성, 의문점 해결의 어려움	이동 시간의 손실, 약한 수능 대비	높은 비용, 천차만별인 교습 능력

수험생을 위한
마인드 세팅

1. 공부 '시간'보다는 '공부 그 자체'에 집중하기

학생들은 대체적으로 그날 한 공부를 단순히 '공부를 한 시간'의 관
점에서 판단하고, 또 그날그날 공부의 목표를 '공부를 한 시간'을
기준으로 설정하는 경향이 있습니다.

물론 공부의 '시간'과 공부를 한 '양' 사이에 유의미한 상관관계
가 있는 것은 사실입니다. 다만 그렇다고 해서 공부를 한 시간'만'
으로 공부의 목표를 설정하고, 매일매일 해 나간 공부의 완성도를
판단하는 것은 무리가 있습니다.

'내가 오늘 한 공부에서 얻은 것은 무엇인가?'나 '오늘 한 공부에서 고쳐야 할 점 또는 피드백할 점은 무엇이 있는가?'와 같은 실질적인 공부의 내용에 관한 부분은, 공부를 한 시간 안에 포함되지 않는 내용이죠.

따라서 공부에 대한 계획 세우기와 판단을 '시간'에만 치중해서 진행하다 보면, 이러한 내용들은 자연스레 놓칠 수밖에 없게 됩니다.

또한 하루 공부의 목표를 공부 시간에만 맞추어서 정하면, 공부 외적인 요소들에 휘둘려서 공부를 제대로 하지 못하더라도 책상에 앉아 있던 시간만 채워지면 '나 오늘 제대로 공부했다!'라는 착각을 하게 됩니다.

그러므로 하루 공부의 계획을 설정하고 그날 한 공부의 완성도에 대해 판단할 때에는, 단순히 공부를 한 시간이 아니라 그날 할·했던 공부의 구체적인 내역 단위로 해야 합니다.

다음 양식과 비슷한 형식의 플래너를 하나 구매하거나, 아니면 스스로 만들어 그날그날 할 공부 계획을 '공부의 구체적인 내역' 단위로 설정하기 바랍니다.

흔히들 공부는 엉덩이 싸움이라는 이야기를 하지만, 그건 어디까지나 엉덩이를 붙이고 있는 시간에 유의미한 공부를 할 때의 이야기임을 명심해야 합니다.

2024년 6월 23일 일요일		D-144

과목	내용	체크
국어	수특 문학 2지문	∨
	취콘 3강	∨
	연필통 1주차 5일	∨
영어	확실해 순삽 4강	∨
	정식 EBS 주간지 1일차	∨
	수특 영어 지문 4개 분석	∨
수학	자이 수2 7페이지	∨
	수특 확통 5단원	∨
사문	수특 12강 문풀	∨
	도표통계 5강 복습	∨
생윤	수특 12강 문풀	∨
	기출분석 6강 복습	∨
아랍어	개념 1강 복습	∨

총 공부 시간

8시간 30분

공부 계획표 양식

2. 매 시험 결과에 일희일비하며 휘둘리지 않기

누구나 시험에서 만족스러운 성적을 거둘 때가 있고, 반대로 만족스럽지 못한 성적을 거둘 때가 있습니다. 그리고 시험에서 만족스러운 성적을 거둔 데서 오는 자신감, 또 만족스러운 성적을 거두지 못함에서 오는 반성은 이후 공부를 해 나갈 때도 매우 중요한 원동력이 됩니다.

그러나 이것이 지나쳐서 각각 자만과 좌절이 되어버린다면, 이후의 공부에 오히려 큰 악재로 작용할 수밖에 없습니다. '9잘수망'은 9월 모의고사에서 좋은 성적을 거두었다고 자만해 공부를 소홀히 한 결과, 수능에서 좋지 못한 성적을 받은 경우를 지칭하는 단어입니다. 이런 단어가 존재하는 데는 다 그 이유가 있습니다. 많은 학생들이 이러한 길을 걸어갔다는 것에 대한 강력한 증거이기도 하죠.

좌절의 경우도 마찬가지입니다. 시험을 망쳤을 때 반성이라는 감정이 따라온다면 이는 이후 더 열심히 공부를 할 수 있게끔 하는 추동력이 되나, 좌절이라는 감정이 따라온다면 이는 공부를 열심히 해도 소용없다는 무력감을 만들어 내죠.

물론 중요한 시험을 앞둔 시점에서 스스로의 실력이 부족한 것을 확인했을 때의 슬픔을 이성적으로 조절하기란 쉬운 것이 아니기는 합니다. 저 역시도 수능을 코앞에 둔 시점인 고3 9월·10월 모의고사에서 평소보다 훨씬 저조한 성적을 받아들고 한동안 슬럼프에 빠졌던 경험이 있거든요.

그러나 여러분은 이 말을 기억해야 합니다. 수능은 결국엔 마지막에 웃는 사람이 승리하는, 한 편의 대하드라마와도 같습니다. 흥미로운 플롯을 가진 드라마에서, 주인공은 여러 가지 역경과 시련을 겪습니다. 아무런 장애물도 없이 탄탄대로만 걸어 나가는 줄거리는 시청자들의 흥미를 끌 수 없는 법이죠. 결국 주인공들은 항상 역경을 끝내 이겨내고, 이야기를 해피 엔딩으로 끌고 나가기 마련입니다.

수능의 경우도 이와 같습니다. 만약 중간에 페이스가 떨어지더라도, 여전히 여러분은 이후 보완 작업을 통해 이를 만회할 수 있는 기회를 가지고 있습니다.

그러므로 만약 여러분 스스로의 실력이 탄탄하다면, 언젠가는 결국 이 슬럼프를 극복해 낸 뒤 원하는 성적을 얻을 수 있을 것이라는 믿음을 가져야 합니다.

저 역시도 위에서 언급한 시험들을 연달아 망쳤음에도 스스로의 실력에 대한 믿음을 잃지 않고 꾸준히 공부를 해 나간 결과 서울대에 진학할 수 있었습니다.

여러분의 대학을 결정하는 것은 결국 수능 성적입니다. 모의고사에는 현재까지 여러분이 해 온 공부에 대한 피드백 그 이상의 의미를 부여하지 말고, 앞으로 여러분이 해 나갈 공부에만 집중하세요.

3. 자신의 약점을 확실히 파악하기

수능의 각 과목은 저마다 고유한 영역의 능력을 학생들에게 요구합니다. 여러분이 그 능력들을 얼마나 제대로 갖추고 있느냐는 곧 여러분이 수능에서 거두게 될 성적의 중요한 요인이 되죠.

그리고 이 능력들 중 특정 부분에서 모자람이 있다면, 비록 다른 부분에서 뛰어난 실력을 갖추고 있을지라도 궁극적으로 성적을 올리는 데는 일정 수준에서 한계가 나타날 수밖에 없습니다. 이를 뒤집어서 말하면, 특정 과목에서 여러분의 성적이 정체되어 있다면 그 과목에서 요구하는 특정 능력이 부족하다는 뜻으로 해석할 수도 있겠죠.

여러분이 마주하게 될 수능 시험지에서 여러분에게 어떤 능력을 요구할지는 수능 당일이 되기까지 아무도 모르므로, 여러분은 최대한 여러분이 가진 약점들을 파악하고 보완하는 방향으로 학습을 진행해야 합니다.

여러분의 성적은 그 약점들을 막느냐 못 막느냐에 가장 크게 달려 있는 것이기 때문이죠.

4. 공부를 편식하지 말기

이는 앞에서 언급한 3번 내용과 긴밀하게 연결되어 있는 내용이기도 합니다. 학생들은 누구나 자신이 잘하고, 또 자신 있는 과목을 공부하는 것을 선호하는 경향이 있습니다. 자신 없는 부분을 공부할 때 오는 자괴감과 괴로움에 대한 일종의 방어 기제라고도 생각할 수 있겠죠. 그러나 3번에서 이야기했듯, **자신 없는 부분을 계속해서 약점으로 남겨 두게 된다면 성적 향상에는 한계가 생길 수밖에 없습니다.**

이는 자신 있는 부분에 대한 공부의 '편식'으로 인해 발생하는 문제입니다. 그러니 여러분은 언젠가 약점을 가지고 있는, '고통스러운' 부분의 공부도 마주하는 순간을 가져야 합니다.

제 경우에는 수학 고난도 N제를 푸는 것을 즐겨 이에 치중하느라 모의고사 등을 학습한 실전 연습에서 약점이 생겼고, 이로 인해 모의고사를 몇 번이나 망친 후에야 여기에 약점이 있다는 것을 깨닫고 고칠 수 있었죠.

만약 자신 없는 부분이 '한 과목 전체'라면, 문제는 더 심각해집니다. 국어·수학·영어·탐구와 같은 주요 과목은 말할 것도 없고, 한국사와 같이 학생들이 흔히 중요하게 생각하지 않는 과목도 실제 수능 후 정시 지원에서는 생각보다 작지 않은 힘을 발휘할 수 있습니다.

대부분의 대학에서는 한국사에서도 5등급 이하의 성적을 받으면 유의미한 페널티를 주고 있습니다. 작게는 0.2점부터 크게는 1점씩도 차이가 납니다. 0.1점으로 수십 명의 당락이 갈릴 수 있는 정시 전형에서, 이는 결코 작은 차이라고 할 수 없죠.

제 경우에는 시간이 모자라다고 제2외국어(아랍어) 공부를 포기했다가, 서울대식 제2외국어 감점 적용으로 굉장히 큰 손해를 봤습니다.

한낱 감점으로, 그것도 서울대 입시에서만 적용되는 제2외국어마저도 정시 입시에 있어서는 상당한 수준의 영향을 미치는데, 아예 주요 과목 하나가 부실하다면 거기서 오는 악영향은 얼마나 클까요?

5. 조급함을 버리고 꾸준히 하기

수능은 장기전입니다. 짧게는 고3 1년, 길게는 고등학교 3년, 더 길게는 제도교육하에서 여러분이 보냈던 12년 전체의 세월 동안 공부를 해 온 결과를 측정하는 것이 바로 수능이라는 시험이죠.

그러므로 수능은 어느 한순간 벼락치기가 아닌, 긴 시간에 걸친 꾸준한 공부만이 성적을 올리는 데 도움을 줄 수 있습니다. 수능의 출제 범위는 매우 방대한데, 이를 벼락치기로 커버한다는 것은 사실상 불가능하다는 사실을 받아들여야 합니다.

그러나 그렇다고 공부를 할 때 조급한 마음을 가지는 것은 아무런 도움이 되지 않습니다. 만약 지금 여러분이 시간상의 여유 등의 이유로 조급함을 느낄 상황에 처해 있더라도, 냉정하게 말해 순식간에 성적을 올릴 수 있는 길은 존재하지 않습니다.

물론 가장 최선의 길은 조급함을 느낄 상황 자체가 발생하지 않도록 평소에도 꾸준히 공부를 하는 것이나, 만약 타이밍이 이미 늦었다면 한정된 시간 안에 수능의 모든 범위를 온전하게 학습하는 것은 불가능하다는 사실을 받아들이세요.

이 상황에서는 지금 당장 했을 때 가장 큰 효율을 낼 수 있는 학습이 무엇인지를 파악한 후, 그것을 중점으로 계획을 짜고 따라가야 합니다.

다시 한 번 명심하세요. 수능은 장기전이기에, 꾸준히 자신의 길을 걸어 나가는 사람만이 결국에는 웃을 수 있습니다.

미리 보는 고3 1년간
최적의 학습 루틴

들어가기 전에

이 장은 강사들이 일반적으로 제시하는 학습의 타임라인을 기준으로 하고 있습니다. 그 말은, 이 글에서 제시하는 학습 루틴은 여러분이 따라갈 수 있는 가장 이상적인 루틴이란 이야기이죠.

그러나 학습을 이어 나가다 보면 여러 가지 사정으로 인해 계획을 따라가지 못하는 경우가 자주 발생합니다. 여러분이 여기서 제시한 루틴을 수능 때까지 그대로 이어나갈 수 있을 확률은 냉정하게 그리 높지 않다는 이야기입니다.

또한 이 글을 읽고 있는 여러분 모두는 각자 학습 수준이 다를 것이며, 학습 수준에 따라 여러분이 따라야 하는 학습 루틴들도 저마다 다 다를 것입니다.

그러니 여기서 제시한 루틴을 유의미하게 참고는 하되, 여기서 제시한 방향을 똑같이 따르지 말고 여러분의 현재 상황에 맞게 융통성을 가지고 조정하여 받아들이기 바랍니다.

고3 1학기

고3 1학기에는 7장 '고3이 되기 전에 끝내고 가야 할 것들'에서 제시한 내용들을 미리 공부한 것을 바탕으로 각 과목별 **실전 개념들에 대한 학습을 진행하고 기출을 통해 배운 것을 정리하는 학습**이 진행되어야 합니다.

여기서 '실전 개념'은 모르고 있어도 그 단원에서 제시되는 내용들에 대한 이해에는 큰 무리가 없지만, 알고 있다면 문제를 더 효율적으로 해결하고 기초 개념을 탄탄하게 다지는 데 도움을 줄 수 있는 개념들을 의미합니다.

문제 풀이에 걸리는 시간을 줄이기 위한 여러 가지 풀이 스킬, 그리고 교과과정에 포함되지는 않았지만 알고 있으면 문제 풀이에 도움이 되는 정보(예 삼차함수의 비율 관계) 등이 이러한 실전 개념에 포함됩니다.

추가적으로, 국어나 탐구와 같이 연계 교재(EBS에서 발행하는 수능과 연계된 교재)에 대한 학습이 필수적인 과목들은 고3 1학기 동안 EBS『수능특강』교재에서 다루는 내용은 완전한 1회독을 해야 합니다.

여러분이 학습해야 할 연계 교재에는 EBS『수능특강』외에도 EBS『수능완성』이 있습니다.『수능완성』은 매년 6월쯤 출간되기에 여름방학 이후에는『수능완성』을 공부하는 데 집중하느라『수능특강』을 공부할 시간을 쉽게 마련하지 못할 것입니다.

또한 연계 교재에서 학습한 내용들은 특히 대충 공부할수록 시간이 지남에 따라 휘발되곤 합니다. 이 경우 파이널 시즌에 시간을 내어 복습을 따로 해야 하므로, 한 번 학습할 때 확실히 해 두는 것이 좋습니다. 그래야 이후 연계 교재 학습에 많은 시간을 할애하지 않아도 되기 때문입니다.

이 모든 학습을 한 뒤에도 시간이 남는다면, 기출 문제를 한 번 더 1회독하며 학습한 실전 개념에 결함이 발생한 부분을 체크하고 보완하세요.

실전 개념 체크와 보완은 기출 학습뿐만 아니라 N제, 실전 모의고사 학습을 하면서도 진행해야 할 정도로 중요한 내용이며, 기출 문제의 온전한 습득은 이후 N제와 실전 모의고사 학습을 더 효율적으로 진행할 수 있게끔 하는 밑바탕이 됩니다. 따라서 남은 시간 동안 여러분이 해야 할 것은 바로 기출 학습인 것입니다.

여름방학~수능 60일 전

고3 1학기가 마무리된 후 여름방학부터 수능이 60일 가량 남은 시점까지 여러분이 해야 할 것은 N제(기출 문제나 연계 교재의 이외의 사설 문제)를 통한 문제 풀이 학습과 새롭게 나온 『수능완성』에서 다루는 내용에 대한 학습입니다.

언제까지나 이미 출제된 요소들만 공부하고 있을 수는 없습니다. 수능에서는 언제든지 미출제 요소가 새롭게 등장할 수 있기에 고득점을 위해서는 미출제 요소들에 대한 학습이 필수적이며, 이는 고난도 N제를 통해 챙길 수 있습니다.

또한 N제 학습은 미출제 요소에 대한 학습 이외에 문제 풀이 실력 상승, 개념에서 발생한 결함의 체크와 보완까지 모두 챙길 수 있는 만큼 기출이 완성되었다는 전제하에 반드시 이루어져야 합니다.

그러나 아직 기출 학습이 완료되지 않은 과목이 있다면, 그 과목의 N제 학습은 미뤄 두었다가 나중에 기출 학습을 완료한 뒤 진행하세요.

기출 학습을 완료하지 않았다는 것은 높은 확률로 고난도 N제를 풀 실력을 아직 갖추지 못했다는 이야기이기도 합니다. 또한 아무리 미출제 요소가 등장한다고 한들 이미 출제된 요소들보다 많이 등장하지는 않으므로 기출을 통해 이미 출제된 요소들을 완전히 학습하기도 전에 N제를 통해 미출제 요소를 공부한다는 것은 어불성설입니다. N제 학습은 언제까지나 기출이라는 초석 위에 쌓아가는 탑과도 같음을 명심해야 합니다.

그리고 여러분이 한창 실전 개념과 기출,『수능특강』을 공부하고 있을 6월, 연계 교재 하나가 새롭게 출시되었습니다. 바로 앞서 언급했던『수능완성』이죠. 출시 당시에는 다른 공부들에 치이느라 학습을 하지 못했을 테지만, 이제는 이『수능완성』을 시간 내어 학습해야 합니다.

『수능특강』을 학습하던 것과 동일한 방식으로, 국어 문학은 출제된 지문들의 전반적인 주제, 줄거리와 등장인물 또는 각 시어가 함축한 의미와 사용된 표현법 등을 외워 두고 다른 교재들은 개념을 살펴보고 문제를 풀어 보며 새롭게 제시된 내용을 파악하고 그것에 중점을 두어 학습하세요.

수능 하루 전날까지 진행하게 될 N제 학습과 달리, 이 연계 교재에 대한 학습은 가능한 한 수능 60일 전까지 완전히 마무리하는 게 좋습니다. 이후 문제 풀이에 할애할 수 있는 공부 시간을 더 많이 마련하기 위함입니다.

수능 60일 전~30일 전

연계 교재 학습을 완전히 마무리했다는 전제하에, 이 기간 동안에는 추가적인 N제 학습에 더해 주기적인 과목별 실전 모의고사 학습이 이루어져야 합니다.

‘문제를 잘 푸는’ 것과 ‘시험을 잘 보는’ 것은, 물론 유의미하게 겹치는 지점이 존재하기는 하지만, 근본적으로는 분명히 다른 차원의 문제입니다.

아무리 문제를 잘 풀더라도 시험 운용이 미숙하다면, 단순 문제 풀이에서는 드러나지 않는 실전에서 발생할 수 있는 다른 변수들(예) 시간 압박)을 감당해 내기 어려울 것입니다. 그리고 이것이 바로 실전 모의고사 학습을 통한 시험 운용의 연습이 중요한 이유입니다.

이 기간 동안 여러분이 새로이 해야 하는 공부는 **실전 모의고사를 통해 실전을 대비**하는 것입니다. 실전에서의 시간 안배와 발생할 수 있는 실수들을 미리 잡아내어 완벽한 시험 운용을 계획하고 이를 미리 시뮬레이션하는 것입니다.

물론 아직은 모의고사 학습보다는 N제 학습에 초점을 더 맞출 때이기는 합니다. 수능이 한 달도 남지 않은 시점에서는 N제 학습을 진행할 시간이 그다지 많이 남아 있지 않을 것이므로 그 이전에 충분한 수준으로 진행해 두어야 하죠.

모의고사 학습이 실전 연습에 더 중점을 두고 있다면 N제 학습은 문제를 푸는 ‘실력’ 그 자체를 기르는 데 더 중점을 두고 있습니다. 이 두 가지 모두 여러분이 원하는 성적을 얻는 데 핵심적인 요소로 작용하므로 잡고 가야 합니다.

그러므로 이 기간 동안에는 N제 학습을 공부의 주요 내용으로 삼되, 일주일에 한 번 정도는 실제 시험 시간에 맞춰 전과목 실전 모의고사 학습을 진행하는 것을 추천합니다.

실전 모의고사 학습을 통해 실전을 시뮬레이션하고, 추가적으로 지금까지의 학습에서 놓치고 넘어간 '구멍'들을 찾아낸 뒤 보완하는 것입니다.

수능 30일 전~수능

수능 준비의 가장 마지막 단계가 될 이 기간에는, **실전 시뮬레이션과 약점 파악 및 보완**에 가장 초점을 맞추고 공부해야 합니다. 그리고 이 실전 시뮬레이션과 약점 파악 및 보완은 모두 실전 모의고사를 통해 해결할 수 있습니다.

실전 시뮬레이션은 앞의 3번에서 설명한 대로, 실전에서의 시간 안배를 미리 계획하고 실전에서 발생할 수 있는 실수들을 미리 잡아내는 방향으로 진행하면 됩니다.

또한 실전 모의고사는 그 과목을 구성하는 모든 내용을 총망라하고 있으니, 실전 모의고사 학습을 하다 보면 그 과목을 구성하는 내용들 전체에 대해 점검을 할 수 있으므로 자연스레 약점 또한 발견할 수 있습니다. 약점을 찾았으면 당연히 그에 대한 보완 대책을 세운 뒤 그대로 공부를 해 나가야겠죠?

예를 들어 국어 실전 모의고사를 풀다가 언어와 매체 단원에서 잊어버린 개념을 발견했으면, 학습했던 언어와 매체 개념서를 꺼내서 해당 부분을 다시 학습하는 것입니다.

또한 학습에서 실전 모의고사의 비중은 수능이 점점 가까이 다가올수록 점차 늘리는 것을 추천합니다. 수능 30일 전에는 일주일에 1~2회 실전 모의고사 학습을 하되, 점차적으로 늘려서 수능 일주일 전부터는 매일 실전 모의고사 학습을 할 수 있게 말이죠.

그리고 실전 모의고사 학습을 하지 않는 시간에는 N제를 통한 문제 풀이 학습, 또 실전 모의고사 학습을 통해 발견한 약점에 대한 보완을 진행하는 게 좋습니다.

문제 풀이 실력 상승은 학습의 어느 단계에 있어서건 투자해야 하는 부분이고, 그에 더해 이 파이널 기간에는 특히 약점 보완과 실전 연습에 여력을 다해야 한다는 이야기입니다.

실제 시험에서 마주할 수 있는 '빈틈'을 최대한 없애는 것, 이것이 이 기간에 여러분이 해야 하는 가장 중요한 공부이자, 수능 당일 웃으면서 시험장을 나올 수 있게끔 하는 데 가장 큰 도움이 될 것입니다.

고3이 되기 전에
끝내고 가야 할 것들

밑바탕의 중요성

고등학교 3학년, 이는 지금까지 해 온 모든 공부를 갈무리하는 시간이자, 그 갈무리한 내용을 바탕으로 본격적인 실력을 쌓아가는 시간이기도 합니다.

그러므로 각 과목의 기초적인 내용들은 가능한 한 고3이 되기 전에 마무리를 해야 합니다. 이는 고3 동안 이 기초적인 내용들을 바탕으로 실전적이고 심화적인 학습을 하기 위한 밑바탕을 쌓기 위한 작업입니다.

아래에 각 과목별로 제시될 내용들을 얼마나 빨리 마무리하는

지가 이후 실력을 쌓기 위해 할애할 수 있는 공부 시간을 크게 좌우하는 요소가 될 것이므로, 이 글을 읽는 고3 여러분은 아래의 내용들은 최대한 빨리 마무리하는 방향으로 공부하기를 추천합니다.

국어 영역

국어에서는 문학 개념어 등의 **공통과목에서 알고 가야 하는 개념들과 스스로가 선택한 선택과목의 개념**은 끝내 놓고 가는 것이 좋습니다.

만약 여러분의 선택과목이 화법과 작문이라면, 먼저 알아 두고 가야 할 개념이 사실상 전무한 해당 과목의 특성상 여러분은 하루에 화법과 작문 세트 한두 지문씩 푸는 정도로 충분히 대비할 수 있습니다.

그러나 언어와 매체는 문법(언어)에 해당하는 개념들을 전부 숙지하고 있어야 이후 원활한 학습이 가능합니다. 따라서 여러분이 해당 과목을 선택했다면 문법의 전체적인 개념은 반드시 1회독을 하고 가야 합니다.

매체의 경우에는 언어에 비해 미리 알아두고 가야 할 개념은 훨씬 적으나, 매체 자료에 대한 특정 배경지식은 문제에서 종종 요구되는 경우가 있어 미리 매체 지문을 하루에 한두 지문씩 꾸준히 풀어 보며 어떤 배경지식을 미리 알고 가야 하는지 체크하고 학습하세요.

또한 고1·2 기출 문항도 마무리하고 가야 하는 공부에 포함됩니다. 고3으로 올라가게 되면 평가원 기출, 고3 교육청 기출, N제, 각자가 수강하는 강사의 커리큘럼 등등을 학습해야 하기에 고1·2 기출을 학습할 시간은 거의 나지 않을뿐더러 '내가 고3인데, 고1·2 기출을 꼭 봐야 하나?'와 같은 생각도 해당 문항들을 학습하지 않게끔 하는 요인이 됩니다.

그러나 분명히 고1·2 문항에서도 얻어 갈 것들은 존재하고, 또 해당 문항들은 아직 실력이 충분히 형성되지 않았을 현 시점에 학습하기 적당할 난이도를 가지고 있습니다. 그러므로 고1·2 기출은 고3이 되기 전에 최대한 마무리해야 한다고 말씀드리고 싶습니다.

독해와 문제 풀이의 감을 꾸준히 유지할 수 있도록 하루에 문학과 비문학을 각각 2~3지문씩 꾸준히 푸는 방식을 가장 추천하고 싶네요.

위의 학습들을 하고도 시간적 여유가 있다면, 여러분이 치르게 될 수능의 연계 교재(『수능특강』)가 출시된 후 그 연계 교재에 수록되어 있는 문학 작품들에 대한 분석까지 진행하는 것도 좋습니다.

연계 교재에 수록되어 있는 문학 작품의 수는 생각보다 많아서, 고3 수험생활 기간에 다른 공부들까지 병행하며 해당 작품들에 대한 분석을 모두 진행하기란 생각보다 어렵습니다. 그러나 현재 수능 국어에서 문학의 연계율은 50%를 상회하는 선에서 상당한 수준으로 유지되고 있죠. 그러므로 가능하다면 연계 교재의 문학 작품들은 고3 개학 이전까지 한 번은 분석해 두는 것이 좋습니다.

문항(번)	연계 부분
18	『수능완성』국어 영역 독서·문학·화법과 작문 / 145~147쪽
19	『수능완성』국어 영역 독서·문학·화법과 작문 / 145~147쪽
20	『수능완성』국어 영역 독서·문학·화법과 작문 / 145~147쪽
21	『수능완성』국어 영역 독서·문학·화법과 작문 / 145~147쪽
22	『수능특강』국어 영역 문학 / 107~109쪽
23	-
24	『수능특강』국어 영역 문학 / 107~109쪽
25	-
26	『수능특강』국어 영역 문학 / 107~109쪽
27	『수능특강』국어 영역 문학 / 107~109쪽
28	-
29	-
30	-
31	-
32	『수능특강』국어 영역 문학 / 66~68쪽
33	『수능특강』국어 영역 문학 / 66~68쪽
34	『수능특강』국어 영역 문학 / 66~68쪽

2024학년도 수능 국어 문학 부분의 연계 내역.
17문항 중 11문항이 연계 교재와 연계되어 출제된 것을 알 수 있다.

수학 영역

수학 역시도 국어와 마찬가지로, 여러분이 선택한 **선택과목과 공통 과목의 기초 개념**은 완전히 마무리가 된 채로 고등학교 3학년을 맞이해야 합니다. 다르게 말하면, 『시발점』이나 『개념원리』에서 다루는 수준의 내용에 대한 학습은 이미 고3 전에 모두 마무리가 되어 있어야 한다는 이야기입니다.

최근의 수능 기조가 더 많은 문제 풀이 훈련을 요구하는 방향으로 선회함에 따라 고3 수험 생활 동안 더 많은 문제 풀이 시간을 확보하는 것이 필수가 되었고 더욱 중요해졌습니다. 기출만 올바르게 학습해도 고득점을 노려볼 수 있었던 이전까지와 달리, 최근 출제되는 평가원의 수학 문항들 중에서는 낯선 상황의 해석을 요구하는 것들이 많아졌고, 이는 N제의 학습을 선택이 아닌 필수의 영역으로 올려놓았습니다.

그러므로 고3 시기에 충분한 N제 학습을 진행할 수 있는 시간을 마련하기 위해서는, 개념 학습은 무조건 전부 끝내고 가야 합니다.

다만, 국어와 다르게 고1·2 기출까지 모두 마무리하고 갈 필요까지는 없습니다. 고1 기출은 수학 상·하가 출제 범위이기에 수능과 범위가 겹치지 않아 학습할 필요성 자체가 떨어지며, 고2 기출은 국어의 경우와 달리 고3 교육청·평가원 기출들과 비교해도 난이도의 차이가 크지 않은 편입니다. 오히려 고2 교육청 킬러 문항이 고3 평가원 킬러 문항보다 난이도가 훨씬 더 높은 경우도 종종 있죠.

그러므로 수학은 국어와 달리 고1·2 기출을 미리 보고 갈 필요는 없습니다. 그러나 이는 이후 고3이 되어 기출 학습을 진행할 때 고2 문제들도 거르지 않고 학습해야 한다는 사실 또한 의미하겠죠?

만약 기초 개념들을 다 마무리를 한 이후에도 시간이 남아 있다면, 이다음에 미리 진행할 수 있는 학습은 실전 개념 학습이 되겠습니다.

기초 개념을 마무리했다는 것은 기초 문제 풀이 연습 또한 충분히 진행했다는 의미이고, 기초 문제 풀이 다음에는 일반적으로 기출 문제 풀이 단계에 진입합니다.

그러나 기출 문제의 가장 효율적인 활용 방안은 실전 개념의 체화를 보조하는 것이기에 실전 개념을 학습하기 전에 기출 문제를 먼저 푸는 것은 낭비입니다. 따라서 기초 개념 마무리 후에는 기출 문제 풀이가 아니라 실전 개념 학습을 미리 진행하는 게 옳다는 이야기를 하고 싶습니다. 만약 기출 문제 풀이를 진행하고 싶다면 실전 개념을 학습한 후 그 진도에 맞추어 풀어 나가는 것을 추천합니다.

실전 개념은 고3이 되기 전에 필수적으로 학습해야 하는 것은 당연히 아니며, '필수적인 학습을 마무리한 후 여력이 된다면 하는 것이 좋다' 정도로 받아들이면 되겠습니다.

영어 영역

영어의 경우엔, **단어 학습과 구문 학습**은 반드시 온전하게 끝내 놓고 가야 합니다. 여기서 '단어 학습'은 고2 기출 정도 난이도의 문제에 활용될 수 있는 단어들의 암기를 말하며, '구문 학습'은 역시 고2 기출 수준의 지문에서 활용되는 구문들의 학습을 말합니다. 한마디로, 고2 수준의 단어와 구문은 고3이 되기 전에 반드시 마무리를 하고 가야 한다는 이야기입니다.

시중에서 판매하는 단어장 또는 구문 학습서에서 '비기너(Beginner)'나 '기본'이 붙어 있는 책들이 이 정도 난이도인 경우가 많기에, 이 책들을 구매해서 학습하는 것이 가장 효율적인 방법이라 할 수 있습니다.

2022 수능 영어의 가장 큰 변화는 직접 연계에서 간접 연계로의 전환입니다. 연계율도 기존 70%에서 50% 로 축소되었습니다. 2022학년도 이후의 수능·평가원 모의고사는 EBS 영어 연계가 사실상 사라짐과 함께 문항 그 자체의 난이도도 같이 올라갔는데, 이는 영어 영역에서 요구하는 문제 해결력의 수준이 이전보다 크게 상승했다는 의미입니다.

EBS 연계율은 기존 70%에서 50%로 축소, 영어 영역의 연계 방식은 모두 간접연계로 전환

학년도	시험	1등급(%)	2등급(%)	3등급(%)	4등급(%)
2021	6월 모의고사	8.73	20.85	37.50	53.53
2021	9월 모의고사	5.75	17.71	35.32	56.13
2021	수능	12.66	29.14	48.88	67.44
2024	6월 모의고사	7.62	22.57	44.38	64.71
2024	9월 모의고사	4.37	17.71	41.56	64.73

| 2024 | 수능 | 4.71 | 22.88 | 46.84 | 66.25 |
| 2025 | 6월 모의고사 | 1.47 | 9.47 | 28.82 | 53.49 |

영어 직접 연계가 존재했던 2021학년도에 비해
존재하지 않는 2024, 2025학년도에 1등급 비율이 크게 낮아졌다.

위 표는 영어 등급별 누적 비율을 나타냅니다. 1등급 비율이 이전에 비해 낮아졌음을 알 수 있습니다.

2021학년도까지는 영어 연계에 기대어 31번~42번까지의 킬러 문항 중 상당수를 푸는 것이 가능했지만, 이제는 저 문항들을 가져가기 위해서는 순수 실력의 상승이 필요합니다.

그러므로 고3 수험 기간 동안에 이 문제 해결력을 올리기 위한 훈련 시간을 충분히 남겨 두어야 하고, 이를 위해 고2 수준의 단어와 구문은 끝내 놓아야 한다는 것이죠.

또한 듣기 영역의 경우에도 마무리를 하고 가야 하는데, 다른 것들과 달리 듣기는 수능 수준까지 실력을 올려 놓아야 합니다. 위에서 언급한 단어와 구문은 고3 수험 기간 동안 꾸준한 문제 풀이를 통해 자동으로 실력이 오르기도 하지만, 듣기 영역은 따로 문제를 찾아서 푸는 것이 아니면 실력을 올릴 기회가 거의 없기 때문입니다.

거기에 앞에서 언급한 문제 해결력 훈련의 이슈로 인해 고3 생활 동안 듣기 공부를 할 시간을 마련하기는 어려울 것이므로, 듣기 영역은 개학 이전에 수능 수준까지 그 실력을 올려 놓아야 합니다.

또한, 만약 위에서 언급한 수준의 단어 학습과 구문 학습을 모두 마무리했음에도 여유가 남아 있다면 하루에 일정량의 문제를(5문제 정도가 가장 이상적) 꾸준히 풀면서 문제 풀이 학습을 미리 연습하는 것이 좋습니다.

비록 유형별 문제 풀이 방법에 대한 구체적인 내용을 학습하지 않았을지라도, 문제를 꾸준히 푼다는 것 자체는 문제 풀이의 감을 잃지 않게 한다는 점에서 실력 유지에 큰 도움이 됩니다.

다만 고3 기출을 유형별 문제 풀이 방법을 습득하지 않은 채 푸는 것이 아까운 분들은 고1·2 기출 또는 연계 교재의 문제들을 푸는 것도 좋은 방법입니다.

국·영·수 중에서도 특히 영어에서 감을 잃지 않는 것은 중요하기에, 이 학습은 고3이 되어서도 반드시 이어 나가야 합니다.

탐구 영역

다른 과목들과 마찬가지로, 여러분이 선택하게 될 **탐구 과목의 기초 개념 학습**은 마무리를 해야 합니다.

모든 탐구 과목은 다음의 두 가지로 분류할 수 있습니다.

❶ 개념량이 적은 대신 문제 풀이가 어려운 과목
❷ 문제 풀이가 쉬운 대신 개념량이 많은 과목

전자의 경우에는 사회·문화, 경제, 물리학 등이 있으며, 후자의 경우에는 동아시아사, 세계사 등이 있습니다.

여러분이 학습하게 될 탐구 과목이 전자 혹은 후자 중 어디에 해당하는지 여부에 따라, 그 과목을 어떻게 학습해야 할지에 관한 방법도 완전히 바뀝니다.

1. 개념량이 적은 대신 문제 풀이가 어려운 과목

이 과목들은 적은 개념량 덕에 개념 학습은 빠르게 마무리 가능하지만, 그만큼 개념'만' 학습했을 때는 예습의 효과를 충분히 볼 수 없습니다.

이 과목들은 학생들이 막히는 지점도, 또 변별을 주는 포인트도 모두 지엽적인 개념이 아닌 어려운 문제 풀이입니다. 따라서 이 과목들을 예습할 땐 한 단원 단위로 개념 학습을 마무리하고 나면 그 단원의 기본 문제 풀이까지 진행해야 합니다.

20 다음 자료에 대한 분석 및 추론으로 옳은 것은?

갑국 의회는 단순 다수제로 선출되는 지역구 의원 10인, 비례 대표 의원 10인으로 구성되며, 유권자는 지역구 의원 선출을 위해 후보자에 1표, 비례 대표 의원 선출을 위해 정당에 1표를 행사한다. 비례 대표 의석은 정당 투표 득표율에 비례 대표 총의석수를 곱하여 산출된 수의 정수(整數)만큼 각 정당의 의석으로 배분하고, 이후 잔여 의석은 소수점 이하의 수가 큰 순서대로 각 정당에 1석씩 배분한다. 표는 최근 갑국 의회 의원 선거 결과를 나타낸다.

구분	A당	B당	C당	D당	E당
선거구 1	120	150	25	45	65
선거구 2	100	125	45	65	40
선거구 3	85	75	50	20	15
선거구 4	65	45	70	35	25
선거구 5	150	80	45	65	20
선거구 6	65	95	30	25	45
선거구 7	100	80	65	30	20
선거구 8	60	75	35	15	45
선거구 9	110	65	30	45	35
선거구 10	90	105	25	75	10
정당 투표 득표율	31.6	22	15	12.4	19

- 정당은 A~E당만 존재하고 무소속 후보자는 없으며, 투표율은 100%이고 무효표는 없음.

갑국은 다음과 같이 선거 제도 개편안을 검토 중이며 개편안 적용 시 C당과 D당은 합당하여 F당으로 창당한 후 선거에 참가한다. 개편안은 최근 의회 의원 선거 결과만을 근거로 판단하며, 지역구 의원 선거에서 C당, D당의 후보자에게 투표했던 유권자는 모두 F당의 후보자에게 투표하고 비례 대표 의원 선거에서 C당, D당에 투표했던 유권자는 모두 F당에 투표한다고 가정한다.

〈1안〉	현재의 총의석수를 기준으로 현행 비례 대표 의석 배분 방식에 따라 정당별 의석수를 먼저 할당한다. 각 정당별로 할당된 의석수에서 단순 다수제로 선출된 지역구 의원 의석수를 뺀 나머지 의석수를 비례 대표 의석으로 배정한다. 만일 어떤 정당의 지역구 의원 의석수가 할당된 의석수보다 더 많다면 초과 의석을 인정하되 비례 대표 의석은 배분하지 않는다. 초과 의석으로 인해 갑국의 의회 의원 정수(定數)는 늘어날 수 있다.
〈2안〉	현재의 총의석수를 유지하면서, 선거구 1-선거구 10에서 득표순으로 2인의 지역구 의원을 선출한다. 각 정당은 선거구별 1명의 후보자를 공천한다.

① 현행에서 A당과 B당의 의석수 차이는 1석이다.
② 〈1안〉 적용 시 B당이 얻는 초과 의석수는 2석이다.
③ 〈1안〉 적용 시 F당은 현행에서 C당과 D당이 얻은 의석수의 합보다 1석을 더 얻게 된다.
④ 〈1안〉 적용 시와 〈2안〉 적용 시 F 당의 총의석률은 동일하다.
⑤ 〈2안〉 적용 시 A당과 E당의 의석수 차이는 〈1안〉 적용 시 A당과 E당의 의석수 차이의 4배이다.

학습 안내

이와 같은 문항을 해결하기 위해서는 다양한 선거 제도의 유형과 특징을 이해하고, 정치와 법에서 학습한 개념을 적용하여 선거 결과를 종합적으로 비교 및 분석할 수 있어야 한다.

정답 : ⑤

2023학년도 수능 정치와 법 20번 문항과 학습 안내.
'비교 및 분석', 즉 문제 풀이를 강조하고 있다.

첫 학습이기에 고2 기출 등의 쉬운 문제를 풀어 보면서 개념을 확실히 익히는 것과 기초적인 문제 풀이 연습을 하는 효과를 노리는 것이죠.

특히 사회·문화처럼 고난도 주제의 문제 해결을 위해서 추가적인 개념의 습득이 필요한 경우엔, 여유가 있는 한 그 추가적인 개념까지 모두 학습하고 넘어가는 걸 강력하게 추천합니다.

2. 문제 풀이가 쉬운 대신 개념량이 많은 과목

이 특성을 가진 과목들은 개념의 온전한 습득이 곧 문제 풀이 훈련을 의미하므로, 기본적으로는 개념들에 대한 습득과 암기를 중심으로 학습을 이어 나가야 합니다.

06 밑줄 친 '이곳'에 대한 설명으로 옳은 것은?

역사 속 수도 탐구: ○○ 왕조 시기

〈○○왕조 시기 도성도〉

이곳의 도성 구조는 전통적인 수도의 구획과는 다른 모습을 보였다. 황제가 거주하는 궁성이 북쪽의 평지에 위치하던 이전의 형태와 달리 이례적으로 남쪽의 산 아래에 자리한 것이다. 이는 여진족에게 수도를 빼앗기고 남쪽으로 이주한 처지에서 외적 방어에 유리한 수도를 조성해야 했던 절박한 상황과 관련되어 있다. 이러한 배경에서 고종은 지리적 협소함과 불편함 등을 제기하는 사대부들의 반대에도 불구하고 이곳에 수도를 두었다.

① 요의 지배 영역이었다.
② 해외 무역의 거점이었다.
③ 선비족 왕조의 새로운 수도였다.
④ 대운하 영제거의 북쪽 기점이었다.
⑤ 비단길(사막길)의 중간 기착지였다.

학습 안내

이와 같은 문항을 해결하는 능력을 함양하기 위해서는 송 왕조의 역사 발전 과정에 대한 전반적인 이해를 바탕으로 남송으로 전환하게 되는 원인 및 이후 남송의 역사 발전에 대한 구체적인 사실을 파악하는 학습이 중요하다.

정답 : ②

2023학년도 수능 세계사 6번 문항과 학습 안내.
'구체적인 사실 파악', 즉 개념 학습을 강조하고 있다.

그러나 이것이 문제 풀이를 등한시해도 된다는 이야기는 결코 아닙니다. 기출 문제들은 여러분에게 '어떤 부분을 중점적으로 학습해야 할지'에 대한 단서를 제공합니다.

문제에서 자주 출제되는 단원과 내용들은 이후에도 다시 출제될 것이라 예상할 수 있기에, 이 부분들을 파악한 뒤 중점적으로 학습을 하면 되는 것이죠.

그러므로 문제 풀이가 쉬운 대신 개념량이 많은 과목을 공부할 때도 문제 풀이를 완전히 배제해서는 안 됩니다. 반대 특성을 가진 과목에서 문제 풀이가 '목적'으로서의 위치라면, 이 특성을 가진 과목에서는 문제 풀이가 각 개념의 중요성을 판단하기 위한 '수단'으로서 위치입니다.

기본적으로는 개념의 암기에 집중하되, 학습의 방향성에 대해 고민이 생긴다면 기출 문제를 풀어 보며 올바른 방향성을 잡는 것이 이러한 과목들을 공부하는 올바른 방법이라 할 수 있겠습니다.

수능 D-365, 그것이 가지는 의미

수능.

이 글을 읽고 있는 여러분이 기억도 하지 못할 어릴 적부터 수없이 많이 접해 왔을, 그러나 정말로 본인에게 다가오게 될 것이라는 실감은 나지 않았을 그 수능이라는 시험이 어느새 1년 뒤로 다가오고야 말았습니다.

여러분에게 수능이라는 시험이 가지는 의미는 무엇인가요?

스스로에 대한 증명?

해방?

또는 인생의 시련?

이들 중 어떤 의미를 가지고 있건 간에, '1년', 그리고 '고3'이 주는 상징성이란 결코 무시할 수 없는 것이며, 그만큼 여러분이 지금 받고 있을 압박감 또한 이루 말할 수 없는 정도이겠죠.

지금까지 여러분이 얼마나 꾸준히 노력을 해 왔는지와는 상관없이, 1년 뒤 여러분의 앞에 앞으로의 인생을 결정하게 될 시험지가 놓이게 될 것이라는 사실에 불안감을 느끼지 않을 수 있는 사람이 과연 어디 있을까요.

그리고 그 불안감은 곧 다음과 같은 생각으로 이어집니다. '내가 지금까지 해 온 공부들이 옳았을까? 지금까지 쌓아 온 내 실력은 과연 탄탄한 걸까?'

그러나 과거에 대한 생각을 지금 와서 해 봤자 의미가 없다는 것을 여러분 스스로 가장 잘 알고 있기에, 불안감은 곧 미래에 대한 생각을 끌고 옵니다.

'이제 1년밖에 남지 않았는데, 앞으로 더 공부를 한다고 뭐가 달라질까?', '지금 이렇게 열심히 해도 수능날 하루 미끄러지면 모든 게 끝나는 것 아닐까?'

그리고 이 생각들은 남은 시간이 줄어들수록 더 강하게, 공부를 하는 순간순간에도 문득 나타나 여러분 스스로를 조여 올 것입니다.

이것은 과거의 저를 포함한 모든 수험생이 자연스럽게 겪었고, 또 겪어 나가야만 하는 과정입니다. 그리고 냉정하게 이야기하면, 이 불안감을 온전하게 떨쳐 내는 것은 불가능합니다!

그리고 여기가, 제가 이 글을 읽고 있는 수험생 여러분에게 이야기하고 싶은 가장 중요한 지점입니다.

그 불안감은, 지금까지 여러분이 최선을 다해 공부를 해 왔다는 증거입니다.

만약 여러분이 지금까지 최선을 다해 공부를 해 오지 않았다면, 냉정하게 말해서 수능을 망친다 한들 여러분은 슬퍼할 이유가 전혀 없습니다. 지금까지 쌓아 온 것이 없다면, 수능을 망친다고 해서 여러분이 잃을 것 또한 없으니까요.

그러나 여러분은 수능을 망치는 것에 대해 걱정하고 있을 것이고, 이것은 지금까지 여러분이 쌓아온 노력이 부정당할까 봐 가지고 있는 두려움입니다.

흔히 우리가 하는 말 중에는 이런 말이 있습니다. '잃을 게 없는 놈이 무서운 게 없는 법이다.'

이 말을 뒤집으면, 가장 두려움이 많은 사람은 잃을 게 많은 사람이라는 결론이 나옵니다. 그리고 이것은 여러분이 지금까지 해 온 노력들에도 똑같이 적용됩니다.

여러분이 지닌 두려움은 지금까지 쌓아 온 노력이 부정당할 수도 있다는 사실에 대한 두려움이고, 이는 곧 여러분이 지금까지 많은 양의 노력을 쌓아 왔다는 사실에 대한 증명이기도 하죠.

그러므로 만약 여러분이 불안과 두려움을 느끼고 계신다면, 축하합니다! 이것은 여러분이 지금까지 스스로를 채찍질하며 수많은 노력을 쌓아 왔다는 뜻입니다.

불안감은 필연적으로 절박함을 수반합니다. 시간이 지나고 수능이 점점 가까이 다가올수록, 여러분의 공부에는 절박함이 묻어 나오겠죠.

이 절박함은, 여러분이 더 열심히, 더 진심을 다해서 공부를 해 나갈 수 있게끔 해 주는 원동력이 됩니다.

저는 고3 시절 저는 9월 이후 치러진 모의고사들에서 연속적으로 저조한 성적을 받아 들었습니다. 특히 수능이 60일도 채 남지 않은 시점에 치러졌던 10월 모의고사에서도 기대 이하의 성적을 받았습니다. 그 당시 제가 느꼈던 압박감과 부담감, 그로부터 우러나왔던 절박함은 말할 필요도 없겠죠.

그러나 그때의 저는, 그 절박함을 오히려 공부를 하기 위한 원동력으로 활용했습니다. 이전보다 더 많은 시간을 공부에 투자했고, 더 많은 양의 문제지를 풀었습니다. 그렇게 해서 결국 서울대학교에 현역 정시로 진학하게 되는 성과를 거두었습니다.

만약 제가 시간이 얼마 없다고, 절박함 없이 공부를 해 나갔으면 이 정도의 성적을 거둘 수 있었을까요?

아마도 이 질문에 자신 있게 긍정의 응답을 내어 놓을 사람은 많지 않을 것이라고 생각합니다.

그리고 제가 이 정도의 성적 상승을 이루어낼 수 있게끔 했던 원동력은, 지금 이 글을 보고 있는 수험생 여러분도 가지고 있는 힘입니다. 시간이 얼마 남지 않았다는 절박함.

여러분이 지금 느끼고 있는 불안감과 두려움, 그로부터 우러나오는 절박함을 공부를 해 나가기 위한 원동력으로 승화시키세요.

저 역시도 그렇게 함으로써 결국 입시에서 원하는 성과를 거둘 수 있었습니다. 그리고 여러분이라고 저와 같은 성과를 내지 말라는 법은 결코 없습니다.

불안해지세요.

그리고 절박해지세요.

그것이 수능 당일 단 하루, 여러분의 웃음을 이끌어내기 위한 가장 중요한 열쇠가 될 것입니다.

여러분이 결국 원하는 결과를 얻어내고 쏟아부었던 노력을 당당히 증명해 낼 수 있을 그날까지, 저는 항상 여러분을 응원하겠습니다.

Chapter 2

Withstand

견뎌 [이겨] 내다

4

5

행동 영역에 관한
모든 것

행동 영역이란?

행동 영역은 공부를 하며 꼭 쌓아야 하는 것이자, 많이 쌓을수록 더욱 탄탄한 실력을 갖출 수 있는 요소입니다.

그러나 여러분 중 아직 행동 영역이 정확하게 무엇을 의미하는지 이해한 분은 많지 않으리라 생각합니다. 특히나 인강 없이 혼자서 교재를 이용해 공부하는 분들이라면 더욱 그럴 것입니다.

그래서 과목별 실전 공부 방법을 알아보기에 앞서, '행동 영역'이 정확하게 무엇을 의미하는지를 정의 내리고자 합니다. 다른 말로는, 공부를 하는 모든 순간순간 여러분이 해야 하는 것은 무엇인지에 관해 언급하고자 한다는 이야기이죠.

행동 영역을 쌓는 것은 공부의 모든 과정에 걸쳐서 이루어져야 하는 작업입니다. 개념의 수립부터 실전 연습에서까지, 일련의 과정을 모두 통틀어 행동 영역에 대한 정립은 꾸준히 이어져야만 합니다.

이 행동 영역이 무엇을 의미하는지 한 줄로 정의한다면, **특정 상황을 마주했을 때 어떻게 대응해야 하는지**에 관한 내용의 총칭이라고 할 수 있습니다.

특정 상황이란 문제에서 제시한 조건일 수도 있고, 시험지의 구성 형식일 수도 있고, 심지어는 갑작스레 시험장에서 마주한 돌발 상황일 수도 있습니다. 그만큼 행동 영역이라는 개념은 공부에 있어 수많은 요소를 포괄하는 개념이죠.

예를 들면 이런 이야기를 들어본 적이 있을 것입니다. "수능 시험을 볼 때는 당이 떨어져 집중력을 잃기 쉬우니, 미리 사탕이나 초콜릿을 챙겨간 다음에 집중력이 떨어질 때쯤 먹어야 한다."

위의 사례도 행동 영역의 일종으로 받아들일 수 있습니다. '시험장에서 피로해진 상황'을 마주했을 때, '미리 챙겨 간 사탕이나 초콜릿을 먹는' 대응을 하는 것이죠.

여러분이 시험장에서 마주할 수 있는 상황은 굉장히 다양할 것입니다. 그리고 그중에는 즉석에서 대응할 방법을 떠올릴 수 있는 것들도 존재하는 반면, 미리 대응할 방법을 마련해 두지 않으면 굉장히 당황할 수 있는 것들도 분명 존재합니다.

2022학년도 6월 모의고사 수학 5번 문항

예를 들면 위 5번 문제를 마주했을 때 우리는 일반적으로 다음과 같은 대응 방법을 떠올립니다. '주어진 함수를 미분하기', '적당한 값($x=1$)을 대입하기'.

이 문제의 난이도는 매우 쉽기에, 이 대응 방법을 떠올리는 것은 미리 연습하지 않아도 현장에서 즉석으로 이루어질 수 있죠.

2024학년도 6월 모의고사 수학 20번 문항

그러나 앞의 20번 문제를 해결하기 위해 우리는 다음과 같은 생각들을 떠올려야만 합니다. '정적분으로 정의된 함수는 미분하고 대입하여 관찰하기', '케이스를 나눠 그래프를 그린 후 $y=0$의 위치 파악하기', '비율 관계를 활용하여 조건을 만족시키는 함수의 식 구하기'. 이는 앞선 문제를 풀기 위해 필요했던 것에 비해서는 확실히 복잡하죠.

이러한 류의 난이도가 높은 문제에 대한 행동 영역은, 미리 연습하지 않으면 현장에서 떠올리기 어렵습니다. 이와 같은 고난도 문제는 해결을 위해 좀 더 심도 깊은 행동 영역을 우리에게 요구하기 때문에, 이를 미리 마련해 두어야 하죠.

이는 문제를 풀 때 이외의 상황에서도 마찬가지로 적용되기에, 특정 상황에 대응하기 위한 행동 영역을 많이 만들어 놓으면 놓을수록 시험장에서 더 우수한 성적을 거둘 확률은 자연스레 높아질 것입니다. 반대로 말하면, 대응할 행동 영역을 만들지 않아 실전에서 대응에 실패한다면 원하는 성적을 거두기 어렵다는 말이죠.

시험지의 구성이 갑자기 바뀌어 있는 경우, 특정 번호대에 일반적으로 나오던 단원과 다른 단원의 문제가 나오는 경우, 또 시험 외적으로는 시험장의 온도가 너무 높거나 낮은 경우 또는 심지어 시계가 작동하지 않는 경우들까지, 모두 여러분이 행동 영역을 마련해야 할 예시들에 해당합니다.

행동 영역을 마련하는 방법

그러면, 이러한 행동 영역은 어떻게 하면 마련할 수 있을까요? 답은 간단합니다. 해당 상황을 먼저 마주해 본 다음에, 가장 용이하게 대응할 수 있는 방안을 미리 생각해 두는 것이죠.

이를 위해서는 당연히, 다양한 상황들을 먼저 마주해 보는 것이 필요합니다. 문제에서 제시한 조건에 대한 대응 방안은 문제를 많이 풀면서 미리 생각해 두면 되고, 시험지의 구성 형식에 대한 대응 방안은 해당 형식의 시험지를 먼저 풀면서 준비해 두면 되고, 시험장에서 마주한 돌발 상황은 해당 상황을 미리 인위적으로 만들어 둔 후 모의고사를 풀면서 대응 방법을 생각하면 됩니다.

행동 영역은 각 문제를 해결할 때뿐만 아니라 시험 전체의 운용을 계획할 때에도 중요성이 매우 높습니다. 2022학년도 선택과목 체제로 개편된 수능은 이전과는 매우 다른 형태를 띠게 되었습니다. 선택과목이 들어오면서 문항 배치가 아예 달라졌음은 물론, 국어의 경우에는 '비문학 → 문학 → 선택과목' 순의 지문 제시 순서가 확고하게 굳어지게 되었습니다.

이에 따라, 국어의 경우에는 비문학이 약한 학생들은 '선택과목 → 문학 → 비문학 순으로 풀기' 또는 '문학 → 선택과목 → 비문학 순으로 풀기'의 행동 영역을 확고하게 설정함으로써 비문학에서 보이는 약점을 상당 부분 상쇄할 수 있었을 것입니다.

수학의 경우에는 이전에 일반적으로 통용되었던 '객관식 3점

→ 주관식 3점 → 객관식 4점 → 주관식 4점 순으로 풀기'의 행동 영역에 선택과목과 관련된 내용까지 추가함으로써 대비를 할 수 있었습니다. 또한 번호대별 난이도 차이가 매우 큰 영어에서도 '듣기 → 31~40번 이외의 번호 → 31~40번 순으로 풀기' 정도의 행동 영역을 마련할 수 있었을 것입니다.

이후 만약 여러분이 접하지 못한 방식으로 시험지의 형태가 바뀐다고 해도 여러분은 해당 형태에 맞추어 새로운 행동 영역을 마련하고, 그에 따라서 해당 형태의 시험지에 좀 더 효과적으로 대응할 수 있을 것입니다.

특히나 요즘처럼 수능에 관해 혼란과 불확실성이 큰 경우에는, 더더욱 이에 대한 대응 방안을 미리 마련해 두는 것이 중요하겠죠. 시험지의 형식 외에도 정답을 효과적으로 찍는 법 또는 각 파트에 시간을 분배하는 법, 문제가 풀리지 않을 때의 대처법 등 시험과 관련된 문항 외적인 요소들도 전부 행동 영역의 마련을 통해 대비할 수 있습니다.

정답을 효과적으로 찍는 법의 경우에는 '객관식 답 개수를 모두 세어 본 뒤 가장 안 나온 번호로 찍기' 또는 'ㄱㄴㄷ 문제는 선지의 구성을 살펴보고 찍기' 등의 행동 영역을, 각 파트에 대한 시간 분배는 '비문학 40분, 문학 25분, 선택과목 15분 할애하기' 등의 행동 영역을, 문제가 풀리지 않을 경우에는 '1분 이상 아이디어가 떠오르지 않으면 이후 문제로 넘어가기' 등의 행동 영역을 마련할 수 있겠습니다.

물론 위에서 제시한 것들은 모두 예시일 뿐이니, 반드시 저것들을 따를 필요는 없고 실제로 공부를 해 나가면서 여러분에게 맞는 행동 영역을 수립하면 됩니다.

마지막으로, 시험 외적인 상황에 대한 대응도 행동 영역의 마련을 통해 이루어낼 수 있습니다.

수능 당일, 우리가 아침에 기상하는 시간부터 밥을 먹는 양, 중간에 먹는 간식과 입고 가는 옷까지 우리를 둘러싼 요소 하나하나가 수능 당일 우리가 받아 들게 될 성적에 영향을 끼치는 요소입니다. 이는 이 요소들을 효과적으로 통제하기 위한 행동 영역의 마련 또한 필요하다는 의미입니다.

수능 당일을 가정한 채 여러 가지 경우의 수를 시뮬레이션하면 시험 외적인 환경을 어떻게 조성하는 것이 우리에게 최적의 결과를 가져다 줄지 미리 확인할 수 있습니다. 해당 작업을 통해 우리는 '두꺼운 옷을 입되, 만일을 대비해 얇은 옷 챙겨 가기', '도착하면 가장 먼저 화장실 위치 확인하기', '사탕 또는 초콜릿 챙겨 가기' 등의 행동 영역을 마련할 수가 있습니다.

이를 위해서는 여러 가지 상황을 미리 조성해 해당 환경하에서 실전과 똑같이 시험지를 풀어 보는 연습이 중요합니다. 이를 통해 위에서 언급한 대응책을 마련할 수 있기 때문입니다. 앞의 글들에서도 실전 연습의 중요성을 크게 강조한 이유입니다.

이는 얼핏 보기엔 사소한 것 같아 보여도, 앞서 이야기했듯 우리가 얻게 되는 점수에 분명히 영향을 끼칠 수 있는 요소들이며, 그러므로 행동 영역의 마련 또한 필요합니다.

이처럼 행동 영역은 우리가 따라가는 일련의 학습 과정 전체에 매우 큰 영향력을 행사하며, 이를 마련하냐 마련하지 않느냐는 여러분이 수능 당일 어떤 성적을 거두게 될지를 결정할 수 있는 분명히 강력한 독립변수입니다.

그러므로 여러분은 이 행동 영역에 대한 이해를 분명히 갖추고 올바르게 이 행동 영역을 정립해 나가야만 하며, 정립한 행동 영역은 이후 복습을 거쳐 체화하는 작업까지 거쳐야만 합니다.

복습을 하기 위해서는 미리 정리가 필요하겠죠. 행동 영역을 정리할 수 있는 기록 수단을 하나 만든 다음에, 여러분이 정립한 행동 영역을 기록하세요. 그 뒤에는, 반복적으로 해당 기록을 참고하며 행동 영역을 체화하는 겁니다. 제가 작성했던 행동 영역 기록 예시를 보여드리겠습니다.

날짜	2024. 9. 11
유형 (문제/시험 운용/기타)	2021학년도 9월 평가원 나형 20번
과목	수학
내용	'다항함수'라는 워딩이 없으면 '구간별로 정의된 함수'나 '유리함수'와 같은 다양한 함수의 가능성을 떠올리기

행동 영역 기록 예시

꼭 이 형식이 아니더라도, 행동 영역을 기록할 수 있는 여러분만의 방식을 마련해 기록한 뒤 꾸준히 참고하며 체화하는 작업을 진행해야 비로소 행동 영역을 정립하기 위한 모든 과정이 끝이 난다고 이야기할 수 있습니다.

'특정한 상황을 마주했을 때, 어떻게 대응해야 하는지'는 행동 영역의 정의이자, 수험생활의 전부 그 자체입니다. 적어도 이 책을 읽은 여러분은, 이를 망각하지 않고 꾸준히 행동 영역을 쌓아 나가는 공부를 하리라 믿습니다.

수능 국어 공부의
기틀 잡기

문학

최근 기출에 드러나는 기조를 보면 산문 문학은 점점 세부적인 내용 파악에서 변별을 주는 경향이 강화되어 나타나고 있습니다. 이는 운문 문학에서는 찾아 보기 힘든 경향인데, 원인은 운문 문학과 산문 문학 간 서사 전개 방식의 차이에서 찾을 수 있습니다.

운문 문학은 작품에서 나타나는 심상, 그에 함축된 의미에 중점을 두어 서사가 전개되는 데 반해 산문 문학은 이야기와 인물 간 관계 등에 중점을 두어 서사가 전개됩니다.

그러나 운문 문학의 경우에는 추상적인 서술 방식으로 인해,

누구나 공감할 수 있는 해석을 바탕으로 한 내용이 아닌 이상 세부적인 내용을 물어보는 데는 한계가 있습니다.

작품에서 나타나는 심상, 함축된 의미, 추상적인 서술 방식 이 모든 것들에 대한 해석은 보편적인 범위 안에서 이루어지지만 사람마다 달라질 수 있으며, 세부적인 내용에 대한 해석은 더욱 더 여러 가지로 갈릴 수 있기 때문입니다.

그에 반해 산문 문학은 추상성이 드러나지 않거나 극히 적게 드러나기에 내용에 대한 해석이 여러 가지로 갈리지 않습니다. 그러므로 세부적인 내용에 대해 깊게 물어봐도 모호한 지점이 생길 위험이 적습니다.

해당 특징을 반영해, 최근 산문 문학에서는 쉽게 인지하기 힘든, 스쳐 지나가는 내용 하나하나를 물어봄으로써 난이도가 높은 문제를 출제하는 경우가 많아지고 있습니다.

이를 대비하기 위해서는 먼저 문제에 주어진 보기를 통해 작품의 주제 의식을 파악하고 내용의 핵심을 잡은 후, 지문을 읽으면서 전체적인 줄거리와 세부적인 내용을 동시에 파악하는 연습을 해야 합니다.

산문 문학은 그 특징상 내용에서 '큰 줄기'로 다뤄지는 사건이 있는데, 그 사건이 진행되는 양상을 중심으로 글을 읽어 나가는 게 좋습니다. 만약 그 사건에 대한 설명이 보기에서 주어졌다면 지문에서 현재 읽고 있는 내용이 보기에서 설명한 사건의 어느 부분에 해당하는지를 중점으로 읽어 나가면 되며, 주어지지 않았다면 어떤 사건이 일어나고 있는지에 대한 파악에 중점을 두어 지문을 읽어 나가세요.

위에서 이야기한 사건이 '큰 줄기'라면, 세부적인 내용은 그 줄기에 매달려 있는 '작은 가지'라고 할 수 있으며, 여러분이 해야 하는 건 큰 줄기를 바탕으로 이 작은 가지들을 파악하는 것입니다.

지문에 등장하는 등장 인물들이나, 사건이 진행되는 구체적인 양상을 앞에서 파악한 사건에 관련지어서 이해하게끔 읽어야 합니다. 예를 들면, 외적의 침입에 맞선 장군의 무용담을 다루는 고전소설에서 '말을 타고 적진에 쳐들어가 적장의 목을 벤 후 공주를 구했다'라는 구절이 제시되었다고 가정해 봅시다.

우선, 외적의 침입 상황을 다루고 있다는 데서 '적진에 쳐들어가 적장의 목을 벤 것'은 적을 격퇴하기 위한 행위이며, 장군의 무용담을 다루고 있다는 데서 '해당 행위를 한 장군은 선역이며, 적장은 악역'임을 알 수 있습니다.

또한 이 구절에 관해서는 오답 선지로 '공주를 구한 후 적장의 목을 베었다'나 '맨몸으로 적진에 쳐들어갔다' 같은 선지가 제시될 수 있으니, 이를 대비해 사건이 전개된 구체적인 순서나 양상 등을 전부 파악하면 됩니다.

운문 문학의 경우에는, 산문 문학과 같이 처음에는 문제에서 제시된 보기를 통해 작품의 주제 의식을 파악하고 내용의 힌트를 잡아야 합니다. 이에 관해서는 윤동주 시인의 「별 헤는 밤」을 통해 그 예시를 살펴보겠습니다.

별 헤는 밤

윤동주

계절이 지나가는 하늘에는
가을로 가득 차 있습니다.

나는 아무 걱정도 없이
가을 속의 별들을 다 헤일 듯합니다.

가슴 속에 하나 둘 새겨지는 별을
이제 다 못 헤는 것은
쉬이 아침이 오는 까닭이요,
내일 밤이 남은 까닭이요,
아직 나의 청춘이 다하지 않은 까닭입니다.

별 하나에 추억과
별 하나에 사랑과
별 하나에 쓸쓸함과
별 하나에 동경과
별 하나에 시와
별 하나에 어머니, 어머니,

– 하략 –

「별 헤는 밤」에서 '별은 화자의 과거 회상의 매개체이자, 화자
가 그리워하는 세계를 의미하기도 한다'는 내용의 보기가 제시될

수 있으며, 여기서는 '별'에 집중해서 시를 읽어야 한다는 사실, 또 해당 시어의 의미라는 힌트를 얻어 갈 수 있습니다.

보기를 참고해 필요한 정보를 얻은 후에는 시를 실제로 읽으며 담겨있는 정서와 감정, 또 각 시어의 긍정·부정을 보기의 도움을 통해 파악하는 데 집중해야 합니다.

'가슴 속에 하나 둘 새겨지는 별을~아직 나의 청춘이 다하지 않은 까닭입니다'라는 구절을 보면, 아쉬움이라는 정서, 별과 청춘이라는 긍정적 시어, 아침이라는 부정적 시어를 파악할 수 있습니다.

만약 보기가 주어지지 않은 경우에도, 마찬가지로 이 두 가지 사항의 파악은 시 해석의 제 1목표가 되어야 합니다. 시의 보기가 주어지지 않았다는 것은 보기에서 제시하는 특별한 관점이 아닌 일반적인 관점에서 그 시를 해석해도 문제가 없다는 뜻이므로, 문학 문제를 많이 풀어 오며 쌓은 자신만의 해석의 틀을 이용해 해당 시를 해석하면 됩니다.

물론 이는 평소에도 시를 해석하는 연습을 많이 해 자신만의 관점을 정립해야 한다는 의미입니다. 이것은 문제를 많이 풀어 보고 특히 그 오답 정리를 통해 거쳤어야 하는 사고 과정을 꼼꼼히 점검함으로써 해낼 수 있습니다.

EBS 연계 학습

문학의 경우는 국어 영역의 모든 구성 요소 중 EBS 연계 학습의 효과가 가장 큰 부분이라고 할 수 있습니다. 그러므로 문학에서

EBS 연계 교재 학습은 필수적으로 진행해야 하는 부분이라고 해도 과언이 아니죠.

산문 문학의 경우 연계 교재에 실린 부분이 수능에 그대로 출제되는 것이 아니기에 지문의 세세한 부분이 아닌 전체적인 줄거리, 분위기, 등장인물의 파악 정도에 중점을 두어야 합니다.

아래 작품은 2024학년도 6월 모의고사에 출제된 「상사동기」입니다. 「상사동기」는 당해 『수능특강』 문학에 수록되었는데, 모의고사에 연계가 되어 출제된 것입니다. 다만 수록된 양상은 다릅니다. 『수능특강』에는 김생과 영영이 첫 대면을 하는 장면, 중략 이후 김생이 장원급제를 한 후 영영과 재회했으나 현실적 한계로 인해 서로 교류를 나누지 못해 슬퍼하는 모습이 실렸죠. 그러나 다음 지문에서 확인할 수 있듯이, 모의고사에서는 같은 「상사동기」 내에서 『수능특강』과는 전혀 다른 부분이 출제가 되었습니다.

하지만 작품의 전체적인 줄거리와 분위기, 등장인물은 소설의 어떤 부분이 출제가 되건 간에 해석에 도움을 줄 수 있는 배경지식이기에, 이 사항들을 우선적으로 암기해야 하는 것이죠.

18-21 다음 글을 읽고 물음에 답하시오.

십여 일이 지날 무렵 노비 막동이 눈물을 흘리며 물었다. "낭군께선 늘 언행이 호방하시고 재주가 무리 중에 탁월해 거침없으시더니, 요즘에는 울적해 하시니

말 못할 근심이 있는 듯하옵니다. 사모하는 이라도 있으신지요?"

김생이 슬퍼하며 느낀 바를 사실대로 말하니 막동이 한참 생각하고 말했다.

"소인이 낭군을 위해 마륵의 ⓐ계책을 올릴 테니, 낭군께선 애태울 일이 없으십니다."

"그게 무엇이더냐?"

"낭군께선 급히 주효(酒肴)를 성대히 마련하시고 바로 미인이 머문 집으로 가셔서 손님을 전별(餞別)하려는 듯 하십시오. 방 하나를 빌려 잔치를 벌이시고 이놈을 불러 손님을 모셔 오라 하시면, 제가 명을 받들어 나갔다가 한 식경 후에 돌아와 '손님이 오십니다.'라 하지요. 낭군께서 다시 명하시면 제가 또 명을 받고 날이 저물 때쯤 돌아와, '손님께서 오늘은 송별객이 많아 심히 취해 갈 수 없으니 내일 꼭 가겠노라 하셨습니다.'라 하지요. 이때 낭군께선 주인을 불러 앉으라 하시고 그 주효를 먹게 하고, 기색을 드러내지 말고 물러나십시오. 다음 날도 그렇게 하고 그다음 날도 그렇게 하시면, 처음엔 고맙게 여길 것이요, 두 번째는 은혜에 감격할 것이며, 세 번째는 필히 의문을 품을 것입니다. 은혜를 느끼면 보답을 생각할 것이고, 은혜에 감격하면 죽음으로써 보답하고자 생각할 것이며, 의문이 생기면 하시고 싶은 바를 물어볼 것입니다. 이때 흉금을 털고 말하신다면 일은 거의 다 된 것이지요."

생은 진정 그럴듯하다 여기고 기뻐하며 말했다.

"내 일이 잘 되겠구나!"

생은 그 계책에 따라 즉시 주효를 갖추어서 곧바로 그 집에 가 전별 자리를 마련하였다.

(중략)

생이 사모하는 이가 필시 이곳에 없는 줄 알고 낯빛을 바꾸며 말했다.

"이 몸이 할멈에게 후의(厚意)를 입었으니 어찌 사실대로 말하지 않겠나? 과연 모월 모일 모처에서 오다가 길에서 마침 한 낭자를 보았다네. 나이는 대략 십오륙 세에 푸른 적삼에 붉은 치마를 입었고, 백릉버선에 자색 신을 신었지. 진주 비녀를 꽂고 새하얀 옥 반지를 끼고, 홍화문 앞길을 지나가고 있었다네. 내 마음이 화사해지고 춘정을 이기지 못해 뒤따랐는데, 마지막에 이른 곳이 곧 할멈의 집이었네. 그날 이후로 마음이 혼미하여 만사가 흐릿하며, 오로지 그 낭자만 생각했다네. 맑은 눈동자와 하얀 이가 자나 깨나 잊히지 않아 상심하며 애태우길 하루 이틀이 아니었네. 할멈이 나를 보고 낯빛이 파리하다 했는데 왜 그랬겠나? 그래서 손님을 전별한다며 할멈을 번거롭게 한 것이네."

노파가 이 말을 듣고 몹시 애처로워했으나 생이 마음에 둔 사람이 누군지 몰랐다. 한동안 깊이 생각하다가 문득 깨닫고서 말했다.

　"그런 애가 있습죠. 바로 죽은 제 언니의 딸이에요. 이름은 영영이고 자(字)는 난향이죠. 만약에 정말 그렇다면 참으로 어려운 일입니다. 참 어려운 일이에요!"

　"왜 그러한가?"

　"이 애는 회산군 댁 시비예요. 궁에서 나고 자라 문 앞길도 밟지 못한 지 오래랍니다. 자색(姿色)이 고운 것은 낭군께서 이미 보셨으니 굳이 말할 것 없지만 고운 마음이며 얌전한 몸가짐은 양반집 규수와 다를 게 없지요. 게다가 음률과 문장을 알아 나리께서 어여삐 여기시고 장차 소실(小室)로 맞으려 하셨지만, 부인의 시샘이 하동의 사자후보다 심하여 그렇게 못 하고 있을 뿐이옵니다. 지난번 그 애가 올 수 있었던 것은 한식 때를 맞아 그 애가 어미의 제사를 이곳에서 지내려고 부인께 말미를 얻었기 때문이지요. 그리고 때마침 나리께서 외출하신 터에 올 수 있었지 그렇지 않았던들 낭군께서 어찌 얼굴을 볼 수 있었겠습니까? 아이고! 낭군께서 다시 만나시기는 참으로 어렵습죠. 참으로 어려워요!"

　생이 하늘을 우러러 탄식하며 말했다.

　"아, 끝난 것이로구나! 나는 필시 죽겠구나!"

　노파가 안타까워 멍하니 서 있다가 다시 말했다.

　"딱 한 가지 ⓛ방법이 있습죠. 단오가 꼭 한 달 남았습니다. 그때 이 몸이 죽은 언니를 위해 제사상을 차리고 부인께 영영에게 반나절의 말미를 주도록 청한다면, 만에 하나 낭군의 뜻을 이룰 수 있을 것입니다. 낭군께선 돌아가시어 때를 기다렸다가 오시지요."

　생이 기뻐하며 말했다.

　"할멈 말대로 된다면야 인간의 5월 5일이 천상의 7월 7일이 되겠소!"

　생과 노파는 각각 만복을 기원하며 헤어졌다.

－ 작자 미상, 「상사동기」

18　윗글의 대화에 대한 설명으로 가장 적절한 것은?

① 시간 표지를 활용하여 사건의 추이를 드러낸다.
② 앞날의 일을 가정하여 인물 간 갈등의 심화를 암시한다.
③ 인물에 대한 논평을 활용하여 갈등의 해소 방안을 제시한다.
④ 인물의 내력을 요약적으로 제시하여 성격의 변화를 보여준다.
⑤ 인물의 성격을 고사에 빗대어 사건을 새로운 국면으로 전환한다.

정답 : ①

2024학년도 6월 모의고사에 출제된 「상사동기」.
연계 교재와 수록된 부분이 거의 겹치지 않는다.

그러나 운문 문학의 경우는 연계 교재에 실린 부분이 수능에 그대로 나오므로, 시를 해석할 때와 마찬가지로 시에 나타난 정서·감정, 각 시어의 구체적인 의미를 암기하고 가는 것이 좋습니다.

아래 작품은 2023학년도 9월 모의고사에 출제된 「어부단가」입니다. 「어부단가」 또한 『수능특강』에 수록되었고, 모의고사에 연계되어 출제되었습니다. 『수능특강』에는 해당 작품의 제 1~5수가 수록되었는데, 지문에서 확인할 수 있듯 모의고사에도 1~4수가 수록되어 거의 동일한 부분이 출제되었음을 확인할 수 있습니다.

시가나 시에서 제시된 구절 하나하나, 시어 하나하나가 가진 의미를 읽자마자 바로 떠올릴 수 있을 정도로 반복 학습을 해 두는 것이 좋습니다.

32-34 다음 글을 읽고 물음에 답하시오.

(가)

이 중에 시름없으니 **어부(漁父)**의 생애로다
일엽편주를 만경파(萬頃波)에 띄워 두고
인세(人世)를 다 잊었거니 날 가는 줄을 아는가   〈제1수〉

굽어보면 천심 녹수 돌아보니 만첩 청산
십장 홍진(十丈紅塵)이 얼마나 가렸는가   [A]
강호에 월백(月白)하거든 더욱 무심(無心)하여라   〈제2수〉

청하(清荷)에 밥을 싸고 **녹류(綠柳)에 고기 꿰어**

노적 화총(蘆荻花叢)에 배 매어 두고
일반 청의미(一般淸意味)를 어느 분이 아실까　　　　　　　　〈제3수〉

㉠산두(山頭)에 한운(閑雲) 일고 수중(水中)에 백구(白鷗) 난다
무심코 다정한 것 이 두 것이로다
㉡일생에 시름을 잊고 너를 좇아 놀리라　　　　　　　　　　〈제4수〉

- 이현보, 「어부단가」

2023학년도 9월 모의고사에 출제된 「어부단가」.
연계 교재와 수록된 부분이 대부분 겹친다.

위의 「어부단가」 예시에서는, '어부의 생애', '인세', '십장 홍진', '강호', '일반 청의미', '무심'과 같은 시어가 함축하는 의미들을 전부 다 암기해 두는 것이죠.

비문학(독서)

비문학, 즉 독서 또한 최근에는 찾기로는 풀 수 없는, 글 내용 전체에 대한 전반적인 이해가 바탕이 되어야 풀 수 있는 문제들이 점점 출제되고 있습니다.

따라서 비문학은 글의 내용에 대한 이해력을 기르는 방향으로 훈련해 나가야 합니다. 당연한 소리 아니냐고 할 수 있지만, 많은 학생은 흔히 말하는 '눈알 굴리기'로 정답만 찾아 문제를 풀고는 스

스로의 이해력이 상승했다고 착각합니다.

학생 입장에서는 일단 문제를 전부 풀어서 맞추면 그 지문을 온전히 이해했다고 착각하기 쉽기에, 평소에 비문학 세트 풀이 연습을 할 때는 단순히 문제를 풀고 끝나는 것이 아닌 그 이상의 무언가가 필요합니다.

지문 하나를 풀 때 문제들만 전부 풀고 끝나는 것이 아니라, 지문에서 쓰인 내용마다 '이 내용은 무엇을 말하고자 쓰였는지', '이 내용이 뜻하는 바는 무엇인지'를 파악할 수 있을 때까지 고민하세요. 다시 말하면, 지문에서 나온 내용을 같은 의미인 다른 말로 '재진술'할 수 있어야 합니다. 특히 문제를 전부 풀고 난 후에는 이해하기에 어려움이 있었던 구절 중심으로 이 재진술을 연습하세요.

37-42 다음 글을 읽고 물음에 답하시오.

국제법에서 일반적으로 조약은 국가나 국제기구들이 그들 사이에 지켜야 할 구체적인 권리와 의무를 명시적으로 합의하여 창출하는 규범이며, 국제 관습법은 조약 체결과 관계없이 국제 사회 일반이 받아들여 지키고 있는 보편적인 규범이다. 반면에 경제 관련 국제기구에서 어떤 결정을 하였을 경우, 이 결정 사항 자체는 권고적 효력만 있을 뿐 법적 구속력은 없는 것이 일반적이다. 그런데 국제결제은행 산하의 바젤위원회가 결정한 BIS 비율 규제와 같은 것들이 비회원의 국가에서도 엄격히 준수되는 모습을 종종 보게 된다. 이처럼 일종의 규범적 성격이 나타나는 현실을 어떻게 이해할지에 대한 논의가 있다. 이는 위반에 대한 제재를 통해 국제법의 효력을 확보하는 데 주안점을 두는 일반적 경향을 되돌아보게 한다. 곧 신뢰가 형성하는 구속력에 주목하는 것이다.

BIS 비율은 은행의 재무 건전성을 유지하는 데 필요한 최소한의 자기자본 비율을 설정하여 궁극적으로 예금자와 금융 시스템을 보호하기 위해 바젤위원회에서 도입한 것이다. 바젤위원회에서는 BIS 비율이 적어도 규제 비율인 8%는 되어야 한다는 기준을 제시하였다. 이에 대한 식은 다음과 같다.

$$\text{BIS 비율(\%)} = \frac{\text{자기자본}}{\text{위험가중자산}} \times 100 \geq 8(\%)$$

여기서 자기자본은 은행의 기본자본, 보완자본 및 단기후순위 채무의 합으로, 위험가중자산은 보유 자산에 각 자산의 신용 위험에 대한 위험 가중치를 곱한 값들의 합으로 구하였다. 위험 가중치는 자산 유형별 신용 위험을 반영하는 것인데, OECD 국가의 국채는 0%, 회사채는 100%가 획일적으로 부여되었다. 이후 금융 자산의 가격 변동에 따른 시장 위험도 반영해야 한다는 요구가 커지자, 바젤위원회는 위험가중자산을 신용 위험에 따른 부분과 시장 위험에 따른 부분의 합으로 새로 정의하여 BIS 비율을 산출하도록 하였다. 신용 위험의 경우와 달리 시장 위험의 측정 방식은 감독 기관의 승인하에 은행의 선택에 따라 사용할 수 있게 하여 '바젤 I' 협약이 1996년에 완성되었다.

금융 혁신의 진전으로 '바젤 I' 협약의 한계가 드러나자 2004년에 '바젤 II' 협약이 도입되었다. 여기에서 BIS 비율의 위험가중자산은 신용 위험에 대한 위험 가중치에 자산의 유형과 신용도를 모두 ⓐ고려하도록 수정되었다. 신용 위험의 측정 방식은 표준 모형이나 내부 모형 가운데 하나를 은행이 이용할 수 있게 되었다. 표준 모형에서는 OECD 국가의 국채는 0%에서 150%까지, 회사채는 20%에서 150%까지 위험 가중치를 구분하여 신용도가 높을수록 낮게 부과한다. 예를 들어 실제 보유한 회사채가 100억 원인데 신용 위험 가중치가 20%라면 위험가중자산에서 그 회사채는 20억 원으로 계산된다. 내부 모형은 은행이 선택한 위험 측정 방식을 감독 기관의 승인하에 그 은행이 사용할 수 있도록 하는 것이다. 또한 감독 기관은 필요시 위험가중자산에 대한 자기자본의 최저 비율이 ⓑ규제 비율을 초과하도록 자국 은행에 요구할 수 있게 함으로써 자기자본의 경직된 기준을 보완하고자 했다.

최근에는 '바젤 III' 협약이 발표되면서 자기자본에서 단기후순위 채무가 제외되었다. 또한 위험가중자산에 대한 기본자본의 비율이 최소 6%가 되게 보완하여 자기자본의 손실 복원력을 강화하였다. 이처럼 새롭게 발표되는 바젤 협약은 이전 협약에 들어 있는 관련 기준을 개정하는 효과가 있다.

바젤 협약은 우리나라를 비롯한 수많은 국가에서 채택하여 제도화하고 있다. 현재 바젤위원회에는 28개국의 금융 당국들이 회원으로 가입되어 있으며, 우리 금융 당국은 2009년에 가입하였다. 하지만 우리나라는 가입하기 훨씬 전부터 BIS 비율을 도입하여 시행하였으며, 현행 법제에도 이것이 반영되어 있다. 바젤 기준을 따름으로써 은행이 믿을 만하다는 징표를 국제 금융 시장에 보여 주어야 했던 것이다. 재무 건전성을 의심받는 은행은 국제 금융 시장에 자리를 잡지 못하거나, 심하면 아예 ⓒ 발을 들이지 못할 수도 있다.

바젤위원회에서는 은행 감독 기준을 협의하여 제정한다. 그 헌장에서는 회원들에게 바젤 기준을 자국에 도입할 의무를 부과한다. 하지만 바젤위원회가 초국가적 감독 권한이 없으며 그의 결정도 ⓓ 법적 구속력이 없다는 것 또한 밝히고 있다. 바젤 기준은 100개가 넘는 국가가 채택하여 따른다. 이는 국제기구의 결정에 형식적으로 구속을 받지 않는 국가에서까지 자발적으로 받아들여 시행하고 있다는 것인데, 이런 현실을 ㉠ 말랑말랑한 법(soft law)의 모습이라 설명하기도 한다. 이때 조약이나 국제 관습법은 그에 대비하여 딱딱한 법(hard law)이라 부르게 된다. 바젤 기준도 장래에 ⓔ 딱딱하게 응고될지 모른다.

42 문맥상 ⓐ~ⓔ와 바꿔 쓰기에 적절하지 <u>않은</u> 것은?
① ⓐ: 반영하여 산출하도록
② ⓑ: 8%가 넘도록
③ ⓒ: 바젤위원회에 가입하지
④ ⓓ: 권고적 효력이 있을 뿐이라는
⑤ ⓔ: 조약이나 국제 관습법이 될지

정답 : ③

2020학년도 수능 국어 42번 문항

이는 위에서 제시된 2020학년도 수능 42번 문항에 잘 나타나 있습니다. '법적 구속력이 없다'를 '권고적 효력이 있을 뿐이라는'으로, '딱딱하게 응고될지'를 '조약이나 국제 관습법이 될지'로 바꾸는 것과 유사하게 이해가 어려웠던 부분을 스스로의 문장으로 바꿀 수 있도록 연습해야 합니다.

또한 지문을 읽어 나갈 때 최대한 앞에서 읽었던 내용과 관련지어 지금 읽고 있는 내용을 '당연한' 것으로 받아들이는 것 또한 지문을 이해하는 데 큰 도움이 되는 방법입니다.

예를 들면, '중앙은행이 채권을 매수하면 이자율은 하락하고, 이자율이 하락하면 소비와 투자가 확대되어 경기가 활성화되고 물가 상승률이 오른다'라는 문장 뒤에 '또한, 중앙은행이 채권을 매도하면 경기가 위축되어 물가 상승률이 감소한다'라는 문장이 등장했다고 가정합시다.

이 경우에는 앞 문장에서 제시된 채권의 매수·매도, 경기의 활성화·위축, 물가 상승률의 상승·감소의 상관관계를 고려하면 해당 뒷 문장을 당연한 것으로 받아들이고 넘어갈 수 있겠죠.

그리고 정보량이 많은 지문을 읽을 때는 정보가 제시된 부분에 밑줄을 치는 등 나름의 방식으로 표시를 한 후 각 문단에 어떤 범주의 정보가 제시가 되었는지 대략적으로 기억해 두세요.

이후 선지를 판단할 때는 선지에 언급된 정보를 보고 그 정보가 어떤 문단에 제시되었는지를 떠올린 후, 해당 문단을 다시 읽어 보며 그 선지가 정답 선지인지 오답 선지인지를 판단하는 겁니다.

지문의 모든 정보량을 머릿속에 다 넣고 가는 것은 불가능에 가까워 다시 돌아가서 찾아 보는 것이 필연적이기에, 이는 해당 행위를 최대한 편리하고 효율적으로 수행하기 위하게끔 하는 장치입니다.

물론, 앞서 이야기했듯 최근 비문학은 문제 해결을 위해 지문의 이해가 필수적인 방향으로 출제되기에, 처음 지문을 읽을 때 제시된 내용들을 이해하는 작업 또한 반드시 진행되어야 합니다.

EBS 연계 학습

슬프게도 비문학에서 EBS 연계 교재 학습의 효과를 볼 수 있는 부분은 그다지 많지 않습니다. 비문학의 경우 연계가 되는 양상이 문학과는 큰 차이가 있기 때문입니다.

다음 '최소제곱법' 지문 예시를 통해 비문학에서의 연계 양상이 어떻게 되는지 한번 살펴봅시다.

14-17 다음 글을 읽고 물음에 답하시오.

하루에 필요한 에너지의 양은 하루 동안의 총 열량 소모량인 대사량으로 구한다. 그중 기초 대사량은 생존에 필수적인 에너지로, 쾌적한 온도에서 편히 쉬는 동물이 공복 상태에서 생성하는 열량으로 정의된다. 이때 체내에서 생성한 열량은 일정한 체온에서 체외로 발산되는 열량과 같다. 기초 대사량은 개체에 따라 대사량의 60~75%를 차지하고, 근육량이 많을수록 증가한다.

기초 대사량은 직접법 또는 간접법으로 구한다. ㉠직접법은 온도가 일정하게 유지되고 공기의 출입량을 알고 있는 호흡실에서 동물이 발산하는 열량을 열량계를 이용해 측정하는 방법이다. ㉡간접법은 호흡 측정 장치를 이용해 동물의 산소 소비량과 이산화 탄소 배출량을 측정하고, 이를 기준으로 체내에서 생성된 열량을 추정하는 방법이다.

19세기의 초기 연구는 체외로 발산되는 열량이 체표 면적에 비례한다고 보았다. 즉 그 둘이 항상 일정한 비(比)를 갖는다는 것이다. 체표 면적은 $(체중)^{0.67}$

에 비례하므로, 기초 대사량은 체중이 아닌 (체중)$^{0.67}$에 비례한다고 하였다. 어떤 변수의 증가율은 증가 후 값을 증가 전 값으로 나눈 값이므로, 체중이 W에서 2W로 커지면 체중의 증가율은 (2W)/(W)=2이다. 이 경우에 기초 대사량의 증가율은 (2W)$^{0.67}$ / (W)$^{0.67}$ = 2 $^{0.67}$, 즉 약 1.6이 된다.

1930년대에 클라이버는 생쥐부터 코끼리까지 다양한 크기의 동물의 기초 대사량 측정 결과를 분석했다. 그래프의 가로축 변수로 동물의 체중을, 세로축 변수로 기초 대사량을 두고, 각 동물별 체중과 기초 대사량의 순서쌍을 점으로 나타냈다.

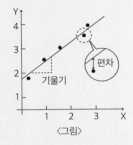

가로축과 세로축 두 변수의 증가율이 서로 다를 경우, 그 둘의 증가율이 같을 때와 달리, '일반적인 그래프'에서 이 점들은 직선이 아닌 어떤 곡선의 주변에 분포한다. 그런데 순서쌍의 값에 상용로그를 취해 새로운 순서쌍을 만들어서 이를 〈그림〉과 같이 그래프에 표시하면, 어떤 직선의 주변에 점들이 분포하는 것으로 나타난다. 그러면 그 직선의 기울기를 이용해 두 변수의 증가율을 비교할 수 있다. 〈그림〉에서 X와 Y는 각각 체중과 기초 대사량에 상용로그를 취한 값이다. 이런 방식으로 표현한 그래프를 'L-그래프'라 하자.

체중의 증가율에 비해, 기초 대사량의 증가율이 작다면 L-그래프에서 직선의 기울기는 1보다 작으며 기초 대사량의 증가율이 작을수록 기울기도 작아진다. 만약 체중의 증가율과 기초 대사량의 증가율이 같다면 L-그래프에서 직선의 기울기는 1이 된다.

이렇듯 L-그래프와 같은 방식으로 표현할 때, 생물의 어떤 형질이 체중 또는 몸 크기와 직선의 관계를 보이며 함께 증가하는 경우 그 형질은 '상대 성장'을 한다고 한다. 동일 종에서의 심장, 두뇌와 같은 신체 기관의 크기도 상대 성장을 따른다.

한편, 그래프에서 가로축과 세로축 두 변수의 관계를 대변하는 최적의 직선의 기울기와 절편은 최소 제곱법으로 구할 수 있다. 우선, 그래프에 두 변수의 순서쌍을 나타낸 점들 사이를 지나는 임의의 직선을 그린다. 각 점에서 가로축에 수직 방향으로 직선까지의 거리인 편차의 절댓값을 구하고 이들을 각각 제곱하여 모두 합한 것이 '편차 제곱 합'이며, 편차 제곱 합이 가장 작은 직선을 구하는 것이 최소 제곱법이다.

클라이버는 이런 방법에 근거하여 L-그래프에 나타난 최적의 직선의 기울기로 0.75를 얻었고, 이에 따라 동물의 (체중)$^{0.75}$에 기초 대사량이 비례한다고 결론지었다. 이것을 '클라이버의 법칙'이라 하며, (체중)$^{0.75}$을 대사 체중이라 부른다. 대사 체중은 치료제 허용량의 결정에도 이용되는데, 이때 그 양은 대사 체중에 비례하여 정한다. 이는 치료제 허용량이 체내 대사와 밀접한 관련이 있기 때문이다.

2023학년도 수능에 출제된 '최소제곱법' 지문.
연계 교재와 같은 소재가 연계되어 출제되었다.

2023학년도 『수능특강』 지문에서는 전체 내용을 최소제곱법이 무엇인지를 설명하는 데 할애했습니다. 반면에 2023학년도 수능의 지문을 보면 최소제곱법에 관한 이야기는 뒤에서 2번째 문단에서 짧게 언급하고 있을 뿐, 최소제곱법이 지문의 주요한 주제로 다루어지지지 않고 있습니다.

이렇듯이 비문학에서의 연계는 '소재 연계'를 중심으로 이루어집니다. 연계 교재에 있던 것과 동일한 소재의 지문을 준비하되, 그 소재를 바탕으로 한 내용 전개는 연계 교재의 그것과는 차이가 있게끔 하는 것이죠.

그러므로 문학 연계 공부를 하는 것처럼 비문학 연계 공부를 한다면 실질적으로 체감되는 연계 효과는 문학에 비해 훨씬 적을 수밖에 없습니다.

비문학에서 연계 효과를 보기 위해서는 연계 교재에 등장한 모든 비문학 지문에서 다루어진 소재를 전부 다 암기하고 있어야 합니다. 그러나 연계 교재에 등장하는 지문의 개수는 100개를 넘어가기에, 현실적으로 이를 실행하는 것은 불가능에 가깝죠.

그러므로 비문학 연계 교재는 연계 공부용이 아니라 '기출 학습을 완료한 뒤 풀 만한 문제집'의 측면에서 접근하는 것을 추천합니다.

화법과 작문

화법과 작문의 경우에는 보기 문제를 제외한 모든 선지가 사실적인 내용의 판단으로 이루어지고, 그 내용의 판단은 지문과 선지 간 1:1 대응으로 해결할 수 있게끔 출제가 됩니다.

그러므로 화법과 작문 세트를 풀 때는 먼저 문제를 보고 지문의 어떤 부분에서 문제가 출제되었는지 파악한 후, 그 부분을 읽으면서 동시에 해당 부분에서 출제된 문제를 1:1 대응의 방식으로 푸세요.

보기 문제는 약간의 추론이 필요하긴 하지만, 그 추론은 비문학의 그것에 비해 훨씬 저차원적이므로 별도의 훈련 없이 문제만 꾸준히 풀어도 실력 향상에 크게 도움이 될 것입니다.

EBS 연계 학습

비문학과 마찬가지로 화법과 작문의 경우에도 연계 학습은 그다지 큰 효과를 보지 못할 가능성이 높습니다.

다음은 2023학년도 9월 모의고사에 출제된 화법과 작문 문항입니다. 제시된 지문을 본 타자의 조언을 반영하여 수정한 양상의 적절성을 판별해야 하는 유형의 문항이었습니다. 이와 완전히 동일한 형태의 문제가 당해 『수능특강』에 출제가 되었고, 2023학년도 9월 모의고사의 문항은 이와 연계되어 출제된 것임을 확인할 수 있었습니다.

44 다음은 (나)를 읽은 학생회장의 조언이다. 이를 반영하여 추가할 마지막 문단의 내용으로 가장 적절한 것은?

> 학생회장: 많은 학생들이 공모전에 참여할 수 있도록, 이름 짓기는 학생들에게 어려운 일이 아님을 밝혀 주면 좋겠어. 또한 2문단에서 언급한 효과와 관련하여 공모전 참여를 권유하면서 마무리하면 좋을 것 같아.

① 이름 짓기는 누구나 어렵지 않게 도전할 수 있는 일이다. 다만 이름을 지을 때 사람들이 이해하기 쉬운 표현을 사용해야 함을 유의하도록 한다.

② 이름 짓기는 지식과 경험이 풍부한 사람만이 할 수 있는 일은 아니다. 원활한 의사소통을 위해 이름 짓기의 효과를 이해하고 그 방법을 활용해 보자.

③ 지나치게 생소한 이름은 사람들에게 수용되지 않을 수 있다. 새로운 체육 대회의 긍정적 이미지를 느낄 수 있는 이름을 지어 이번 공모전에 참여하면 좋지 않을까?

④ 이름 짓기는 대상을 새롭게 바라보게 한다. 올해 새롭게 바뀔 체육 대회에 어울리는 참신한 이름이 지어진다면 체육 대회에 많은 학생들이 적극적으로 참여할 것이다.

⑤ 이름 짓기는 학생들도 충분히 할 수 있다. 새로운 체육 대회는 누구나 즐길 수 있다는 긍정적인 인식을 갖게 하는 좋은 이름을 지어 공모전에 도전해 보는 것은 어떨까?

정답 : ⑤

2023학년도 9월 모의고사에 출제된 화법과 작문 문항.
연계 교재와 같은 형식의 문제가 출제되었다.

위 문항을 보면, '조언을 반영하여 추가할 내용'의 유형임을 알 수 있습니다. 당해 연계 교재 문항의 유형이 평가원 모의고사에 바로 연계가 되어서 출제된 것이죠.

그러나 저 유형은, 굳이 전자의 연계 교재 문항이 아니더라도 이미 수없이 기출된 유형입니다. 아래 2018학년도 9월 평가원 모의고사만 보더라도 완전히 같은 유형이 이미 출제되었던 것을 알 수 있죠.

09 선생님의 조언을 고려할 때, ㉠에 들어갈 내용으로 가장 적절한 것은?

> **선생님:** 건의문의 끝 부분에는 건의가 받아들여졌을 때 건의 주체에게 도움이 된다는 점을 밝히고 다른 사람들에게도 도움이 된다는 점을 제시하면 설득력을 높일 수 있어요.

① 수요 조사에 따른 버스 운영으로 시내버스 회사의 이익 창출에 기여하며, ○○시도 시내버스 운영 지원비를 줄일 수 있게 될 것입니다.

② A단지 학생들이 겪는 등굣길 버스 이용의 불편을 줄일 수 있을 뿐만 아니라 A단지 학생들의 아침 수면 시간을 확보할 수 있을 것입니다.

③ A단지 학생들의 등굣길 스트레스를 줄여 줄 수 있으며, 여유롭게 등교할 수 있게 되어 A단지 학생들이 즐겁게 학교 생활을 하는 데에도 기여할 것입니다.

④ 학생들의 자가용 통학으로 인한 학부모들의 부담을 줄일 수 있으며, 자녀들을 데려다 주지 않아도 되어 학부모들이 여유로운 아침 시간을 보낼 수 있을 것입니다.

⑤ 긴 통학 시간으로 인한 A단지 학생들의 피로감을 줄일 수 있어 학업에 보다 집중할 수 있게 되고, 학교 주변 교통 혼잡을 해결하여 인근 주민들의 불편을 해소할 수 있을 것입니다.

정답 : ⑤

2018학년도 9월 모의고사에 출제된 문항.
2018학년도에 같은 형식의 문제가 이미 기출이 되었다.

굳이 여러분이 연계 교재 학습을 철저히 하지 않아도, 기출 학습을 철저히 하기만 했다면 저 유형에 대한 대비는 이미 끝내놓을 수 있었다는 뜻입니다.

이뿐만 아니라 다른 유형들에서도 연계 교재에서'만' 다루어지는 신유형이 등장하는 경우는 화법과 작문에서는 매우 찾아 보기 힘드니, 화법과 작문의 경우에서도 연계 교재는 비문학에서와 마찬가지 방식으로 활용하는 것을 추천합니다.

문제 풀이를 하다가 기출에서는 본 적 없던 신유형이 발견되면, 그때 해당 유형에 대해 특별하게 학습을 진행하면 되는 것이죠.

언어와 매체

언어와 매체의 경우에는 개념에서 이해만 하고 넘어가도 되는 부분과 암기까지 하고 넘어가야 할 부분의 구분이 중요하기에, 일단 개념 학습을 한 뒤 기출을 풀어 보면서 두 부분을 확실하게 구분하세요.

이해를 하고 넘어갈 부분은 주기적으로 개념을 읽어 보는 선에서 마무리를 하고, 암기를 하고 넘어갈 부분은 관련 문제를 많이 풀어 보며 자동으로 머리에 들어올 수 있게끔 훈련하면 됩니다.

그렇게 개념 학습이 마무리된 후에는, 하루에 일정 수의 기출 또는 사설 문제를 풀어 보며 개념에 구멍이 난 부분은 없는지 살펴 보고 문제를 풀기 위한 감각을 기르는 것이 바람직합니다.

EBS 연계 학습

언어와 매체에서는 매체와 언어 각각의 접근 방식을 다르게 바라봐야 합니다. 매체의 경우에는 비문학 또는 화법과 작문에서처럼 문제 풀이용 교재로 활용하는 것을 추천하나, 언어의 경우에는 어느 정도 연계 학습을 진행해 두는 것을 추천하죠.

다음은 2023학년도 수능에 실린 '1인 미디어'관련 문항입니다. 당해 『수능특강』에서 다루어졌던 '1인 미디어'라는 소재가 연계되어 출제되었습니다.

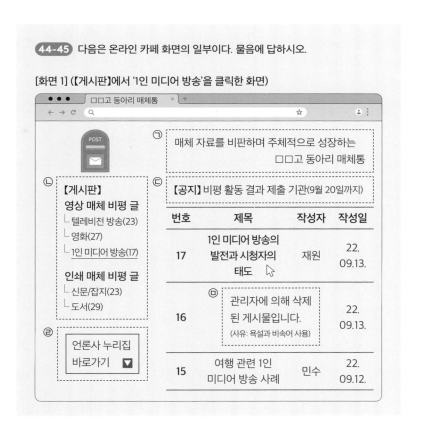

1인 미디어 방송의 발전과 시청자의 태도

작성자: 재원

최근 많은 사람들이 1인 미디어 방송 제작에 나서고 있다. 그러면서 기존 매체들이 주목하지 않았던 다양한 소재들을 다루는 1인 미디어 방송들이 등장하고 있다. 내가 즐겨 보는 여행 관련 1인 미디어 방송 역시 밀림을 혼자 돌아다닌다든가 현지인들과 같이 생활하는 모습을 보여 주는 등 참신함이 돋보인다.

1인 미디어 방송은 여러 가지 정보를 쉽고 재미있게 제공하여 시청자의 욕구를 만족시킨다. 그래서 나처럼 여행 탐험가라는 직업을 꿈꾸는 사람들은 1인 미디어 방송을 통해 어디서도 얻지 못했던 새로운 정보를 얻을 수 있게 되었다.

그런데 요즘 1인 미디어 방송 가운데 신뢰성이 부족한 정보를 담은 방송이 늘고 있다. 이러한 성격이 드러나는 1인 미디어 방송을 시청할 때에는 비판적으로 수용하는 주체적 태도가 중요하다.

→ **민수** 나도 그 방송 봤어. 내가 모르던 낯선 문화에 대한 다양한 정보가 많이 나와서 좋았어. 그런데 갑자기 특정 상표를 언급하며 칭찬할 때에는 상업성이 짙어 보이더라. 그런 상업적인 의도에 현혹되지 않도록 조심해야 해.

→ **혜원** 어떤 1인 미디어 방송인은 특정 성분이 건강에 좋다고 강조했는데, 알고 보니 성분의 효과가 입증된 것이 아니었어. 방송에 나오는 정보라도 믿을 수 있는지 잘 따져 봐야 해.

→ **영진** 1인 미디어 방송들은 소재가 한정적이고 다 비슷비슷하지. 그리고 내가 보는 1인 미디어 방송은 사회적으로 의미 있는 내용을 다루는데도, 고정 시청자 수가 적고 어느 순간부터는 더 이상 늘지도 않더라. 그래서 1인 미디어 방송이 발전해도 사회적 파급력은 제한적이라고 생각해.

→ **지수** 난 1인 미디어 방송이 우리 사회에 큰 변화를 가져올 수 있다고 생각해. 예를 들어 '독립운동가의 발자취 따라가기' 방송이 인기를 많이 끌어서 독립운동가에 대한 국민들의 관심이 높아졌잖아.

| 댓글 등록 |

45 [화면2]를 바탕으로 '1인 미디어 방송'에 대한 학생들의 수용 양상을 이해한 내용으로 적절하지 <u>않은</u> 것은?

① '재원'은 자신의 진로와 관련된 새로운 정보를 얻은 경험을 근거로 1인 미디어 방송이 유용하다고 판단하였다.

② '혜원'은 증명되지 않은 정보를 접했던 경험을 근거로 1인 미디어 방송이 제공하는 정보에 대한 신뢰성을 점검해야 한다고 판단하였다.

③ '재원'과 '민수'는 모두 1인 미디어 방송의 상업적 의도를 알아차린 경험을 근거로 1인 미디어 방송을 시청할 때 주의가 필요하다고 판단하였다.

④ '재원'은 '영진'과 달리, 자신이 본 여행 관련 1인 미디어 방송을 근거로 1인 미디어 방송의 소재가 다양하다고 판단하였다.

⑤ '영진'은 '지수'와 달리, 고정 시청자 수가 늘지 않는 1인 미디어 방송 사례를 근거로 1인 미디어 방송이 사회에 미치는 영향력에는 한계가 있다고 판단하였다.

정답 : ③

2023학년도 수능 언어와 매체에 출제된 '1인 미디어' 관련 문항.
연계 교재와 같은 소재가 연계되어 출제되었다.

매체에서도 EBS 연계는 비문학처럼 소재 연계로 이루어졌습니다. 그러므로 매체의 경우에도 연계 교재는 문제 풀이 훈련용으로 접근을 하다, 기출에서 본 적 없는 신유형이 등장한다면 그때 해당 유형에 대해 분석 작업을 진행하면 됩니다.

다음은 2023학년도 6월 모의고사에 실린 '형태소' 관련 문항입니다. 당해 『수능특강』에서 다루어졌던 '형태소' 관련 문항이 연계되어 출제되었습니다.

38 〈학습 활동〉을 수행한 결과로 적절한 것은?

┌─────────────────────── 〈학습 활동〉 ───────────────────────┐

형태소는 자립성의 유무와 의미의 유형에 따라 다음과 같이 구분된다.

의미의 유형 ＼ 자립성의 유무	자립 형태소	의존 형태소
실질 형태소	㉠	㉡
형식 형태소	✕	㉢

다음 문장의 형태소를 ㉠, ㉡, ㉢으로 분류한 후, 그 결과를 정리해 보자.

┌───┐
우리는 비를 맞고 바람에 맞서다가 드디어 길을 찾아냈다.
└───┘

└──┘

① '우리는'의 '우리'와 '드디어'는 ㉡에 속한다.
② '비를'과 '길을'에는 ㉠과 ㉡에 속하는 형태소만 있다.
③ '맞고'의 '맞-'과 '맞서다가'의 '맞-'은 모두 ㉢에 속한다.
④ '바람에'에는 ㉡과 ㉢에 속하는 형태소만 있다.
⑤ '찾아냈다'에는 ㉡과 ㉢에 속하는 형태소만 있다.

정답 : ⑤

2023학년도 6월 모의고사 언어와 매체에 출제된 '형태소' 관련 문항.
연계 교재와 같은 소재가 연계되어 출제되었다.

이렇게 언어 파트에서의 연계는 연계 교재에서 다루어진 '개념'이 이후 평가원 모의고사나 수능에서 등장하는 형태로 주로 이루어집니다.

언어 파트는 그 특성상 물어볼 수 있는 개념이 무궁무진하고, 실제로 이전에는 등장한 적 없던 개념이 갑자기 등장하여 학생들의 점수를 마구마구 깎아 먹는 경우도 부지기수로 발생합니다.

그러므로 언어 파트는, 앞에서 언급한 매체 파트와 화법과 작문 파트에 비해 연계 교재 학습의 중요성이 조금 더 크다고 볼 수 있죠.

수능 수학 공부의
기틀 잡기

수학에서의 행동 영역

'행동 영역'에 관해서는, 이미 8장 '행동 영역에 관한 모든 것'에서 살펴본 바가 있죠.

다시 한번 행동 영역이 무엇인지 리마인드하자면, 문제를 풀면서 특정 정보 또는 조건을 마주했을 때 우리가 그에 대응해서 수행해야 하는 행동들의 모든 집합을 의미합니다.

이들 중에는 모든 문제에 공통으로 적용되는 행동 영역도 있고, 문제에 따라 다르게 적용되는 행동 영역도 있습니다.

예를 들어 'a+b+c=10일 때 자연수 a, b, c의 순서쌍 개수를 구하시오'라는 문제를 보면 자연스럽게 '중복조합을 활용해야지!'라는 생각을 떠올리는데, 이런 것도 행동 영역에 속하죠.

행동 영역을 마련하는 것은 모든 과목에서 중요하지만, 특히 문제에서 제시되는 정보나 조건이 다양하면서도 반복적이고, 또 접근 방법에 따라서 문제 해결 시간이 천차만별로 차이가 나는 수학에서의 중요성은 두말할 필요가 없습니다.

문제에서 동일한 조건이 주어져도, 이전에 그 조건에 대한 대응이나 해석을 접해 본 적이 있는 학생과 접해 본 적이 없는 학생 간 해결 능력의 차이는 결코 무시할 수 없는 수준으로 벌어지겠죠.

이러한 행동 영역들은 기본적으로 문제를 최대한 많이 풀면서 터득해야 합니다. 문제에서 주어진 특정 정보에 대한 대응을 의미하는 행동 영역은, 당연하게도 문제를 많이 풀어 봐야만 쌓을 수 있습니다.

앞서 이야기했듯 행동 영역에는 모든 문제에 공통으로 적용되는 것도, 문제에 따라 다르게 적용되는 것도 있고, 이것들은 서로 쌓아 나가는 방법이 다릅니다.

지금부터 각 방법에 대해 설명할 테니, 참고하여 스스로의 상황에 맞춰 공부를 해 나가면 되겠습니다.

공통적으로 적용되는 행동 영역

먼저, 모든 문제에 공통적으로 적용되는 행동 영역에 대해 알아봅시다. 어떤 종류의, 단원의, 난이도의 문제이든 간에 상관없이 수학 문제를 풀 때 항상 기본적으로 염두에 두어야 하는 행동 영역은 이것입니다.

❶ 문제에서 주어진 모든 조건을 체크하기
❷ 각 조건이 무엇을 의미하는지 이해하기

문제에서 주어진 조건들을 빠짐없이 체크하는 것은 수학 문제를 해결하는 데 있어 기본 중의 기본이며, 모두 완벽하게 체크를 했다 하더라도 그 조건의 의미를 이해하지 못한다면 결국 문제를 해결하지 못하겠죠.

우선, 문제에서 주어진 조건을 빠짐없이 체크하는 것이 무엇을 의미하는지를 다음의 문제 예시를 통해 살펴봅시다.

18 최고차항의 계수가 a인 이차함수 $f(x)$가 모든 실수 x에 대하여

$$|f'(x)| \le 4x^2 + 5$$

를 만족시킨다. 함수 $y = f(x)$의 그래프의 대칭축이 직선 $x = 1$일 때, 실수 a의 최댓값은?

① $\dfrac{3}{2}$　　② 2　　③ $\dfrac{5}{2}$　　④ 3　　⑤ $\dfrac{7}{2}$

정답 : ②

2021학년도 9월 모의고사 수학 나형 18번 문항

❶ 최고차항의 계수가 a

❷ f(x)는 이차함수

❸ 도함수의 범위 조건

❹ f(x)의 대칭축이 x=1

이 문제에서는 위 네 가지 조건을 찾을 수 있으며, 네 가지 조건 모두 각각의 의미를 쉽게 이해할 수 있습니다.

그러나 고난도 문제에서는 의미의 이해가 어려운 경우가 많습니다. 다음 문제 예시를 통해 이에 대해 살펴보도록 하죠.

22 두 양수 a, $b(b>3)$과 최고차항의 계수가 1인 이차함수 $f(x)$에 대하여 함수

$$g(x) = \begin{cases} (x+3)\,f(x) & (x<0) \\ (x+a)\,f(x-b) & (x\geq 0) \end{cases}$$

이 실수 전체의 집합에서 연속이고 다음 조건을 만족시킬 때, $g(4)$의 값을 구하시오.

$$\lim_{x \to -3} \frac{\sqrt{|g(x)| + \{g(t)\}^2} - |g(t)|}{(x+3)^2}$$ 의 값이 <u>존재하지 않는</u>

실수 t의 값은 -3과 6뿐이다.

정답 : 19

2023학년도 6월 모의고사 수학 공통 22번 문항

❶ 두 양수 a, b

❷ b>3

❸ f(x)는 최고차항 1인 이차함수

❹ g(x)는 실수 전체 집합에서 연속

❺ 주어진 식의 값은 t=-3, 6에서만 존재 x

1~4번 조건은 그 의미를 이해하기 쉬우나, 5번 조건에서는 주의가 필요합니다. $t=-3$, 6에서만 존재하지 않는다는 것은, t가 -3, 6 이외의 값을 가질 때는 주어진 식은 항상 값을 가진다는 사실을 내포하기도 하기 때문입니다.

실제로 이 숨겨진 의미를 이해하는 것은 해당 문제의 해결에 필수적인 단서의 기능을 했으며, 이해하지 못했던 학생들은 결국 이 문제를 해결하지 못했습니다.

이와 같이 조건의 의미 이해를 어렵게 하는 것은 고난도 문제에서 난이도를 높이는 주요 요인 중 하나로 작용하기에, 이 또한 평소에도 꾸준히 연습을 해 놓아야 합니다.

다르게 적용되는 행동 영역

조건의 의미를 모두 올바르게 이해했다면, 이제는 이를 해석해야 합니다. 고난도 문제일수록 조건을 우회적으로 제시해 단서를 찾아내도록 하는 경우가 많고, 이는 다양한 방법으로 조건의 의미를 해석함으로써 가능합니다.

그러나 매번 문제를 풀 때마다 이 의미들을 모두 해석할 필요는 없습니다. 문제에서 제시되는 조건은 종종 반복되기에 다른 문제를 풀어 보면서 해당 조건을 해석하는 방법을 이미 터득했다면, 특정 문제에서 그 조건이 제시가 되면 보고 단서를 바로 '뽑아 낼' 수 있겠죠.

이는 '이 조건을 보면 이렇게 해석을 하자!'라는 것을 하나의 행동 영역으로 삼자는 이야기입니다. 다시 말해, 문제에서 자주 제시되는 조건들의 해석을 미리 알아 두자는 것입니다.

실제로 기출에서 이전에 출제된 문제에서 제시되었던 조건이 이후 문제에서도 다시 출제되는 경우는 매우 흔하게 볼 수 있습니다.

때로는 그 조건이 문제 해결을 위한 결정적인 열쇠가 되는 경우도 있는데, 아래의 문제들에서 이에 대한 매우 훌륭한 예시를 찾을 수 있습니다.

30 $x > a$에서 정의된 함수 $f(x)$와 최고차항의 계수가 -1인 사차함수 $g(x)$가 다음 조건을 만족시킨다. (단, a는 상수이다.)

(가) $x > a$인 모든 실수 x에 대하여
$(x-a)f(x) = g(x)$이다.

(나) 서로 다른 두 실수 α, β에 대하여 함수 $f(x)$는
$x = \alpha$와 $x = \beta$에서 동일한 극댓값 M을 갖는다.
(단, $M > 0$)

(다) 함수 $f(x)$가 극대 또는 극소가 되는 x의 개수는
함수 $g(x)$가 극대 또는 극소가 되는 x의 개수보다 많다.

$\beta - a = 6\sqrt{3}$ 일 때, M의 최솟값을 구하시오.

정답 : 216

2017학년도 수능 수학 가형 30번 문항

(가) 조건을 살펴봅시다. 얼핏 보아서는 $g(x)$가 사차함수이므로 $f(x)$를 삼차함수로 준 것 같으나, $(x-a)$를 우변으로 넘기고 나면 $f(x)$를 기울기 함수의 관점에서 접근할 수 있습니다.

이전 기출에서 한 번도 등장한 적 없었던 이 조건은 문제의 난이도를 극적으로 끌어올리는 데 큰 기여를 했으며, 이후 기출에서 잊을 만하면 등장하는 '사골' 조건이 되었습니다.

30 양의 실수 t와 최고차항의 계수가 1인 삼차함수 $f(x)$에 대하여 함수

$$g(t) = \frac{f(t) - f(0)}{t}$$

이라 하자. 두 함수 $f(x)$와 $g(t)$가 다음 조건을 만족시킨다.

(가) 함수 $g(t)$의 최솟값은 0이다.

(나) x에 대한 방정식 $f'(x) = g(a)$를 만족시키는 x의 값은

a와 $\dfrac{5}{3}$이다. (단, $a > \dfrac{5}{3}$인 상수이다.)

자연수 m에 대하여 집합 A_m을

$$A_m = \{x \mid f'(x) = g(m), \, 0 < x \leq m\}$$

이라 할때, $n(A_m) = 2$를 만족시키는 모든 자연수 m의 값의 합을 구하시오.

정답 : 35

출처: 경기도교육청

2020년 4월 모의고사 수학 나형 30번 문항

이 문제에서는 대놓고 $g(t)$를 기울기 함수의 형태로 주었는데, 주어진 식의 양변에 t를 곱하면 2017학년도 수능 가형 30번의 그

것과 유사한 형태가 되는 것에서 해당 문제의 영향을 받아 출제되었음을 알 수 있습니다.

---

22 최고차항의 계수가 1인 삼차함수 $f(x)$와 실수 전체의 집합에서 연속인 함수 $g(x)$가 다음 조건을 만족시킬 때, $f(4)$의 값을 구하시오.

> (가) 모든 실수 x에 대하여
> $$f(x) = f(1) + (x-1)f'(g(x))$$이다.
> (나) 함수 $g(x)$의 최솟값은 $\dfrac{5}{2}$이다.
> (다) $f(0) = -3$, $f(g(1)) = 6$

정답 : 13

2023학년도 수능 수학 공통 22번 문항

이 문제 역시도, (가) 조건의 식을 변형하면 기울기 함수의 형태로 $f'(g(x))$를 관찰할 수 있게끔 주었다는 점에서 해당 문제와 동일한 아이디어를 공유하고 있다는 점을 눈치채야 합니다.

첫 문제로부터 비롯된 기울기 함수의 아이디어, 이 아이디어를 미리 알고 있던 학생과 모르고 있던 학생이 뒤의 두 문제를 각각 마주했을 때 느꼈을 어려움의 정도 차가 매우 큼은 두말할 것도 없이 자명합니다.

이를 종합해 보면, 문제에서 제시된 특정 조건에 대한 해석은 반복되므로 자주 등장하는 조건들에 대한 해석은 반드시 알아 두어야 하며, 이는 '문제에서 이 조건을 마주하면 이렇게 해석해야지' 라는 행동 영역을 세우는 것으로도 받아들일 수 있습니다.

위의 예시에서는 '그냥은 다룰 수 없어 보이는 식이 등장한다면 기울기 함수의 형태로 바꿔봐야지' 정도를 행동 영역으로 마련할 수 있으며, '기울기 함수의 형태를 띤 식이 있다면 주어진 함수의 기울기를 관찰해 봐야지'도 포함시킬 수 있습니다.

기울기 함수뿐만 아니라 정말 다양한 해석을 가진 조건들이 반복적으로 출제되고 있으며, 이들을 여러분의 행동 영역 안에 집어넣기 위해서는 문제를 많이 풀어 봐야 합니다. 다시 말하면 많은 조건들을 해석해 봐야 한다는 것입니다.

또한 새로운 조건을 해석하는 능력도 결국은 조건을 해석해 본 경험이 많아야 늘어나는 것이기에, 수학 공부를 할 때는 다양한 문제를 최대한 많이 접해 봐야 합니다.

물론 문제에서 빈번하게 제시되는 조건의 해석들 외에도 상황별로 다르게 적용되는 행동 영역이 존재합니다. 바로 실전에서의 시험 운용입니다.

여기에는 문제 풀이의 순서, 자주 하는 실수의 교정 등이 포함되고, 이에 따른 행동 영역은 '이 문제를 먼저 풀고, 그다음에는 이 문제를 풀어야지'나 '내가 자주 하는 이 실수를 줄이기 위해서는 문제를 풀 때 이러이러한 행동과 생각을 해야지' 정도가 있을 수 있습니다.

이 또한 문제를 많이 풀어봄으로써 쌓을 수 있는데, 특히 실전에 관한 영역이므로 실전 모의고사를 이용한 실전 학습은 이러한 행동 영역을 쌓을 수 있는 가장 좋은 기회가 될 수 있습니다.

조건의 해석이 되었건 실전에서의 시험 운용이 되었건, 문제별로 다르게 적용되는 행동 영역을 쌓는 데에는 오답 노트를 통한 약점 정리가 큰 도움이 됩니다.

문제를 풀다 오답이 나오거나, 정답을 구했음에도 석연치 않은 부분이 있었다면 조건에서 떠올리지 못했던 해석들, 또 스스로가 저질렀던 실수와 그 실수를 교정하기 위한 방법, 시험 운용 과정의 개선 방안 등을 노트에 정리하는 것입니다.

이후 시간이 날 때마다 주기적으로, 혹은 이전에 정리한 해석을 떠올리지 못하거나 실수를 또 저질렀을 때 노트를 다시 읽어봄으로써 내용의 리마인드까지 할 때 비로소 오답 노트의 활용도는 최대치가 됩니다.

모두가 다 다른 약점들을 가지고 있고, 이 약점들 중에서는 의식을 하지 않으면 고쳐지지 않는 것들도 있습니다. 오답 노트의 활용은 이들을 고치기 위한 가장 확실하고, 또 좋은 방법입니다. 그리고 궁극적으로는 이 오답 노트에 적힌 개선 방안을 본인의 행동 영역 안에 포함시키면 되는 것이죠.

EBS 연계 학습

결론부터 이야기하자면 수학에서 EBS 연계 교재 학습은 필수는 아닙니다. 다만 웬만하면 모든 교재, 모든 과목에 있어 연계 학습을 진행하는 것을 권장합니다.

　다음은 2023학년도 수능 문항으로, '원 안에 내접한 사각형'이라는 상황을 바탕으로 하고 있습니다. 당해 『수능완성』에서 다루어졌던 '원 안에 내접한 사각형' 관련 문항이 연계되어 출제되었습니다.

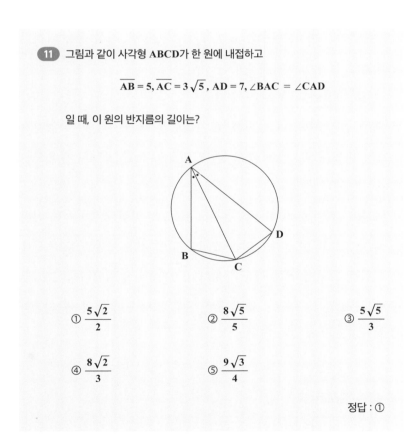

2023학년도 수능에 출제된 '원 안에 내접한 사각형' 문항.
연계 교재와 동일한 형식이 연계되어 출제되었다.

수학 영역에서의 연계 양상은 '아이디어 연계'라는 여섯 글자로 요약할 수 있습니다. 이는 말 그대로 연계 교재에 수록된 문제에서 중요하게 다루어진 아이디어가 수능 또는 모의고사에 연계가 되어 출제된다는 이야기이죠.

문제의 아이디어라 함은 문제에서 주어진 상황 또는 표현을 일컫는 것으로, 이러한 상황 또는 표현에 어떻게 대응해야 하는지에 관한 아이디어를 연계 교재 학습을 통해 미리 습득해 갈 수 있습니다.

EBS 연계 교재의 문제를 통해 원 안에 내접한 사각형을 마주했을 때 어떻게 해야 하는지에 관한 아이디어를 미리 습득해 둔 학생들은 수능 문제를 마주했을 때 더 수월하게 풀 수 있었을 것입니다.

수학 영역에서는 연계 교재에 있는 문항의 아이디어를 가져와 유사하게 출제하는 연계 방식이 채택되고 있고, 그에 따라서 연계 학습을 할 때에는 각 문항에서 활용된 아이디어와 그에 대한 대응 방법(행동 영역)에 대한 이해를 갖추는 방향으로 학습을 해야 합니다.

마치 기출 학습을 하면서 지금까지 본 적 없던 아이디어를 활용한 문항이 등장했을 때 그에 대한 행동 영역을 수립해 두듯이, 연계 교재 학습을 하면서도 똑같은 방식으로 행동 영역을 수립해 두면 되는 것입니다.

수능 영어 공부의
기틀 잡기

영어에서 약점 보완이 특히 중요한 이유

물론 어느 과목에서나 스스로가 가진 약점을 찾아 그를 보완하는
공부를 하는 것은 중요하지만, 특히 영어라는 과목에 있어 이것은
매우 중요합니다. 영어를 구성하는 각 요소들(어휘·문법, 독해, 문제 풀
이) 간의 상호 연관성이 다른 과목에 비해 유의미한 수준으로 크기
때문입니다.

국어의 경우에는, 만약 누군가가 비문학에서 약한 모습을 보인
다고 해서 그가 반드시 문학, 선택과목에서도 약한 모습을 보이리
라는 보장은 없습니다.

또한 수학의 경우에서도, 삼각함수가 약하다고 해서 반드시 지수·로그, 수열이 약할 이유는 없고, 더 나아가 수학1 전체가 약하다 하더라도 수학2와 선택과목까지 약할 이유도 없습니다.

그러나 영어에서는 어휘·문법이 약하면 필연적으로 독해가 약해지고, 독해가 약해지면 필연적으로 문제 풀이도 약해지는데, 이는 앞에서 언급한 영어를 구성하는 요소들의 상호 연관성 때문입니다.

영어 문장의 독해에는 문법 요소들에 대한 이해와 단어들의 풍부한 암기가 필요하고, 문제 풀이에는 각 유형별 문제 풀이 스킬뿐만 아니라 문장의 독해력까지 필요합니다.

이를 통해 영어를 구성하는 요소는 '어휘·문법 → 독해 → 문제 풀이'로 이어지는 사다리와도 같은 구성을 지닌다는 것을 알 수 있으며, 사다리를 지탱하는 아래의 요소가 무너진다면 당연히 위에 위치한 요소들도 도미노처럼 무너집니다.

이 세 가지의 요소 중 어느 한 가지라도 무너진다면 아무리 나머지의 실력이 뛰어나더라도 전체적인 영어 실력의 상승은 한계가 있을 것이며, 이것이 영어에서 약점을 찾아 보완하는 것이 특히 큰 중요성을 가지는 이유입니다.

어휘·문법에서 발생한 약점은 독해와 문제 풀이까지 무너뜨릴 것이고 독해에서 발생한 약점은 문제 풀이를 무너뜨릴 것이기에, 어느 한 부분도 모자람이 없도록 철저하게 빈틈을 메우는 작업이 필요합니다.

영어의 3요소

앞서 이야기했듯, 영어는 어휘·문법, 독해, 문제 풀이라는 세 가지 요소로 구성되어 있습니다. 그리고 각 요소별로 어휘·문법이 독해의 기반이 되고, 독해가 문제 풀이의 기반이 되는 구성입니다.

이는 곧, 영어 공부의 순서도 어휘·문법, 독해, 문제 풀이의 순서를 따라가야 함을 의미합니다. 그리고 어휘와 문법 중에서 더 우선이 되어야 하는 것은 바로 어휘입니다.

그러므로 만약 스스로가 영어 공부에 대한 베이스가 전혀 없다는 생각이 든다면, 단어장 하나를 골라 완독한 후 '구문 교재 학습 →문제 풀이' 순서로 계획을 수립해야 합니다.

단어장은 상대적으로 쉬운 어휘들이 실려 있는 고등 기초 수준의 단어장을 구입하되, 수록된 단어의 절반 이상이 이미 아는 단어들이라면 구문 교재 학습과 단어장 학습을 병행해도 무방합니다.

또한 단어 공부는 암기 공부라 휘발성이 크기에, 단어장 완독 후 구문 교재를 학습할 때나 문제 풀이를 할 때도 꾸준히 단어 복습을 하는 것이 필요합니다.

구문 교재까지 학습을 마쳤으면 문제 풀이의 단계로 넘어가되, 이어지는 3번과 4번에서 설명할 내용을 참고해 주기적으로 이전 단계에서 발생한 결함을 교정하는 작업이 필요합니다.

영어 공부에 대한 베이스가 있는 학생들 역시 3, 4번의 내용을 참고해 문제 풀이를 기본으로 하되 어휘·문법, 독해에서 어떤 부분에 구멍이 났는지 확인한 뒤 확실하게 교정하세요.

결국 수능 영어의 실력은 이 3요소가 골고루 성장할 때 비로소 성장할 수 있는 것이기에, 기초적인 요소라고 등한시하지 말고 수험 기간 동안 꾸준히 체크해야 합니다.

효과적인 약점 찾기

약점을 고치기 위해서는 먼저 약점들에 대한 파악이 선행되어야 하겠죠. 약점의 파악은 문제 풀이를 통해 가장 효과적으로 이루어질 수 있습니다.

앞서 이야기했듯 문제 풀이에는 독해 능력이 필요하며, 독해에는 어휘·문법 능력이 필요하고, 이는 결국 문제 풀이에는 어휘·문법 능력과 독해 능력이 모두 사용된다는 의미입니다. 이 세 가지 능력을 한 번에 사용하게 되므로, 어떤 요소에 약점이 있든 간에 문제 풀이를 통해 약점이 바로 드러나게 됩니다. 이를 위해서는 하루에 일정량의 문제를 꾸준히 풀어 나가면 됩니다.

푼 문제에서 오답이 발생한다면, 또는 정답인 문제라도 답을 고르는 과정에서 확신이 없었다면, 문제를 풀 때의 사고 과정을 되짚어 보세요. '기억이 나지 않은 어휘, 해석이 되지 않은 문장, 해석은 되었으나 답을 고르지 못함'의 세 가지를 체크하는 겁니다.

첫 번째는 어휘에서, 두 번째는 문법과 독해에서, 세 번째는 문제 풀이에서 여러분이 가진 약점을 찾기 위한 체크리스트입니다.

　이 방법으로 각각의 문제에서 여러분이 가지고 있는 약점을 찾았다면, 그 문제가 수록되어 있던 문제집 또는 오답 노트와 같이 여러분이 이후 쉽게 찾아 볼 수 있는 곳에 기록을 해 놓으세요.

문제	어휘	구문	문제 풀이
2024학년도 수능 33번	at stake: 위기에 처한 come across: 마주치다 evince: (감정 따위를) 분명히 나타내다 precipitate: 촉발하다 invariably: 언제나	'What is missing in all this is~': What 강조구문	빈칸에 들어갈 내용은 1. 'what is striking', 2. 'setting, comtext to make the emotion determinate가 missing된 것'

　오답 노트는 위의 표와 같은 형식으로 만들어 표에 언급된 내용들 위주로 체크하는 것을 강력하게 추천합니다.

　몰랐던 어휘의 경우에는 그 어휘의 뜻까지, 해석이 되지 않은 문장의 경우에는 그 문장의 올바른 해석과 놓쳤던 문법 요소·구문까지, 답을 고르지 못한 문제의 경우에는 답을 올바르게 고르기 위한 사고 과정까지 같이 기록을 해 놓습니다. 이는 그 해결 방안까지 같이 기록해, 이후 복습을 할 때의 학습 효과를 극대화하기 위함입니다.

약점 개수별 보완 방법

약점의 개수가 많지 않을 경우

앞의 방법에서 발견된 약점의 개수가 많지 않을 경우엔, 기록한 약점과 해결 방안을 주기적으로 읽어 보면서 복습하는 선에서 해결이 가능합니다.

이 경우에 해당 구성 요소가 속해 있던 전체 단원을 다시 복습하는 것은 오히려 시간 낭비입니다. 단어의 경우에는 딱 그 단어만 복습하면 되기에 오랜 시간이 들지 않지만, 독해와 문제 풀이는 구문 전체 혹은 유형을 해결하기 위한 사고 과정 전체를 다시 학습해야 하기에 많은 시간을 투자해야 합니다.

이 경우에는 독해에서는 그 문장이 어떤 형태의 구문인지와 해당 구문의 특징, 문제 풀이에서는 그 문제에서 어떤 사고 과정을 거쳤어야 했는지 정도만 체크하고 복습해도 충분합니다.

복습은 적어도 최초 두 번 정도, 거기에 이후 같은 약점이 다시 터져 나왔을 경우에 다시 하는 정도로 계획하면 됩니다.

약점의 개수가 많을 경우

만약 특정 요소에서 지나치게 많은 약점이 발견되었다면, 그 구성 요소 전체에 대한 복습이 필요합니다.

모르는 단어의 개수가 한 지문에서 지나치게(문제 해결에 영향을 자주 줄 정도로) 많다면 단어장을 다시 꺼내서 최초 학습에서 하던 것처럼 여러 번 읽고, 독해가 되지 않는 문장의 개수가 많다면 구문 학습서를 하나 구해서 처음부터 읽으며 어려운 부분 위주로 학습하세요.

약점이 지나치게 많은 상황에서는 발견된 부분만 메우는 식으로 학습을 했을 때는 오히려 학습의 효과를 충분히 볼 수 없습니다. 그 부분들 외에 다른 곳에서도 분명히 인지하지 못한 약점이 쌓여 있을 것이기 때문이죠.

이 상황에서는 오히려 약점이 나온 부분 전체를 메워서 인지하지 못한 약점까지 전부 확실하게 극복하는 것이 더 효율적인 방법입니다.

EBS 연계 학습

2021학년도까지 영어 연계는 연계 교재에 실린 지문이 그대로 출제되는 '직접 연계'의 형식으로 이루어졌습니다. 그러므로 이 시절의 연계 공부는, 말 그대로 달달 외우는 내신 공부의 형태로 이루어졌죠.

심지어 이 시절에는 이렇게 직접 연계되는 문제가 시험지당 7문제, 그것도 학생들이 가장 크게 어려움을 느끼는 29~40번 사이에서 7문제가 연계되어 출제되었기 때문에, 내신식 영어 연계 교재 학습은 사실상 필수적인 학습으로 자리매김했었죠.

그러나 영어 직접연계가 2022학년도 이후로 사라지고, 상황은 모든 부분에서 완전히 바뀌었습니다.

29번~40번 문항 사이에서 더 이상 눈에 띄게 익숙한 7문제는 등장하지 않게 되었고, 그에 따라 영어 영역의 실질적인 난이도도 상승하면서, 상위권 대학 입시에서 영어 영역의 중요성 또한 이전보다 증가하게 되었습니다.

다음은 2024학년도 수능 문항으로, '과학자들의 정책 관련 입장 표명'을 주제로 다루고 있습니다. 당해『수능특강』에서 다루어졌던 '과학자들의 정책 관련 입장 표명' 관련 문항이 연계되어 출제된 것입니다.

41-42 다음 글을 읽고, 물음에 답하시오.

One way to avoid contributing to overhyping a story would be to say nothing. However, that is not a realistic option for scientists who feel a strong sense of responsibility to inform the public and policymakers and/or to offer suggestions. Speaking with members of the media has (a) <u>advantages</u> in getting a message out and perhaps receiving favorable recognition, but it runs the risk of misinterpretations, the need for repeated clarifications, and entanglement in never-ending controversy. Hence, the decision of whether to speak with the media tends to be highly individualized. Decades ago, it was (b) <u>unusual</u> for Earth scientists to have results that were of interest to the media, and consequently few media contacts were expected or encouraged. In the 1970s, the few scientists who spoke frequently with the media were often (c) <u>criticized</u> by their fellow scientists for having done so. The situation now is quite different, as many scientists feel a responsibility to speak out because of the importance of global warming and related issues, and many reporters share these feelings. In addition, many scientists are finding that they (d) <u>enjoy</u> the media attention and the public recognition that comes with it. At the same time, other scientists continue to resist speaking with reporters, thereby preserving more time for their science and (e) <u>running</u> the risk of being misquoted and the other unpleasantries associated with media coverage.

* overhype: 과대광고하다 ** entanglement: 얽힘

41 윗글의 제목으로 가장 적절한 것은?
① The Troubling Relationship Between Scientists and the Media
② A Scientist's Choice: To Be Exposed to the Media or Not?
③ Scientists! Be Cautious When Talking to the Media
④ The Dilemma over Scientific Truth and Media Attention
⑤ Who Are Responsible for Climate Issues, Scientists or the Media?

정답 : ②

42 밑줄 친 (a)~(e) 중에서 문맥상 낱말의 쓰임이 적절하지 <u>않은</u> 것은?
① (a)　　　② (b)　　　③ (c)　　　④ (d)　　　⑤ (e)

정답 : ⑤

2024학년도 수능 영어 홀수형에 출제된 문항.
연계 교재와 자문의 주제가 연계되어 출제되었다.

위 수능 영어 지문을 읽어보면, 『수능특강』 영어독해연습 지문과 마찬가지로 과학자들의 정책 관련 입장 표명에 관련된 주제를 다루고 있다는 사실을 파악할 수 있습니다.

영어의 연계 양상이 직접 연계에서 간접 연계로 바뀌면서, 연계 교재에 실려 있는 지문의 주요 주제만 연계된 완전히 새로운 글을 제시하는 방식으로 연계의 양상이 바뀐 모습입니다. 한마디로

요약하자면, 연계가 되는 '강도'가 현저히 줄어들었다고 이야기할 수 있는 것입니다.

이뿐만 아니라, 연계가 되는 실질적인 문제의 수 또한 22학년도를 기점으로 크게 줄어들게 되었죠. 직접 연계가 이루어지던 시절에는 학생들이 크게 어려워하는 번호대인 29~40번까지의 번호대에서 7문제가 직접 연계가 되어 출제되었으나, 간접 연계로 전환된 후 해당 번호대에서 이루어지는 연계 개수 또한 매우 크게 줄게 되었습니다. 이는 연계 공부의 효용이 간접 연계가 되면서 매우 크게 줄어들었다는 사실을 뒷받침하는 좋은 증거라고 볼 수 있죠.

결론적으로는, 현재의 간접 연계 체제하에서 이전과 같은 영어 연계 공부의 효용은 거의 존재하지 않다고 봐도 무방합니다.

그렇다면, 영어 연계 교재는 정말 유의미한 사용처가 없는 것일까요? 이 질문에 대한 제 답변은, '아니요'입니다.

국어의 비문학 영역에서와 마찬가지로, 영어 영역에서도 연계 교재를 문제 풀이 훈련용으로 활용하는 것은 충분히 유의미한 학습 효과가 있습니다. 개인적인 의견으로는, 영어 연계 교재는 국어·수학·영어 연계 교재 중 문제의 질이 수능 문제를 잘 따라가고 있는 교재라고 생각합니다.

그러므로 만약 여러분이 기출 학습을 모두 완료한 뒤 학습할 교재를 찾지 못하고 있다면, 영어 연계 교재가 그에 대한 해답이 되어 줄 수 있는 것이죠.

『수능특강』 영어와 영어독해 연습, 그리고 『수능완성』 모두에 수록되어 있는 다수의 유형별 문항과 각 권별 5회씩의 실전 모의고사는 여러분의 영어 실력을 향상시켜 주기에 충분한 연습이 되어 줄 것입니다.

수능 사회탐구 공부의
기틀 잡기

사회탐구의 두 갈래

사회탐구, 줄여서 사탐을 구성하는 9개의 과목은 크게 일반사회(사회·문화, 정치와 법, 경제) 과목과 일반사회가 아닌 나머지 과목으로 나뉩니다.

일반사회 과목은 빠르고 정확한 상황 판단을 요구하는 경향이 강한 반면, 일반사회가 아닌 과목은 개념의 정확한 이해와 암기를 요구하는 경향이 강합니다.

그러므로 각 갈래에 속하는 과목들의 주된 변별 포인트에 있어서도 다음 예시에서와 같은 차이가 발생하죠.

06 다음 자료에 대한 설명으로 옳은 것은?

> **교사:** 문화의 속성 5가지를 서로 다르게 1가지씩 배정했습니다. '자전거'를 소재로 각자 배정받은 속성이 부각된 사례를 말해 볼까요?

> **갑:** 출퇴근 수단으로 ○○국 사람들이 자전거를 떠올리는 것은 A가 부각된 사례입니다.

> **을:** 예전과 다르게 짧은 거리를 이동할 때 택시를 이용하는 대신 자전거를 이용하는 사람이 늘어난 것은 B가 부각된 사례입니다.

> **병:** _____(가)_____은 축적성이 부각된 사례입니다.

> **정:** _____(나)_____은 전체성이 부각된 사례입니다.

> **무:** _____(다)_____은 변동성이 부각된 사례입니다.

> **교사:** 갑과 정은 각각 배정받은 속성이 부각된 사례를 제시하였습니다. 하지만 을은 무가 배정받은 속성, 병은 학습성, 무는 병이 배정받은 속성이 부각된 사례를 제시하였습니다.

① A는 문화가 시간이 지남에 따라 변화하는 것을 의미한다.

② B는 사회 구성원이 문화를 후천적으로 습득하는 것을 의미한다.

③ (가)에는 '어릴 적 자전거 타는 방법을 부모에게 배워 능숙하게 자전거를 탈 수 있게 된 것'이 들어갈 수 없다.

④ (나)에는 '기존의 자전거에 변속기가 추가되고 충격 흡수 장치가 더해지는 것'이 들어갈 수 있다.

⑤ (다)에는 '자전거 이용자가 늘어나자 기업이 자전거를 이용하는 공유 경제 상품을 개발하고, 정부가 전용 도로를 건설하는 것'이 들어갈 수 있다.

정답 : ②

2024학년도 수능 사회·문화 오답률 1위(72.0%) 문항.
교사의 발언을 바탕으로 각 학생이 배정받은 속성이
어떤 것인지에 대한 상황 판단을 변별 포인트로 삼았다.

16 밑줄 친 '이 운동'에 대한 설명으로 옳은 것은?

> 중국은 원명원에서 치욕을 겪은 후 큰 충격을 받아 병제 개혁과 해안 방어를 중요 과제로 여기고, 이 운동을 전개하고 있습니다. 그 일환으로 푸저우에는 대형 조선소를 건설하여 크고 작은 군함을 제조하고 있고, 광저우·항저우·난징·톈진 등지에 금릉 기기국, 강남 제조 총국 등의 조병국을 건설해서 총포와 탄약을 제조하고 있습니다. 또한 한커우·광저우 등 연안의 요충지에는 포대를 건축하였습니다.

① 군벌 타도를 제창하였다.
② 한인 관료들이 주도하였다.
③ 공화정 수립을 목표로 하였다.
④ 홍콩이 할양되는 결과를 가져왔다.
⑤ 삼국 간섭의 영향을 받아 전개되었다.

정답 : ②

2024학년도 수능 동아시아사 오답률 1위(76.6%) 문항.
문제에서 주어진 자료를 통해 제시된 운동과 관련된
개념의 암기를 변별 포인트로 삼았다.

일반사회 과목을 공부할 때 중점을 두어야 하는 지점과 일반사회가 아닌 과목을 공부할 때 중점을 두어야 하는 지점 간에는 유의미한 차이가 존재합니다.

그러므로 이 글에서는 사탐을 일반사회 과목과 일반사회가 아닌 과목의 두 갈래로 구분해, 각 갈래에서의 공부 방법을 나누어 설명하겠습니다.

여러분이 선택한 과목에 따라 해당 갈래에서 제시하는 공부 방법에 맞춰서 공부를 해 나가는 것을 추천합니다.

일반사회 과목

앞서 언급했듯이, 일반사회 과목의 문제들은 전반적으로 빠르고 정확한 상황 판단을 요구하는 경향이 강합니다. 그리고 이러한 '상황 판단'을 묻는 형태의 문제는 주로 제시된 자료에서 나타난 상황에 대한 올바른 분석이 되는 경우가 많죠.

아래는 평가원에서 제시한 일반사회 과목들의 학습 방향인데, 세 과목 모두에서 '분석'이라는 단어를 사용하는 것을 확인할 수 있습니다.

경제: 기본적인 경제학적 개념, 원리, 이론 등을 체계적으로 이해하고, 이를 응용하여 기사, 도표, 그래프 등 각종 자료 분석하기

정치와 법: 교과서의 핵심 내용을 이해하고, 판례 해석이나 법·정치 관련 사례, 시사 문제 등을 분석하기

사회·문화: 사회·문화 현상의 기본 개념과 원리를 이해하고, 사회·문화 현상과 관련된 각종 기사, 연구 보고서, 그래프, 그림 등을 분석하기

평가원에서 제시한 일반사회 과목들의 학습 방향

그러므로 일반사회 과목에 학습에 있어서는, 문제 풀이 능력의 함양을 최우선 과제로 삼아야 합니다. 해당 과목들에서는 문제 풀이를 할 때 자료 분석이 필수적으로 요구되기에, 문제 풀이 능력을 함양한다는 것은 곧 자료 분석 능력을 함양한다는 의미이기 때문

이죠.

이는 다른 과목들에 비해 일반사회 과목들은 상대적으로 '개념만 안다고 문제를 풀 수 있는' 정도가 매우 떨어진다는 의미이기도 합니다.

따라서 일반사회 과목들에 대한 개념 학습을 진행할 때는, 기출 문제집이나 연계 교재 등 다량의 문제들이 수록된 교재를 준비해 특정 단원의 개념 학습이 끝나면 바로 문제 풀이 연습까지 진행하는 것을 추천합니다.

이는 문제 풀이 능력의 함양에 도움을 줄 수 있음은 물론, 문제를 풀면서 습득한 개념의 정착까지 자연스레 이루어질 수 있게끔 하는 효과를 가져옵니다.

개념의 습득은 독학서의 활용이 될 수도 있겠고, 학원에서의 학습 혹은 인강을 통한 학습이 될 수도 있습니다. 이 중 개인적으로 제가 가장 추천하는 학습 방식은 인강의 활용입니다.

사탐 개념 학습을 위해 학원을 다니는 것은, 어디까지나 개인적인 생각이긴 하지만 너무 과투자라고 생각합니다. 사탐 개념 학습을 위한 독학서는 찾기도 힘들뿐더러 인강에 비해 학습 효율도 매우 떨어집니다.

이를 종합해 보았을 때 제가 제시하는 일반사회 과목의 개념 학습 방법은 다음과 같습니다.

인강을 통해 개념을 학습한 뒤, 문제 풀이를 통해 문제 풀이 능력을 기르고 습득한 개념의 정착까지 이루어지게 하는 것입니다.

매일매일 정해진 분량의 개념 강의를 들은 '직후', 그날 들은 개념 강의 내용에 해당하는 문제들을 모두 풀어 나가는 것이죠.

물론 이제 막 개념을 습득한 직후 고3 수준의 기출 문제나 연계 교재 문제를 푸는 게 부담스러울 수 있습니다. 이 경우에는 시중에 파는 조금 더 쉬운 난이도의 문제집을 사서 똑같은 방식으로 풀면 됩니다.

그러나 앞서 언급했듯, 일반사회 과목에는 수 계산을 요구하는 고난도 파트들이 하나씩 존재합니다. 사회·문화의 경우에는 도표, 정치와 법의 경우에는 선거구가 그러하며, 경제의 경우에는 아예 대부분의 문제들이 수 계산을 요구하죠.

이러한 유형의 문제들은 개념 학습을 이제 막 완료한 시점에 학습하기에는 난이도가 상당히 높습니다.

지금부터 기출 문제들을 함께 살펴보며 일반사회 과목의 구체적인 공부 방법을 알아보겠습니다.

15 다음 자료에 대한 분석으로 옳은 것은?

갑국의 사회 보장 제도는 우리나라의 사회 보장 제도와 동일하다. A는 상호 부조의 원리가 적용되는 제도이고, B는 정부 재정으로 비용을 전액 충당하는 것을 원칙으로 하는 제도이다. 표는 갑국의 전체 인구 중 A, B 수급자 비율과 시기에 따른 비율 차이를 나타낸 것이다. t년 대비 t+30년에 갑국의 전체 인구는 50% 증가하였다.

〈표 1〉 t년의 수급자 비율

(단위: %)

A 수급자	B 수급자	A와 B의 중복 수급자
40	15	8

〈표 2〉 t년 대비 t+30년의 수급자 비율 차이*

A에만 해당하는 수급자	B에만 해당하는 수급자	A와 B의 중복 수급자
2	-3	8

*수급자 비율 차이 = t+30년의 수급자 비율 - t년의 수급자 비율

---

① t년에 전체 인구 중 부정적 낙인이 발생할 수 있는 제도에만 해당하는 수급자 비율은 A와 B의 중복 수급자 비율보다 크다.

② t+30년에 수혜자 비용 부담 원칙이 적용되는 제도의 수급자 수는 t년에 A나 B 어느 것도 받지 않는 비(非)수급자 수보다 많다.

③ t+30년에 강제 가입의 원칙이 적용되는 제도에만 해당하는 수급자 수는 A와 B의 중복 수급자 수보다 적다.

④ t년에 사전 예방적 성격이 강한 제도의 수급자 수는 t+30년에 사후 처방적 성격이 강한 제도의 수급자 수의 2배이다.

⑤ t년 대비 t+30년에 A 수급자 수의 증가율은 B수급자 수의 증가율보다 크다.

정답 : ②

2024학년도 수능 사회·문화에 출제된 문항.
66.7%의 오답률을 기록해 오답률 전체 2위의 자리에 올랐다.

갑국 의회는 지역구 의원 100인과 비례대표 의원 100인으로 구성된다. 유권자는 지역구 의원 선출을 위해 후보자에 1표를 행사하며, 비례대표 의석은 지역구 의원 선거에서 각 정당이 얻은 득표율에 비례하여 정당별로 배분된다. 지역구 의원 선거에서 각 선거구별로 선출되는 지역구 의원 수는 같고, 각 정당은 선거구별로 1인의 후보자만 공천한다. 갑국에는 A~E당만 존재하며, 최근 의회 의원 선거 결과 B당을 제외한 모든 정당은 비례 대표 의석률이 지역구 의석률보다 높게 나타났다. 표는 최근 의회 의원 선거 결과에 따른 지역구 의석수를 나타낸다.

구분	A당	B당	C당	D당	E당	무소속
지역구 의석수(석)	30	51	12	4	1	2

갑국에서는 다음과 같은 의회 의원 선거 제도 개편안이 검토되고 있다.

(가) 선거일에 투표에 참여할 수 없는 유권자들을 위해 선거일 전 미리 투표할 수 있도록 하는 사전 투표제 도입
(나) 국내에 거주하는 국민에게만 선거권을 부여하는 것은 해외에 거주하는 국민의 선거권과 평등권을 침해할 수 있어 해외에 거주하는 국민에게도 선거권을 부여
(다) 지역구 의원 선출을 위해 후보자에 1표, 비례 대표 의원 선출을 위해 정당에 1표를 행사하는 1인 2표제 도입

〈보기〉

ㄱ. 갑국은 최근 실시한 지역구 의원 선거에서 '동일 선거구 내 당선자 간 득표율 차이로 표의 등가성 문제가 발생할 수 있는 선거구제'를 채택하지 않았다.
ㄴ. 최근 의회 의원 선거 결과 B당은 과반 의석을 확보하지 못하였다.
ㄷ. (가)와 (나) 모두 유권자의 수를 증가시켜 보통 선거의 원칙을 실현할 수 있다.
ㄹ. (다)는 현행 의회 의원 선거에서 정당 소속 후보자에게 투표한 유권자와 무소속 후보자에게 투표한 유권자 간에 투표가치의 불평등이 발생하는 문제를 해소하는 데 기여할 수 있다.

① ㄱ, ㄷ   ② ㄱ, ㄹ   ③ ㄴ, ㄷ
④ ㄱ, ㄴ, ㄹ   ⑤ ㄴ, ㄷ, ㄹ

정답 : ④

2024학년도 수능 정치와 법에 출제된 문항.
64.1%의 오답률을 기록해 오답률 전체 6위의 자리에 올랐다.

20 다음 자료에 대한 분석으로 옳은 것은?

갑국은 X재와 Y재만을, 을국은 Z재만을 생산한다. X재와 Z재는 생산된 나라에서 최종재로만 전량 소비된다. Y재는 X재 또는 Z재 생산 원료로만 사용되며 X재 1개 생산에 Y재 0.5개, Z재 1개 생산에 Y재 0.1개가 사용된다.

표는 2021년, 2022년 양국의 각 재화 생산량과 가격을 나타내며, 기준 연도는 2021년이다. 단, 생산된 재화는 그 해에 모두 소진되고, 교역은 양국 간에만 이루어지며, 거래 비용은 없다. 또한 양국은 동일한 화폐를 사용하고, 각 재화의 가격은 양국에서 같다.

(단위: 만 개, 달 러)

구분		2021년		2022년	
		생산량	가격	생산량	가격
갑국	X재	20	10	20	20
	Y재	㉠	10	㉡	10
을국	Z재	40	20	50	30

① ㉠과 ㉡의 합은 30이다.
② 갑국의 2021년 명목 GDP는 340만 달러이다.
③ 갑국의 2022년 GDP 디플레이터는 180이다.
④ 을국의 2021년 순수출은 40만 달러이다.
⑤ 을국의 2022년 실질 GDP는 1,450만 달러이다.

정답 : ③

2024학년도 수능 경제에 출제된 문항.
78.5%의 오답률을 기록해 오답률 전체 1위의 자리에 올랐다.

이러한 고난이도의 문제를 해결하기 위해서는 개념 학습 이외의 추가적인 학습을 해야 하고, 대부분의 인강 강사들은 이 유형의 문제만을 전문적으로 다루는 강의를 커리큘럼에 추가해 두고 있습니다. 이것이 제가 일반사회 과목을 공부할 때 인강 학습을 추천하는 또 다른 이유이기도 하죠. 그러므로 수 계산을 요구하는 고난도 파트의 문제들은 일단 개념 학습을 모두 완료한 뒤, 해당 유형 문제의 해결을 다루는 강의나 교재에 대한 학습을 따로 진행하고 나서 풀이를 위한 훈련을 진행하는 것이 좋습니다.

대부분의 문제가 이 유형으로 이루어져 있는 경제는, 개념 학습을 함과 동시에 난이도가 상대적으로 낮은 문제집을 통해 1차적으로 문제 풀이 학습을 진행한 뒤 고난도 유형 문제의 해결을 다루는 강의나 교재를 학습하고 고3 수준의 기출 문제나 연계 교재 문제 학습을 진행하는 것이 좋겠죠?

이렇게 개념 학습과 고난도 수 계산 파트에 대한 학습까지 모두 완료가 된 뒤에는, 실전 모의고사를 활용한 실전 학습을 진행하시는 것이 좋습니다.

해당 과목의 모든 내용을 다루는 실전 모의고사 학습을 통해 혹시나 휘발된 개념이 존재하는지 확인하고 이에 더해 문제 풀이 훈련까지 확실하게 진행할 수 있는 것이죠.

EBS 연계 학습

일반사회 과목에서의 연계는, 주로 연계 교재에 수록된 문제에서 제시된 상황이 수능이나 모의고사에 유사하게 출제되는 방향으로 이루어집니다.

20 다음 자료에 대한 분석으로 옳은 것은?

표는 갑국과 을국의 인구 구조 변화를 비교한 것이다. t년 대비 t+50년에 갑국의 전체 인구는 10% 감소하였고, 을국의 전체 인구는 20% 감소하였다. 단, t년에 갑국과 을국의 전체 인구는 동일하다.

구분	갑국		을국	
	t년	t+50년	t년	t+50년
합계 출산율(명)	4.2	1.8	1.5	0.9
전체 인구 대비 15~64세 인구 비율(%)	50	60	50	55
노령화 지수	25	100	150	200

*   합계 출산율 : 여성 1명이 가임 기간(15~49세) 동안 낳을 것으로 예상되는 평균 출생아 수

**   노령화 지수 = $\dfrac{\text{노년 인구(65세 이상 인구)}}{\text{유소년 인구(0~14세 인구)}} \times 100$

*** 전체 인구 중 65세 이상 인구가 차지하는 비율이 20% 이상인 사회를 초고령 사회라고 함.

① t년과 t+50년 모두 갑국은 을국에 비해 저출산 현상이 강하게 나타난다.
② t년과 t+50년에 갑국과 을국은 모두 초고령 사회이다.
③ t년 대비 t+50년의 노령화 지수 증가율은 을국이 갑국보다 크다.
④ t년에 을국의 유소년 인구는 t+50년에 갑국의 유소년 인구보다 많다.
⑤ t년에 노년 인구는 을국이 갑국의 3배이고, t+50년에 노년 인구는 을국이 갑국의 1.5배이다.

정답 : ④

2024학년도 수능 사회·문화에 출제된 문항.
연계 교재의 문항과 동일한 형식이 연계되어 출제되었다.

이는 연계 교재의 문제에서 해당 상황을 미리 접해 제시된 자료를 해석해 보는 연습을 미리 진행해 본 학생은 그렇지 않은 학생에 비해 연계되어 출제된 문제를 훨씬 더 용이하게 풀 수 있을 것이라는 의미입니다.

앞 예시는 2024학년도 수능 20번 문항으로, '노령화 지수'와 '총인구 중 15~64세 인구 비율'이 주어진 상황에서 노년 인구, 부양 인구, 유소년 인구를 구할 것을 요구하고 있습니다. 당해 『수능완성』에서 다루어졌던 내용이 연계되어 출제되었습니다.

연계 교재와 수능, 두 문제 모두 노령화 지수와 전체 인구 중 15~64세 인구가 차지하는 비율이 자료로 주어져 해당 자료를 이용해 0~14세 인구, 15~64세 인구, 65세 이상 인구에 관한 정보를 구하게끔 출제되었죠. 그러므로 해당 『수능완성』 문제를 미리 풀어 봤던 학생들은 풀어 보지 않았던 학생들에 비해 위 수능 문제를 훨씬 원활하게 해결할 수 있었을 것입니다.

정치와 법, 경제에 있어서도 EBS 연계는 비슷한 양상으로 진행됩니다. 그러므로 일반사회 과목의 연계 학습에 있어서 가장 중점을 두어야 할 부분은 연계 교재에 제시된 '문제'에 대한 온전한 학습이라 할 수 있습니다. 이는 뒤에서 설명할 14장 '기출의 유용성과 기출 학습의 방향'에서 제시한 기출 학습 방식처럼 연계 교재에 수록된 문제들에 대해서도 똑같이 학습을 해야 한다는 말입니다.

즉 일반사회 과목의 연계 교재 학습법은 연계 교재에 수록된 문제들을 '기출 문제'로 간주해 기출 문제에 대한 학습과 같이 해당 문제의 해결 과정을 머릿속에 저장해 두는 것입니다.

일반사회가 아닌 과목

위에서 언급했듯이, 일반사회가 아닌 과목은 개념의 정확한 이해와 암기를 요구하는 경향이 강합니다. 그러므로 일반사회가 아닌 과목에서 문제 해결 여부는 해당 문제와 관련된 개념에 대한 이해와 암기가 갖추어져 있는지에 큰 영향을 받습니다.

아래 설명은 평가원에서 제시한 일반사회가 아닌 과목들의 학

생활과 윤리, 윤리와 사상: 교과서에 제시된 윤리 사상을 이해하고 이러한 사상이 우리에게 주는 시사점을 파악하기

한국지리: 국토의 다양한 지리적 현상에 대해 종합적으로 이해하고, 특히 경제·사회 발전에 따라 변화하는 지역 및 공간 구조를 자연환경, 산업, 인구 등 다양한 관점에서 파악하기

세계지리: 세계의 다양한 자연환경과 인문환경을 체계적 종합적으로 이해하고, 세계 여러 지역의 특성에 적합한 주제를 탐색하며, 지역 간 상호 공존 및 갈등 해결의 다양한 방안 학습하기

동아시아사: 교과서를 중심으로 핵심적인 사건, 제도의 실시 배경, 내용, 영향 등을 관련된 세력의 동향 및 시대적 변화와 관련지어 정리하기

세계사: 각 지역별로 전개되는 중요한 사실을 고르게 이해하면서, 대표적인 역사적 자료와 관련지어 정리해 보기

한국교육과정평가원에서 제시한 각 과목의 학습 방향

습 방향인데, 여섯 과목 모두에서 '이해'라는 단어가 사용되는 것을 확인할 수 있습니다.

그러므로 일반사회가 아닌 과목에 대한 학습에 있어서는, 양적인 측면과 질적인 측면 모두에서 개념의 완전한 이해와 습득을 최우선 과제로 삼아야 합니다.

양적인 측면이라 함은 최대한 많은 양의 개념을 습득하는 것을 뜻하며, 질적인 측면이라 함은 중요성이 높은 개념 위주로 습득하는 것을 뜻합니다.

이 지점에서 이 글을 읽고 있는 여러분은 다음과 같은 질문을 할 수 있겠습니다. "개념별로 중요성의 정도는 어떤 기준으로 판단해야 하나요?"

제가 제시하고 싶은 답은 다음과 같습니다. 연계 교재에 개념 설명이나 자료, 문제의 형태로 수록되어 있는 개념들을 중요성이 높은 개념으로 판단하면 됩니다.

해당 과목들에 있어서 변별은 개념을 제대로 습득했는지를 측정하는 형태로 측정되기에, 고난도 문제들은 학생들이 흔히 본 적 없는 '낯선' 개념들을 문제에 등장시키는 형태로 이루어집니다.

그러나 어디서도 등장한 적 없는 개념들을 갑자기 문제에 등장시키면 논란이 불거져 나올 수밖에 없기 때문에, 평가원은 연계 교재에 수록되어 있는 개념들 중 낯선 개념들을 문제에 등장시키는 방법을 택합니다.

엄연히 수능 학습을 위해 존재하는 연계 교재이니만큼, 어떤 논란이 불거져 나오든 간에 '해당 교재에 등장했던 개념인데 무슨 문제가 있냐?'라고 반박할 수 있기 때문입니다.

19 (가)의 고대 서양 사상가 갑, 을의 입장을 (나) 그림으로 표현할 때, A~C에 해당하는 적절한 진술만을 〈보기〉에서 있는 대로 고른 것은?

(가)
> 갑: 정의는 강자의 이익이다. 지배자들은 자기에게 이익이 되는 것을 법으로 정한 다음, 이 법을 정의로운 것으로서 공표하고서는, 위반한 자는 정의롭지 못한 행위를 한 자로 처벌한다.
>
> 을: 국가의 각 계층이 자신의 일만 해야 한다는 원칙은 정의의 흐릿한 윤곽일 뿐 참된 정의는 아니다. 정의는 자기 자신과 관련되며, 자신 안의 이성, 기개, 욕구가 남의 일 하는 것을 허용하지 않는다.

(나)

〈범 례〉
A: 갑만의 입장
B: 갑, 을의 공통 입장
C: 을만의 입장

〈보기〉
ㄱ. A: 국가의 정의는 누가 지배자가 되느냐에 달려 있다.
ㄴ. A: 피지배자의 부정한 행위는 그 자신에게 이로울 수 있다.
ㄷ. B: 처벌에 대한 두려움은 정의로운 행위의 동기가 될 수 없다.
ㄹ. C: 개인의 정의는 외적 규범보다 영혼의 내적 상태와 관련된다.

① ㄱ, ㄷ   ② ㄱ, ㄹ   ③ ㄷ, ㄹ
④ ㄱ, ㄴ, ㄹ   ⑤ ㄴ, ㄷ, ㄹ

정답 : ②

2024학년도 9월 모의고사 윤리와 사상 오답률 1위(82.2%) 문항.
연계 교재에 출제된 문제와 동일한 내용이 연계되어 출제되었다.

앞 2024학년도 9월 모의고사 19번 문항은 당해『수능특강』문항에서 등장한 제시문이 연계되어 출제된 문항으로, 해당 제시문에 대해 학습한 학생들과 그렇지 않은 학생들 간에는 문제 해결을 위해 활용할 수 있는 정보의 차이가 발생할 수밖에 없었습니다.

16 밑줄 친 '이 운동'에 대한 설명으로 옳은 것은?

> 중국은 원명원에서 치욕을 겪은 후 큰 충격을 받아 병제 개혁과 해안 방어를 중요 과제로 여기고, 이 운동을 전개하고 있습니다. 그 일환으로 푸저우에는 대형 조선소를 건설하여 크고 작은 군함을 제조하고 있고, 광저우·항저우·난징·톈진 등지에 금릉 기기국, 강남 제조 총국 등의 조병국을 건설해서 총포와 탄약을 제조하고 있습니다. 또한 한커우·광저우 등 연안의 요충지에는 포대를 건축하였습니다.

① 군벌 타도를 제창하였다.
② 한인 관료들이 주도하였다.
③ 공화정 수립을 목표로 하였다.
④ 홍콩이 할양되는 결과를 가져왔다.
⑤ 삼국 간섭의 영향을 받아 전개되었다.

정답 : ②

2024학년도 수능 동아시아사 오답률 1위(76.6%) 문항.
당해 연계 교재에 수록된 '양무운동' 개념이 연계되어 출제되었다.

위에서 제시한 예시와 같이, 일반사회가 아닌 과목에서 고난도 문제를 출제할 때 평가원은 연계 교재에 등장했던 낯선 개념을 등장시키는 방법을 활용합니다. 그리고 이것이 연계 교재에 개념 설명이나 자료, 문제의 형태로 등장한 개념들의 중요성이 높다고 이야기하는 이유죠.

그러므로 여러분은 해당 과목들을 학습하는 일련의 과정에서 연계 교재에 등장한 내용들에 대한 학습을 어느 한 부분에는 꼭 포함시켜야 합니다.

그러나 연계 교재를 활용해 처음부터 개념 학습을 하는 것은 추천하지 않는데, 연계 교재에서의 개념 설명은 다소 압축적이어서 해당 과목을 처음 학습하는 학생들의 입장에서는 학습에 어려움이 따를 수 있기 때문입니다.

일반사회 과목에서와 마찬가지로 개념 학습은 인강을 통해 진행한 뒤, 문제 풀이를 통해 학습한 개념이 정착되게끔 하는 것이 제가 추천하고 싶은 방식입니다.

다만 일반사회 과목에서와 달리 문제 풀이를 할 때 연계 교재에 수록된 문제들을 활용하는 것은 그다지 추천하지 않는데, 이제 막 개념을 학습한 상태에서 연계 교재 문제들을 보는 것은 학습 효율이 떨어지기 때문입니다.

위 문제들에서 알 수 있듯 일반사회가 아닌 과목에서의 고난도 문제는 연계 교재에서 등장한 개념들을 활용해 출제됩니다. 그러나 이제 막 개념 학습을 완료한 상태에서는, 현재 풀고 있는 연계 교재의 문제에서 활용된 개념이 나중에 고난도 문제에 연계되어 출제될 수 있을지를 판단하는 통찰력이 부족할 수밖에 없습니다.

그러므로 개념 학습 직후 문제 풀이는 기출 문제집 또는 시중에 판매되는 사설 문제집을 활용해서 하는 것을 추천합니다. 물론 그 문제 풀이의 목적은 학습한 개념의 완전한 정착에 두는 것이 바람직하고요.

이런 식으로 개념 학습을 모두 완료한 뒤, 그때 비로소 연계 교재에 대한 분석 학습을 하면 됩니다. 연계 교재에 대한 학습까지 모두 완료한 뒤에는, 실전 모의고사를 활용한 실전 학습을 진행하는 것이 좋습니다.

실전 모의고사 학습은 해당 과목을 구성하는 모든 내용을 종합해서 다루기에, 학습했던 개념 중 휘발된 개념이 있는지 또는 중요 개념 중 미처 학습하지 못한 개념이 있는지에 관해 체크하는 방향으로 활용하는 것이죠.

EBS 연계 학습

그렇다면 일반사회가 아닌 과목에서 연계 교재에 대한 학습은 어떤 식으로 진행하는 것이 옳을까요? 일반사회가 아닌 과목에서의 연계는, 주로 연계 교재에서 개념 설명, 자료, 문제의 형태로 제시된 개념이 수능이나 모의고사에 출제되는 방향으로 이루어집니다.

그러므로 일반사회가 아닌 과목의 연계 학습에 있어서 가장 중점을 두어야 할 부분은 '연계 교재에 제시된 개념에 대한 정확한 이해와 암기'입니다.

위에서 언급했듯 연계 교재에서는 개념 설명과 자료, 문제의 형태로 여러 개념이 제시가 되고, 해당 개념들은 언제나 모의고사나 수능에 연계되어 출제될 가능성이 있습니다.

따라서 위 세 가지 형태 중 어느 곳에서라도 지금까지 여러분이 본 적 없던 개념이 등장한다면, 해당 개념은 확실하게 머릿속에 저장해 두어야 합니다.

새로운 개념이 등장한 페이지를 따로 표시를 해 두든, 아니면 새로운 개념이 등장할 때마다 기록을 해둘 노트를 마련하든, 어떤 방법을 활용하든 간에 해당 개념들은 결국 수능 시험장에 들어서는 시점에 여러분의 머릿속에 이미 저장이 되어 있어야 합니다.

이는 해당 개념이 수능에 연계되어 출제가 되었을 때, 연계되어 출제된 문제를 어려움 없이 바로 해결할 수 있게끔 하는 초석이 됩니다.

한 마디로 요약하자면, 일반사회가 아닌 과목의 연계 교재 학습법은 연계 교재에 어떠한 형태로든 수록된 개념들을 가능한 한 최대한 체계적으로 정리하고 암기해 두는 것이라 할 수 있습니다.

수능 과학탐구 공부의
기틀 잡기

과학탐구 파트 작성자:
서울대학교 산업공학과 21학번 정시 합격자 '김병훈'

I과목과 II과목의 차이

과학탐구, 줄여서 과탐 영역은 물리학, 화학, 생명과학, 지구과학 4가지 영역에 각각 I과목과 II과목이 존재하는 총 8개의 과목으로 구성됩니다. 각 과목의 2년 동안의 응시자는 다음 표와 같습니다.

과탐 영역에 대해 이해를 하려면 우선적으로 I과목과 II과목의 차이에 대해 알 필요가 있습니다. 표에서 알 수 있듯이 기본적으로 과탐 영역에서 I과목과 II과목의 응시자 수 차이는 큰데, 이는 II과목이 I과목보다 과목의 난이도가 높기에 응시자들이 잘 선택하지 않기 때문입니다.

구분	2023학년도 수능		2024학년도 수능	
	응시자	비율(%)	응시자	비율(%)
물리학 I	62,309	14.4	63,162	14.7
화학 I	70,745	16.3	58,520	13.6
생명과학 I	140,978	32.5	147,298	34.3
지구과학 I	146,060	33.7	156,681	36.5
물리학 II	2,628	0.6	3,803	0.9
화학 II	2,841	0.7	3,616	0.8
생명과학 II	4,939	1.1	5,583	1.3
지구과학 II	2,758	0.6	4,110	1.0

과탐 응시자 현황

특히 2024학년도 수능부터 서울대의 II과목 필수마저 폐지되면서 학생들 입장에서 II과목을 응시할 이유는 더더욱 없어졌습니다. 2024학년도 수능에는 기존에 서울대를 준비하던, 혹은 서울대를 다니던 재수 및 반수생들의 유입이 증가하여 II과목의 비율이 오히려 높아지는 경향을 보이긴 하였으나, 응시자 및 비율에서 알 수 있듯이 전체적인 II과목과 I과목의 응시자 차이는 압도적으로 I과목이 많습니다.

이런 단점에도 불구하고 왜 일부 학생들은 II과목을 선택할까요? II과목이 I과목보다 훨씬 유리한 것이 있는데, 바로 표준 점수입니다.

물론 표준 점수가 높다는 것은 그만큼 체감 난이도가 높다는 의미입니다. 그러나 기존과 달리 최상위권 학생들이 II과목에 새로 유입될 이유가 없어진 만큼, 예전에 비해 같은 표준 점수를 얻는

물리학 I	화학 I	생명과학 I	지구과학 I
69	69	69	68
물리학 II	화학 II	생명과학 II	지구과학 II
74	80	73	72

2024학년도 수능 과탐 만점 표준 점수 현황

데 들어가는 노력이 적습니다. 만점 표준 점수가 높다는 것은 그만큼 한두 문제를 틀리는 데 대한 여유가 생긴다는 의미이기도 합니다. 만약 특정 과목에 자신이 있다면, II과목을 노리는 것도 하나의 전략이 될 수 있겠습니다. 특히 지방 몇몇 의대는 표준 점수로 과탐 영역의 점수를 산출하는 만큼 이를 전략적으로 노려 보는 것도 하나의 방법이 될 수 있습니다.

이제 I과목과 II과목의 차이에 대해 알아보았으니 각각의 과목들에 대한 특징을 알아보도록 하겠습니다. 모든 과목은 I과목을 전제로 서술하였습니다.

물리학

물리학I은 크게 3개의 대단원으로 구분하며 역학과 비역학으로 구분합니다. 2015 개정 교육과정에서 기존에 킬러 역할을 담당하던 돌림힘과 유체 파트가 사라지면서 대단원 I의 고전 역학이 온전한 킬러의 역할을 하게 되었습니다. 기존의 고전 역학에 탄성력, 마찰력이라는 변수까지 추가되어 대단원 I의 역학과 대단원 II, III의 비역학이 킬러와 비킬러를 나눠 먹는 구조를 가지고 있습니다. 그러므로 공부 대부분의 양을 대단원 I의 역학에 투자하게 됩니다. 대단원 II에서는 전자기, III에서는 파동과 빛에 대해 공부합니다.

지금부터 2024학년도 수능 오답률 1위부터 4위까지의 문제를 보면서 물리학 공부에 대해 더 알아보겠습니다.

20 그림 (가)와 같이 질량이 m인 물체 **A**를 높이 $9h$인 지점에 가만히 놓았더니 **A**가 마찰 구간 **I**을 지나 수평면에 정지한 질량이 $2m$인 물체 **B**와 충돌한다. 그림 (나)는 **A**와 **B**가 충돌한 후, **A**는 다시 **I**을 지나 높이 H인 지점에서 정지하고, **B**는 마찰 구간 **II**를 지나 높이 $\frac{7}{2}h$인 지점에서 정지한 순간의 모습을 나타낸 것이다. **A**가 **I**을 한 번 지날 때 손실되는 역학적 에너지는 **B**가 **II**를 지날 때 손실되는 역학적 에너지와 같고, 충돌에 의해 손실되는 역학적 에너지는 없다.

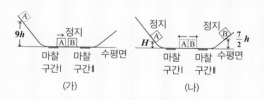

(가)　　　　　(나)

H는? (단, 물체는 동일 연직면상에서 운동하고, 물체의 크기, 공기 저항, 마찰 구간 외의 모든 마찰은 무시한다.)

① $\frac{5}{17}h$　　② $\frac{7}{17}h$　　③ $\frac{9}{17}h$　　④ $\frac{11}{17}h$　　⑤ $\frac{13}{17}h$

정답 : ②

1위 74.2%

18 그림과 같이 가늘고 무한히 긴 직선 도선 A, B, C가 정삼각형을 이루며 xy 평면에 고정되어 있다. A, B, C에는 방향이 일정하고 세기가 각각 I_0, I_0, I_C인 전류가 흐른다. A에 흐르는 전류의 방향은 $+x$ 방향이다. 점 O는 A, B, C가 교차하는 점을 지나는 반지름이 $2d$인 원의 중심이고, 점 p, q, r는 원 위의 점이다. O에서 A에 흐르는 전

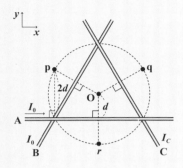

류에 의한 자기장의 세기는 B_0이고, p, q에서 A, B, C에 흐르는 전류에 의한 자기장의 세기는 각각 0, $3B_0$이다.

r에서 A, B, C에 흐르는 전류에 의한 자기장의 세기는?

① 0   ② $\frac{1}{2}B_0$ ③ B_0 ④ $2B_0$ ⑤ $3B_0$

정답 : ⑤

2위 69.9%

10 그림 (가)는 물체 A, B, C를 실로 연결하고 C에 수평 방향으로 크기가 F인 힘을 작용하여 A, B, C가 속력이 증가하는 등가속도 운동을 하는 모습을 나타낸 것이다. 그림 (나)는 (가)에서 B의 속력이 v인 순간 B와 C를 연결한 실이 끊어졌을 때, 실이 끊어진 순간부터 B가 정지한 순간까지 A와 B, C가 각각 등가속도 운동을 하여 d, $4d$만큼 이동한 것을 나타낸 것이다. A의 가속도의 크기는 (나)에서가 (가)에서의 2배이다. B, C의 질량은 각각 m, $3m$이다.

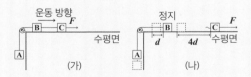

(가)   (나)

이에 대한 설명으로 옳은 것만을 〈보기〉에서 있는 대로 고른 것은? (단, 중력 가속도는 g이고, 물체는 동일 연직면상에서 운동하며, 물체의 크기, 실의 질

량, 공기 저항과 모든 마찰은 무시한다.)

― 〈보기〉 ―
ㄱ. (나)에서 **B**가 정지한 순간 **C**의 속력은 **3v**이다.
ㄴ. **A**의 질량은 **3m**이다.
ㄷ. **F**는 **5mg**이다.

① ㄱ   ② ㄴ   ③ ㄱ, ㄷ   ④ ㄴ, ㄷ   ⑤ ㄱ, ㄴ, ㄷ

정답 : ①

3위 69.6%

19 그림과 같이 직선 도로에서 서로 다른 가속도로 등가속도 운동을 하는 자동차 **A**, **B**가 각각 속력 v_A, v_B로 기준선 **P**, **Q**를 동시에 지난 후 기준선 **S**에 동시에 도달한다. 가속도의 방향은 **A**와 **B**가 같고, 가속도의 크기는 **A**가 **B**의 $\frac{2}{3}$배이다. **B**가 **Q**에서 기준선 **R**까지 운동하는 데 걸린 시간은 **R**에서 **S**까지 운동하는 데 걸린 시간의 $\frac{1}{2}$배이다. **P**와 **Q** 사이, **Q**와 **R** 사이, **R**와 **S** 사이에서 자동차의 이동 거리는 모두 **L**로 같다.

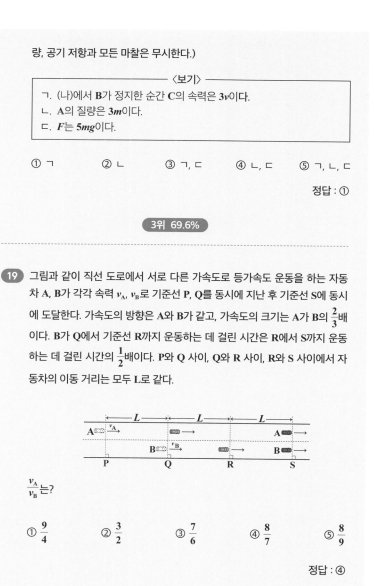

$\dfrac{v_A}{v_B}$ 는?

① $\dfrac{9}{4}$ ② $\dfrac{3}{2}$ ③ $\dfrac{7}{6}$ ④ $\dfrac{8}{7}$ ⑤ $\dfrac{8}{9}$

정답 : ④

4위 68.5%

2024학년도 수능 물리학I 오답률 Top 4 문항

오답률 1위~4위 중 무려 3문항이 대단원 I에서 출제되었습니다. 그만큼 물리학에서 역학이 차지하는 비중은 매우 높으며 이 과목을 선택하면 이 단원을 정말 많이 공부하고 연습해야 합니다. 다만 간과하지 말아야 할 점은 대단원 II와 III도 소홀히 해서는 안 된다는 것입니다. 이는 과탐을 넘어 수능 공부 전체에 해당되는 말이기도 한데, 쉬운 단원을 소홀히 공부했다가 오히려 이런 단원들에서 틀리는 경우가 종종 발생합니다. 이런 단원들은 조금만 신경 쓰면 충분히 점수를 얻을 수 있는 단원이므로 꼭 놓치지 말고 연습하길 바랍니다.

물리학에서 역학을 공부할 때 가장 중요한 것은 실전형 공식을 암기하는 것입니다. 이는 속도·가속도의 계산 파트나 일·에너지 계산 파트에서 두드러지는데, 기존에 교과서에 소개된 공식 이외에 실전에서 문제를 풀 때 도움이 되는 공식들을 암기하고 많이 연습해 두는 게 중요합니다. 물리학은 다양한 종류의 N제나 모의고사를 통해서 역학이라는 단원에 대해 익숙해지는 게 매우 중요합니다. 물리학은 한번 감을 잡고 어느 정도의 상위권 궤도에 본인이 올라서면 점수대가 잘 흔들리지 않는 과목입니다. 다만 그만큼 궤도에 올라가기까지 걸리는 시간과 노력이 다른 과탐 과목에 비해 많이 들어가는 과목이라, 초심자가 처음 선뜻 고르기에는 진입 장벽이 높아 보이는 과목일 수 있습니다. 이러한 점을 잘 고려해서 과목을 선택하면 좋겠습니다.

화학

화학I은 크게 4개의 대단원으로 구분하며 대단원 I은 화학 반응식과 양적 관계에 대해, 대단원 II는 원자의 구조와 주기적 성질에 대해, 대단원 III은 화학 결합들과 분자의 구조에 대해, 대단원 IV는 산화-환원 반응과 산-염기 중화 반응에 대해 공부하며 이중 대단원 I과 IV가 킬러의 역할을 담당하고 있습니다. 화학I의 가장 큰 특징은 화학식에 대한 계산이 많다는 점입니다. 이번에도 수능 오답률이 높은 문항들을 보겠습니다.

20 다음은 $A(g)$와 $B(g)$가 반응하여 $C(g)$와 $D(g)$를 생성하는 반응의 화학 반응식이다.

$$2A(g) + 3B(g) \rightarrow 2C(g) + 2D(g)$$

표는 실린더에 $A(g)$와 $B(g)$를 넣고 반응을 완결시킨 실험 I과 II에 대한 자료이다. I과 II에서 남은 반응물의 종류는 서로 다르고, II에서 반응 후 생성된 $D(g)$의 질량은 $\frac{45}{8}$ g이다.

실험	반응 전		반응 후	
	$A(g)$의 부피(L)	$B(g)$의 질량(g)	$A(g)$ 또는 $B(g)$의 질량(g)	$\dfrac{\text{전체 기체의 양(mol)}}{C(g)\text{의 양(mol)}}$
I	$4V$	6	$17w$	3
II	$5V$	25	$40w$	x

$x \times \dfrac{\text{C의 분자량}}{\text{B의 분자량}}$ 은? (단, 실린더 속 기체의 온도와 압력은 일정하다.)

① $\dfrac{3}{2}$　　　　② 3　　　　③ $\dfrac{9}{2}$　　　　④ 6　　　　⑤ 9

정답 : ④

1위 72.2%

---

19 표는 같은 온도와 압력에서 실린더 (가)~(다)에 들어 있는 기체에 대한 자료이다.

실린더		(가)	(나)	(다)
기체의 질량(g)	$X_a Y_b (g)$	$15w$	$22.5w$	
	$X_a Y_c (g)$	$16w$	$8w$	
Y 원자 수(상댓값)		6	5	9
전체 원자 수		$10N$	$9N$	xN
기체의 부피(L)		$4V$	$4V$	$5V$

이에 대한 설명으로 옳은 것만을 〈보기〉에서 있는 대로 고른 것은? (단, X와 Y는 임의의 원소 기호이다.)

〈보기〉

ㄱ. $a = b$이다.

ㄴ. $\dfrac{\text{X의 분자량}}{\text{Y의 분자량}} = \dfrac{7}{8}$ 이다.

ㄷ. $x = 14$ 이다.

① ㄱ　　　② ㄴ　　　③ ㄱ, ㄷ　　　④ ㄴ, ㄷ　　　⑤ ㄱ, ㄴ, ㄷ

정답 : ③

2위 71.8%

18 다음은 중화 반응 실험이다.

[자료]
○ 수용액에서 H_2A는 H^+과 A^{2-}으로 모두 이온화된다.

[실험 과정]
(가) x M $H_2A(aq)$과 y M $NaOH(aq)$을 준비한다.
(나) 3개의 비커에 (가)의 2가지 수용액의 부피를 달리하여 혼합한 용액 I~III을 만든다.

[실험 결과]
○ I~III의 액성은 모두 다르며, 각각 산성, 중성, 염기성 중 하나이다.
○ 혼합 용액 I~III에 대한 자료

혼합 용액	혼합 전 수용액의 부피(mL)		모든 양이온의 몰 농도(M) 합
	x M $H_2A(aq)$	y M $NaOH(aq)$	
I	V	10	2
II	V	20	2
III	$3V$	30	㉠

㉠$\times \dfrac{x}{y}$ 는? (단, 혼합 용액의 부피는 혼합 전 각 용액의 부피의 합과 같고, 물의 자동 이온화는 무시한다.)

① $\dfrac{4}{7}$ ② $\dfrac{8}{7}$ ③ $\dfrac{12}{7}$ ④ $\dfrac{15}{7}$ ⑤ $\dfrac{18}{7}$

정답 : ②

3위 71.0%

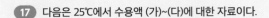

17 다음은 25℃에서 수용액 (가)~(다)에 대한 자료이다.

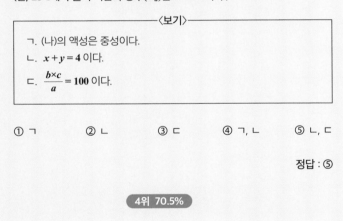

○ (가)~(다)의 액성은 모두 다르며, 각각 산성, 중성, 염기성 중 하나이다.
○ | pH − pOH |은 (가)가 (나)보다 4만큼 크다.

수용액	(가)	(나)	(다)
$\dfrac{pH}{pOH}$	$\dfrac{3}{25}$	x	y
부피(L)	0.2	0.4	0.5
OH⁻의 양(mol)	a	b	c

이에 대한 설명으로 옳은 것만을 〈보기〉에서 있는 대로 고른 것은?
(단, 25℃에서 물의 이온화 상수(K_w)는 1×10⁻¹⁴ 이다.)

―〈보기〉―

ㄱ. (나)의 액성은 중성이다.
ㄴ. $x + y = 4$ 이다.
ㄷ. $\dfrac{b \times c}{a} = 100$ 이다.

① ㄱ   ② ㄴ   ③ ㄷ   ④ ㄱ, ㄴ   ⑤ ㄴ, ㄷ

정답 : ⑤

4위 70.5%

2024학년도 수능 화학I 오답률 Top 4 문항

위의 문항들에서 알 수 있듯이 화학은 그림을 보고 무언가 해
석을 진행하는 문항들보다는, 식을 보고 계산을 하는 문항들이 많

습니다. 일차식의 계산은 물론 연립 방정식에 대한 계산 또한 자주 등장하는 요소들입니다. 이 때문에 화학I은 계산에 대한 연습이 제대로 되어 있지 않다면 고득점을 기대하기는 어려운 과목입니다. 또한 화학I은 대단원들이 자주 결합되어 문항이 출제됩니다. 물리학이나 지구과학처럼 대단원이 구분되어 서로 독립적인 구조를 이루는 과목들과 달리, 화학I의 경우는 문항들에서 여러 대단원들의 개념이 섞일 때가 많아 과목 전체를 유기적인 흐름에 따라 공부하는 것이 중요합니다. 화학I은 개념에서 나오는 비례 관계나 식의 전환 관계 등을 확실하게 알아 두는 게 중요하며 이를 토대로 다양한 계산을 연습하고, 정해진 시간 안에 문제를 풀어 내는 것이 중요한 과목입니다.

화학I의 과목 특성상 이 과목을 오래 공부할수록(물론 다른 과목들도 그러하지만, 화학이 특히) 유리한 부분이 많아 수험생들의 수준이 상당히 높은 편이고 이들의 성적이 잘 떨어지지 않습니다. 그러므로 신규 진입자들이 선택하기 까다로운 과목이 되었으며, 이에 따라서 살펴보았듯이 응시자가 대폭 감소했습니다. 다만 이러한 점을 역이용해서, 다른 과목에 비해 많은 시간을 투자해서 실력을 어느 정도 궤도에만 올려 놓는다면 정말 안정적으로 과탐 영역 중 한 과목을 1등급 혹은 그 이상으로 유지시킬 수 있는 과목이라는 장점도 있습니다. 이러한 점을 잘 고려해서 과목을 선택하면 좋겠습니다.

생명과학

생명과학I은 크게 5개의 대단원으로 구분하며 대단원 I은 생명과학의 기본적 내용에 대해, 대단원 II는 물질 대사에 대해, 대단원 III은 항상성과 자극 전달에 대해, 대단원 IV는 유전에 대해, 대단원 V는 생태계과 군에 대해 공부합니다. 생명과학I은 물리학과 마찬가지로 특정 단원에 킬러가 집중되어 있는데 바로 대단원 IV의 유전입니다. 생명과학I은 정말 유전에 모든 킬러가 집중되어 있다고 볼 수 있는데, 이는 2024학년도 수능의 오답률 최고 4개 문항만 봐도 알 수 있습니다.

17 다음은 어떤 가족의 유전 형질 (가)~(다)에 대한 자료이다.

○ (가)는 대립유전자 A와 a에 의해, (나)는 대립유전자 B와 b에 의해, (다)는 대립유전자 D와 d에 의해 결정된다. A는 a에 대해, B는 b에 대해, D는 d에 대해 각각 완전 우성이다.

○ (가)와 (나)는 모두 우성 형질이고, (다)는 열성 형질이다. (가)의 유전자는 상염색체에 있고, (나)와 (다)의 유전자는 모두 X 염색체에 있다.

○ 표는 이 가족 구성원의 성별과 ㉠~㉢의 발현 여부를 나타낸 것이다. ㉠~㉢은 각각 (가)~(다) 중 하나이다.

구성원	성별	㉠	㉡	㉢
아버지	남	O	X	X
어머니	여	X	O	ⓐ
자녀 1	남	X	O	O

자녀 2	여	○	○	X
자녀 3	남	○	X	○
자녀 4	남	X	X	X

(○: 발현됨, X: 발현 안 됨)

○ 부모 중 한 명의 생식세포 형성 과정에서 성염색체 비분리가 1회 일어나 염색체 수가 비정상적인 생식세포 G가 형성되었다. G가 정상 생식세포와 수정되어 자녀 4가 태어났으며, 자녀 4는 클라인펠터 증후군의 염색체 이상을 보인다.
○ 자녀 4를 제외한 이 가족 구성원의 핵형은 모두 정상이다.

이에 대한 설명으로 옳은 것만을 〈보기〉에서 있는 대로 고른 것은? (단, 제시된 염색체 비분리 이외의 돌연변이와 교차는 고려하지 않는다.)

─────〈보기〉─────

ㄱ. ⓐ는 '○'이다.
ㄴ. 자녀 2는 A, B, D를 모두 갖는다.
ㄷ. G는 아버지에게서 형성되었다.

① ㄱ   ② ㄴ   ③ ㄱ, ㄷ   ④ ㄴ, ㄷ   ⑤ ㄱ, ㄴ, ㄷ

정답 : ⑤

1위 84.9%

----

11 어떤 동물 종($2n=6$)의 유전 형질 ㉠은 대립유전자 **A**와 **a**에 의해, ㉡은 대립유전자 **B**와 **b**에 의해, ㉢은 대립유전자 **D**와 **d**에 의해 결정된다. ㉠~㉢의 유전자 중 2개는 서로 다른 상염색체에, 나머지 1개는 **X** 염색체에 있다. 표는 이 동물 종의 개체 **P**와 **Q**의 세포 **I~IV**에서 **A, a, B, b, D, d**의 DNA 상대량을, 그림은 세포 (가)와 (나) 각각에 들어 있는 모든 염색체를 나타낸 것이다. (가)와 (나)는 각각 **I~IV** 중 하나이다. **P**는 수컷이고 성염색체는 **XY**이며, **Q**는 암컷이고 성염색체는 **XX**이다.

세포	DNA 상대량					
	A	a	B	b	D	d
I	0	ⓐ	?	2	4	0
II	2	0	ⓑ	2	?	2
III	0	0	1	?	1	ⓒ
IV	0	2	?	1	2	0

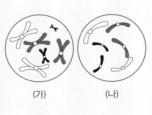

(가)   (나)

이에 대한 설명으로 옳은 것만을 〈보기〉에서 있는 대로 고른 것은? (단, 돌연변이와 교차는 고려하지 않으며, A, a, B, b, D, d 각각의 1개당 DNA 상대량은 1이다.)

─〈보기〉─

ㄱ. (가)는 I이다.
ㄴ. IV는 Q의 세포이다.
ㄷ. ⓐ+ⓑ+ⓒ=6이다.

① ㄱ   ② ㄴ   ③ ㄱ, ㄷ   ④ ㄴ, ㄷ   ⑤ ㄱ, ㄴ, ㄷ

정답 : ④

2위 68.2%

---

19 다음은 어떤 집안의 유전 형질 (가)와 (나)에 대한 자료이다.

○ (가)의 유전자와 (나)의 유전자는 같은 염색체에 있다.
○ (가)는 대립유전자 H와 h에 의해, (나)는 대립유전자 T와 t의해 결정된다. H는 h에 대해, T는 t에 대해 각각 완전 우성이다.
○ 가계도는 구성원 ⓐ~ⓒ를 제외한 구성원 1~6에게서 (가)와 (나)의 발현 여부를 나타낸 것이다. ⓑ는 남자이다.

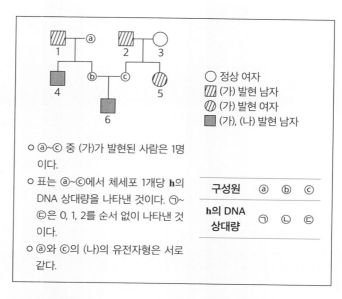

- ⓐ~ⓒ 중 (가)가 발현된 사람은 1명이다.
- 표는 ⓐ~ⓒ에서 체세포 1개당 h의 DNA 상대량을 나타낸 것이다. ㉠~㉢은 0, 1, 2를 순서 없이 나타낸 것이다.

구성원	ⓐ	ⓑ	ⓒ
h의 DNA 상대량	㉠	㉡	㉢

- ⓐ와 ⓒ의 (나)의 유전자형은 서로 같다.

이에 대한 설명으로 옳은 것만을 〈보기〉에서 있는 대로 고른 것은? (단, 돌연변이와 교차는 고려하지 않으며, H, h, T, t 각각의 1개당 DNA 상대량은 1이다.)

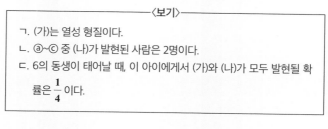

─〈보기〉─

ㄱ. (가)는 열성 형질이다.
ㄴ. ⓐ~ⓒ 중 (나)가 발현된 사람은 2명이다.
ㄷ. 6의 동생이 태어날 때, 이 아이에게서 (가)와 (나)가 모두 발현될 확률은 $\dfrac{1}{4}$ 이다.

① ㄱ   ② ㄴ   ③ ㄱ, ㄷ   ④ ㄴ, ㄷ   ⑤ ㄱ, ㄴ, ㄷ

정답 : ③

3위 68.1%

13 다음은 사람의 유전 형질 (가)~(다)에 대한 자료이다.

○ (가)~(다)의 유전자는 서로 다른 3개의 상염색체에 있다.
○ (가)는 대립유전자 A와 a에 의해 결정되며, A는 a에 대해 완전 우성이다.
○ (나)는 대립유전자 B와 b에 의해 결정되며, 유전자형이 다르면 표현형이 다르다.
○ (다)는 1쌍의 대립유전자에 의해 결정되며, 대립유전자에는 D, E, F가 있다. D는 E, F에 대해, E는 F에 대해 각각 완전 우성이다.
○ P의 유전자형은 AaBbDF이고, P와 Q는 (나)의 표현형이 서로 다르다.
○ P와 Q 사이에서 ⓐ가 태어날 때, ⓐ가 P와 (가)~(다)의 표현형이 모두 같을 확률은 $\frac{3}{16}$ 이다.
○ ⓐ가 유전자형이 AAbbFF인 사람과 (가)~(다)의 표현형이 모두 같을 확률은 $\frac{3}{32}$ 이다.

ⓐ의 유전자형이 aabbDF일 확률은? (단, 돌연변이는 고려하지 않는다.)

① $\frac{1}{4}$　　② $\frac{1}{8}$　　③ $\frac{1}{16}$　　④ $\frac{1}{32}$　　⑤ $\frac{1}{64}$

정답 : ④

4위 67.5%

2024학년도 수능 생명과학I 오답률 Top 4 문항

유전은 생명과학I의 전부라고 할 수 있을 정도로 차지하는 비중도 높고 모든 킬러의 역할을 맡는 과목입니다. 그만큼 1등급 혹은 만점을 위해서는 유전에 대한 학습이 매우 중요합니다. 다만 생명과학I의 경우 응시자가 많고 그만큼 표본의 수준이 물리학이나 화학에 비해 아주 높은 편은 아닙니다. 이 때문에 유전을 제외한 모든 문제를 다 맞춘다면 2~3등급까지의 확보는 충분히 가능합니다. 특히 2024학년도 수능 생명과학I 전체 오답률 5위와 6위를 담당하고 있는 대단원 III 부분을 확실하게 공부해 두는 것이 중요합니다. 생명과학I을 공부할 때에는 앞서 언급한 것과 유사하게 비유전을 먼저 공부하고 유전에 도전하는 게 좋습니다. 실제로 생명과학I의 시험 전략을 세울 때에도 유전을 제외하고 몇 분을 쓰고, 유전에 몇 분을 쓸지 정할 정도로 유전을 제외한 부분을 정확하고 빠르게 풀어 내는 게 중요합니다. 그러므로 이 부분에 대한 연습을 게을리하고 유전만 공부한다면 절대 고득점을 받아낼 수 없는 과목이기도 합니다.

생명과학I은 꾸준하게 많은 응시자를 보유하고 있는 과목이기에 점수 획득에 유리합니다. 초반 진입 장벽이 물리학이나 화학에 비해 낮은 편이고 킬러가 특정 단원에 집중적이기 때문에 공부법 자체는 많이 정형화된 편입니다. 다만 그만큼 유전을 정복하고 만점에 다가가기에는 많은 노력이 필요한 과목입니다. 1등급 이상을 노리는 학생분들이라면 여러 N제나 모의고사를 통해 많은 양의 유전 풀이를 하는 게 중요합니다. 이러한 점을 잘 고려해서 과목을 선택하면 좋겠습니다.

지구과학

지구과학I은 크게 3개의 대단원으로 구분하며 대단원 I은 고체 지구, 대단원 II는 유체 지구, 대단원 III은 우주에 대해 배웁니다. 이름에서 알 수 있듯이 지구의 땅과 관련된 부분, 지구의 대기와 해양에 관련된 부분, 지구 외적인 부분에 대해 다루는 과목이며 개념 양이 많고 외워야 할 개념과 자료도 많은 과목입니다. 다른 과탐 영역의 과목들과 달리 킬러 혹은 난이도가 꽤 있는 문항들이 여러 단원들에서 출제됩니다. 또한 어려운 단원이 아니더라도 개념적으로 헷갈릴 만한 문항이나 지엽적인 부분에 대한 문항이 출제되면 오답률이 올라가기도 하는 만큼 모든 단원에 대한 확실한 학습이 필요합니다.

16 표는 중심핵에서 핵융합 반응이 일어나고 있는 별 (가), (나), (다)의 반지름, 질량, 광도 계급을 나타낸 것이다.

별	반지름 (태양=1)	질량 (태양=1)	광도 계급
(가)	50	1	( )
(나)	4	8	V
(다)	0.9	0.8	V

이에 대한 설명으로 옳은 것만을 〈보기〉에서 있는 대로 고른 것은?

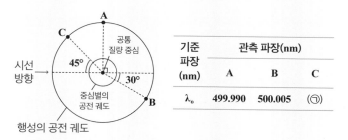

─〈보기〉─

ㄱ. 중심핵의 온도는 (가)가 (나)보다 높다.
ㄴ. (다)의 핵융합 반응이 일어나는 영역에서, 별의 중심으로부터 거리
　에 따른 수소 함량비(%)는 일정하다.
ㄷ. 단위 시간 동안 방출하는 에너지양에 대한 별의 질량은 (나)가 (다)보
　다 작다.

① ㄱ　　　　② ㄴ　　　　③ ㄷ　　　　④ ㄱ, ㄴ　　　　⑤ ㄱ, ㄷ

정답 : ⑤

1위 73.8%

19 그림은 어느 외계 행성과 중심별이 공통 질량 중심을 중심으로 공전하는 원 궤도를, 표는 행성이 **A, B, C**에 위치할 때 중심별의 어느 흡수선 관측 결과를 나타낸 것이다. 행성의 공전 궤도면은 관측자의 시선 방향과 나란하다.

기준 파장 (nm)	관측 파장(nm)		
λ_0	A	B	C
	499.990	500.005	(㉠)

이 자료에 대한 설명으로 옳은 것만을 〈보기〉에서 있는 대로 고른 것은? (단, 빛의 속도는 3×10^5 km/s이고, 중심별의 시선 속도 변화는 행성과의 공통 질량 중심에 대한 공전에 의해서만 나타난다.)

─〈보기〉─

ㄱ. 행성이 **B**에 위치할 때, 중심별의 스펙트럼에서 적색 편이가 나타
　난다.
ㄴ. ㉠은 **499.995**보다 작다.
ㄷ. 중심별의 공전 속도는 **6km/s**이다.

① ㄱ   ② ㄷ   ③ ㄱ, ㄴ   ④ ㄴ, ㄷ   ⑤ ㄱ, ㄴ, ㄷ

정답 : ⑤

2위 72.5%

---

20 그림은 지괴 A와 B의 현재 위치와 ㉠ 시기부터 ㉡ 시기까지 시기별 고지자기극의 위치를 나타낸 것이다. A와 B는 동일 경도를 따라 일정한 방향으로 이동하였으며, ㉠부터 현재까지의 어느 시기에 서로 한 번 분리된 후 현재의 위치에 있다.

이 자료에 대한 설명으로 옳은 것만을 〈보기〉에서 있는 대로 고른 것은? (단, 고지자기극은 고지자기 방향으로 추정한 지리상 북극이고, 지리상 북극은 변하지 않았다.)

〈보기〉
ㄱ. A에서 구한 고지자기 복각의 절댓값은 ㉠이 ㉡보다 작다.
ㄴ. A와 B는 북반구에서 분리되었다.
ㄷ. ㉡부터 현재까지의 평균 이동 속도는 A가 B보다 빠르다.

① ㄱ   ② ㄷ   ③ ㄱ, ㄴ   ④ ㄴ, ㄷ   ⑤ ㄱ, ㄴ, ㄷ

정답 : ⑤

3위 68.4%

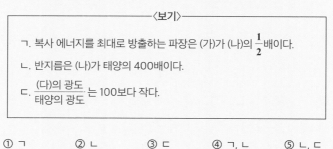

18 표는 별 (가), (나), (다)의 물리량을 나타낸 것이다. 태양의 절대 등급은 +4.8등급이다.

별	단위 시간당 단위 면적에서 방출하는 복사 에너지 (태양=1)	겉보기 등급	지구로부터의 거리(pc)
(가)	16	( )	( )
(나)	$\dfrac{1}{16}$	+ 4.8	1000
(다)	( )	- 2.2	5

이에 대한 설명으로 옳은 것만을 〈보기〉에서 있는 대로 고른 것은?

〈보기〉
ㄱ. 복사 에너지를 최대로 방출하는 파장은 (가)가 (나)의 $\dfrac{1}{2}$배이다.
ㄴ. 반지름은 (나)가 태양의 400배이다.
ㄷ. $\dfrac{(\text{다})의 광도}{태양의 광도}$ 는 100보다 작다.

① ㄱ   ② ㄴ   ③ ㄷ   ④ ㄱ, ㄴ   ⑤ ㄴ, ㄷ

정답 : ②

4위 61.1%

2024학년도 수능 지구과학 I 오답률 Top 4 문항

지구과학I에서 킬러 역할을 할 수 있는 요소는 대단원 I의 고지자기, 판의 이동 속도, 방사성 동위 원소, 대단원 II의 엘니뇨, 기후 변화의 외적 요인, 대단원 III의 별의 물리량, 외계 행성 탐사, 생명

가능 지대, 허블 법칙, 우주의 미래와 같이 상당히 다양합니다. 어느 단원에서 킬러가 나와도 이상하지 않은 과목이기 때문에 모든 단원에 신경을 써야 합니다. 거기다 매년 평가원이 다양한 자료나 선지를 시도하고 있기에, 진입 장벽이 낮은 것에 비해 생각보다 공부해야 할 양도 많고 자료 해석도 만만치 않기 때문에 제대로 공부하지 않으면 대입에 있어서 계륵과 같은 과목이 될 수도 있습니다.

지구과학I은 수능 2년 연속 가장 많은 응시자를 보유한 과탐 영역의 과목입니다. 체감 난이도도 물리학이나 화학에 비해 낮기 때문에 많은 과탐 영역 선택자들이 거의 필수적으로 고르는 과목이기도 합니다. 다만 그 어느 과목보다 개념을 정립하는 것이 중요한 과목이고 물리학이나 화학에 비해서 개념의 휘발성이 큰 과목이라 꾸준하게 어느 정도의 공부량을 수능 때까지 계속해서 유지해야 합니다. 조금만 놓기 시작하면 점수가 확 떨어질 수도 있습니다. 또한 킬러 단원이 없다는 특성이 장점일 수도 있지만 오히려 많은 단원을 킬러 단원처럼 노력해서 공부해야 한다는 점을 잊으면 안 됩니다. 물론 앞서 이야기한 대로 난이도 자체는 다른 과탐 영역에 비해 쉽겠지만, 마냥 쉽게만 생각하면 안 됩니다. 이러한 점을 고려하여 과목을 선택하면 좋겠습니다.

EBS 연계 학습

결론부터 말하자면 과탐 영역에서 EBS 연계 교재와의 연계 체감도는 상당히 낮은 편입니다. 특히 화학이나 생명과학의 경우 거의 없는 수준이라고 봐도 무방하고 그나마 체감도가 높은 지구과학의 경우도 6월이나 9월 평가원 모의고사의 경우에는 연계에 대한 체감이 어느 정도 되지만, 수능의 경우는 거의 체감하지 못합니다.

　다만 여기서 주의할 점이 있습니다. EBS에 실려 있는 문항들이 시험에 나오지 않는다는 게 아니라는 점입니다. 우리는 보통 국어나 영어처럼 EBS에만 있는 지문이 출제되거나 혹은 변형되어 출제되는 경우에 연계 체감을 느낍니다. 과탐에서 EBS 연계 체감을 느끼기 어려운 이유는 이 문항들이 기출이나 N제, 모의고사에서 쉽게 발견할 수 있는 문항들이기 때문입니다. 즉 EBS를 공부해서 국어나 영어처럼 시간 단축 등의 이점을 얻을 수 있냐고 물어봤을 때 과탐 영역은 단호하게 'NO'라고 대답할 수 있으므로 연계 체감을 느끼기 어렵다고 보는 것입니다.

　그렇다면 EBS 연계 문제집은 풀 필요가 없는 것일까요? 다른 수능 과목에 비해 중요도를 따졌을 때는 낮은 편이라고 볼 수 있습니다. 하지만 과탐에서 EBS는 연계 체감을 하기 위해 푸는 게 아닙니다. 과탐은 N제와 모의고사의 풀이량이 엄청나게 많은 과목입니다. 그만큼 다양한 상황과 여러 킬러급 문항들에 대한 연습을 진행하지만 그에 따라 기본적인 개념 또한 놓치기 쉽습니다. 이는 물리학, 화학, 생명과학, 지구과학 모두에 해당하는 내용입니다. 이 때문에 사고 방식이나 문제 풀이의 흐름이 평가원에서 사설 쪽으로 넘어갈 수 있는 문제가 생길 수 있습니다(사실 이는 수능 전 과목에 해당되는 사항입니다).

그러므로 주기적으로 사설과 더불어 개념형 문항으로 뇌의 사고 방식을 조금 순화해줄 필요가 있는데, EBS는 이런 용도로 사용하면 됩니다. 문항 자체가 사설 문항들에 비해 그다지 어렵지 않고 개념적으로 놓치고 있는 것은 없는지 체크하고 얻어갈 것들도 분명히 있는 문제들이기 때문에, 하루에 많은 양을 풀 필요는 없으나 10~20문제씩 풀며 기존 문제 풀이에 대한 감을 유지하는 것도 중요한 요소입니다. 문항을 풀면서 처음 보는 자료나 선지가 등장한다면, 이를 체크해 두고 분석하는 것도 좋은 공부법 중 하나입니다.

또한 EBS는 지엽의 기준점이 되어 주기도 합니다. 과탐 영역의 문항들을 풀다 보면 이것까지 알아야 하나 싶은 생각이 드는 선지 또는 문항들이 등장합니다. 교과서를 다량 보유하고 있는 게 아니라면, EBS 교재는 이 기준점이 되어 주는 훌륭한 교재입니다. 평가원이 EBS에 없는 내용을 갑자기 꺼내 수능에 처음 출제하지는 않기 때문에, 이 교재에 실린 내용 위주로 알아 가면 충분합니다. EBS를 단순히 문제가 실린 문제집의 느낌이 아닌, 하나의 개념서로 활용하는 것도 훌륭한 사용법입니다.

기출의 유용성과
기출 학습의 방향

기출 학습의 유용성

기출이란 지금까지 수능 또는 모의고사에서 출제되었던 모든 문제를 의미합니다. 우리가 공부를 하면서 흔히 쓰는 단어 중에는 '기출 분석'이라는 것이 있습니다. 일상적으로 사용되는 단어이기에 잘 눈치채지 못하고 넘어가지만, 이 단어에서 우리가 초점을 맞추어야 할 부분은 바로 '분석'입니다.

분석이란 복잡한 내용, 많은 내용을 지닌 사물을 정확하게 이해하기 위해 그 내용을 단순한 요소로 나누어 생각함을 뜻하는 단어입니다. 따라서 '기출 분석'은 기출을 정확히 이해함으로써 그 구성 요소들이 가진 유용성을 추출해 내는 공부를 의미합니다.

그러나 많은 학생들에게 기출 분석은 그저 기출을 '풀고' 넘어가는 것일 뿐입니다. 사후적 분석 없이 이루어지는 단순한 문제 풀이는 기출이 내재하고 있는 수많은 유용성들 중 문제 해결력 이외의 모든 것들을 놓치는 결과를 가져오게 됩니다.

이는 평가원에서 교수님들이 몇 달에 걸쳐 심혈을 기울여 만든 기출 문제에 대한 학습을 시중에 범람하는 사설 문제집(N제)의 학습과 다를 바 없게 만들어 버리는 결과를 낳습니다. 물론 N제 학습 또한 의의가 있으나, 기출 학습은 보다 더 중요합니다.

기출 학습에서 발생하는 학습 효과를 100% 온전히 흡수하기 위해서, 우리는 기출에 기타 문제들과 어떤 차별화된 유용성이 있는지, 그리고 이러한 요소들을 가장 효과적으로 얻어갈 수 있는 공부법은 어떤 것인지에 대한 이해를 갖추어야 합니다.

그럼 먼저, 기출만이 고유하게 가지고 있는 유용성은 무엇이 있을까요? 제일 중요한 것은, **반복적으로 출제될 수 있는 아이디어에 대한 대비**입니다.

학습에 관한 격언 중에서 '기출은 반복된다' 라는 말이 있죠. 여러분도 이미 여러 번 들어 봤을 만한 말이고, 당연한 것으로 여겨져 특별한 의미가 없는 것처럼 보이지만, 사실 이 말에는 기출이 지닌 가장 큰 유용성에 대한 강조가 들어 있습니다.

반복적으로 출제될 수 있는 아이디어에 대한 대비, 이에 대한 본격적인 설명을 하기 전에 먼저 예시를 하나 보겠습니다.

29 함수

$$f(x) = \begin{cases} ax+b & (x<1) \\ cx^2 + \dfrac{5}{2}x & (x \geq 1) \end{cases}$$

이 실수 전체의 집합에서 연속이고 역함수를 갖는다. 함수 $y=f(x)$의 그래프와 역함수 $y=f^{-1}(x)$의 그래프의 교점의 개수가 3이고, 그 교점의 x좌표가 각각 -1, 1, 2일 때, $2a + 4b - 10c$의 값을 구하시오. (단, a, b, c는 상수이다.)

정답 : 20

2019학년도 6월 모의고사 수학 나형 29번 문항.
오답률 93%를 기록했다.

겉으로 보기에는 한없이 단순한, 미지수 3개에 조건 3개니 대입만 하면 문제 풀이가 끝이 날 것이라고 생각할 수 있는 이 문제는 오답률 93%(EBSi 기준)를 기록했습니다. 나형임을 감안해도 상당히 높은 오답률이죠.

그리고 그 이유는 단 하나였습니다. 이 문제는 '어떤 함수가 감소하는 함수라면, 그 함수와 그 함수의 역함수의 교점은 $y=x$ 위가 아닌 곳에서도 생성될 수 있다'라는 함수에 관한 성질을 모르면 접근조차 할 수 없는 문제였기 때문입니다.

이 문제가 출제되기 이전에는 이 성질을 활용한 문제가 출제된 적이 사실상 없었기 때문에, 다른 곳에서 이 성질을 학습한 적이 없었던 학생들은 속수무책으로 틀릴 수밖에 없었습니다.

다음으로, 이 문제를 봅시다.

2019학년도 9월 모의고사 수학 나형 30번 문항.
오답률 97%를 기록했다.

위 문제가 출제되었던 2019학년도 6월 평가원 모의고사의 바로 직후 평가원 시험인 2019학년도 9월 평가원 모의고사에 30번으로 출제되었던 문제입니다.

그리고 이 문제 또한 위의 원함수와 역함수 교점에 관한 성질을 모르면 절대 손을 댈 수 없도록 출제되었고, 그 결과 이 문제는 97%(EBSi 기준)라는 매우 높은 오답률을 기록하게 됩니다.

앞의 2019학년도 6월 평가원 모의고사 29번 문제를 제대로 학습한 학생과 학습하지 않고 흐지부지 넘겼던 학생 간에 위의 30번 문제를 접근하는 데는 상당한 차이가 있었겠죠.

새롭게 등장한 아이디어를 바로 직후 기출에 활용한 모습입니다. 이제 '기출은 반복된다' 라는 말이 어떤 말인지 좀 감이 잡히죠? 이전에 특정 아이디어가 등장한 적이 있으면, 평가원은 잊지 않고 그 아이디어를 이후의 기출에 활용합니다.

그러므로 특히 여러분이 치르는 6월이나 9월 모의고사에 이전에는 등장한 적 없던 새로운 아이디어가 등장했으면, 그에 대한 철저한 학습은 필수적입니다.

이 사례를 통해, 우리는 기출에서 얼마나 반복적으로 특정 아이디어가 출제될 수 있는지를, 또 기출을 살펴보면서 어떤 아이디어가 활용되었는지 분석하는 것의 중요성을 살펴볼 수 있습니다.

그렇다면 수학에서만 이 유용성을 확인할 수 있을까요? 물론 아닙니다. 아래의 예시를 살펴보죠.

27~31 다음 글을 읽고 물음에 답하시오.

물건을 사용하고 있는 사람이 그 물건의 주인일까? 점유란 물건에 대한 사실상의 지배 상태를 뜻한다. 이에 비해 소유란 어떤 물건을 사용·수익·처분할 수 있는 권리를 가진 상태라고 정의된다. 따라서 점유자와 소유자가 항상 일치하지는 않는다.

물건을 빌려 쓰거나 보관하고 있는 것을 포함하여 물건을 물리적으로 지배하는 상태를 직접점유라고 한다. 이에 비해 어떤 물건을 빌려 쓰거나

[A] 보관하는 사람에게 그 물건의 반환을 청구할 수 있는 권리를 가진 사람도 사실상의 지배를 한다고 볼 수 있다. 이와 같이 반환청구권을 가진 상태를 간접점유라고 한다. 직접점유와 간접점유는 모두 점유에 해당한다. 점유는 소유자를 공시하는 기능도 수행한다. 공시란 물건에 대해 누가 어떤 권리를 가지고 있는지를 알려 주는 것이다. 물건 중에서 피아노, 금반지, 가방 등과 같은 대부분의 동산은 점유에 의해 소유권이 공시된다.

물건의 소유권이 양도되려면, 양도인이 되어 양수인과 유효한 양도 계약을 하고 이에 더하여 소유권 양도를 공시해야 한다. ㉠점유로 소유권이 공시되는 동산의 소유권 양도는 점유를 넘겨주는 점유 인도로 공시된다. 양수인이 간접점유를 하여 소유 이전이 공시되는 경우로서 '점유개정'과 '반환청구권 양도'가 있다.

예를 들어 A가 B에게 피아노의 소유권을 양도하기로 계약하되 사흘간 빌려 쓰는 것으로 합의한 경우, B는 A에게 피아노를 사흘 후 돌려 달라고 요구할 수 있는 반환청구권을 가지게 된다. 이처럼 양도인이 직접점유를 유지하지만, 양수인에게 점유 인도가 이루어진 것으로 간주되는 경우를 점유개정이라고 한다. 한편 C가 자신이 소유한 가방을 D에게 맡겨 두어 이에 대한 반환 청구권을 가지게 되었는데, 이 가방의 소유권을 E에게 양도하는 계약을 체결하였다고 하자. 이때 C가 D에게 통지하여 가방 주인이 바뀌었으니 가방을 E에게 반환하라고 알려 주면 D가 보관 중인 가방에 대한 반환청구권은 C로부터 E에게로 넘어간다. 이 경우를 반환청구권 양도라고 한다.

양도인이 소유자가 아니더라도 양수인이 점유 인도를 받으면 소유권을 취득할 수 있을까? 점유로 공시되는 동산의 경우 양수인이 충분히 주의를 했는데도 양도인이 소유자가 아님을 알지 못한 채 양도인과 유효한 계약을 하고, 점유 인도로 공시를 했다면 양수인은 소유권을 취득한다. 이것을 '선의취득'이라 한다. 다만 간접점유에 의한 인도 방법 중 점유개정으로는 선의취득을 하지 못한다. 선의취득으로 양수인이 소유권을 취득하면 원래 소유자는 원하지 않아도 소유권을 상실하게 된다.

반면에 국가가 관리하는 공적 기록인 등기·등록으로 공시되어야 하는 물건은 아예 선의취득 대상이 아니다. ㉡법률이 등록 대상으로 규정한 자동차, 항공기 등의 동산은 등록으로 공시되는 물건이고, ㉢토지·건물과 같은 부동산은 등기로 공시되는 물건이다. 이러한 고가의 재산에 대해 선의취득을 허용하게 되면 원래 소유자의 의사에 반하는 소유권 박탈이 ⓐ일어나게 된다. 이것은 거래 안전에만 치중하고 원래 소유자의 권리 보호를 경시한 것이 되어 바람직하지 않다고 볼 수 있다.

2020학년도 9월 모의고사에 출제된 '점유 소유' 관련 지문

워낙 유명해서 이 지문은 본 적이 있을 것입니다. 짧은 길이만 보고 만만할 것이라 생각해 덤벼든 수험생들의 발목을 제대로 붙잡아, 당시에는 정말 역대급 수준의 고난도 세트로 평가받았던 '점유 소유' 지문이죠.

2019학년도를 기점으로 수능 국어 비문학은 점점 추론력을 요구하는 방향으로 출제 기조를 선회하기 시작했고, 짧은 길이에 '그냥 주는' 문장 없이 압축적으로 그 모든 내용을 집어넣은 이 지문은 그 출제 기조를 대표하는 지문이 되었습니다.

그리고 그중에서도 이 지문은 학생들의 독해력까지 크게 요구했고, 5문제가 딸린 지문치고는 지나치게 길이가 짧았으며, 이후 이어질 내용의 예측을 돕는 연결 표지가 극히 적게 등장했습니다. 평가원이 새롭게 선보였던 신유형이자 학생들을 변별하기 위한 새로운 실험이었고, 이는 말 그대로 대성공을 거두었죠.

새롭게 등장한 이 유형의 국어 지문을 대비하기 위해, 학생들에게 비문학 공부에 독해력을 올리는 데 도움이 되는 새로운 아이디어를 도입해야 할 필요성이 생긴 것입니다.

위 지문이 어떤 특성을 가지고 있는지 파악했으면, 다음 두 비문학 지문을 살펴봅시다.

다음 글을 읽고 물음에 답하시오.

국가, 지방 자치 단체와 같은 행정 주체가 행정 목적을 ⓐ실현하기 위해 국민의 권리를 제한하거나 국민에게 의무를 부과하는 '행정 규제'는 국회가 제정한 법률에 근거해야 한다. 그러나 국회가 아니라, 대통령을 수반으로 하는 행정부나 지방 자치 단체와 같은 행정 기관이 제정한 법령인 행정입법에 의한 행정 규제의 비중이 커지고 있다. 드론과 관련된 행정 규제 사항들처럼, 첨단 기술과 관련되거나, 상황 변화에 즉각 대처해야 하거나, 개별적 상황을 ⓑ반영하여 규제를 달리해야 하는 행정 규제 사항들이 늘어나고 있기 때문이다. 행정 기관은 국회에 비해 이러한 사항들을 다루기에 적합하다.

행정입법의 유형에는 위임명령, 행정규칙, 조례 등이 있다. 헌법에 따르면, 국회는 행정 규제 사항에 관한 법률을 제정할 때 특정한 내용에 관한 입법을 행정부에 위임할 수 있다. 이에 따라 제정된 행정입법을 위임명령이라고 한다. 위임명령은 제정 주체에 따라 대통령령, 총리령, 부령으로 나누어진다. 이들은 모두 국민에게 적용되기 때문에 입법예고, 공포 등의 절차를 거쳐야 한다. 위임명령은 입법부인 국회가 자신의 권한의 일부를 행정부에 맡겼기 때문에 정당화될 수 있다. 그래서 특정한 행정 규제의 근거 법률이 위임명령으로 제정할 사항의 범위를 정하지 않은 채 위임하는 포괄적 위임은 헌법상 삼권 분립 원칙에 저촉된다. 위임된 행정 규제 사항의 대강을 위임 근거 법률의 내용으로부터 ⓒ예측할 수 있어야 한다는 것이다. 다만 행정 규제사항의 첨단 기술 관련성이 클수록 위임 근거 법률이 위임할 수 있는 사항의 범위가 넓어진다. 한편, 위임명령이 법률로부터 위임받은 범위를 벗어나서 제정되거나, 위임 근거 법률이 사용한 어구의 의미를 확대하거나 축소하여 제정되어서는 안 된다. ㉠위임 명령이 이러한 제한을 위반하여 제정되면 효력이 없다.

행정규칙은 원래 행정부의 직제나 사무 처리 절차에 관한 행정입법으로서 고시(告示), 예규 등이 여기에 속한다. 일반 국민에게는 직접 적용되지 않기 때문에, 법률로부터 위임받지 않아도 유효하게 제정될 수 있고 위임명령 제정 시와 동일한 절차를 거칠 필요가 없다. 그러나 행정 규제 사항에 관하여 행정규칙이 제정되는 예외적인 경우도 있다. 위임된 사항이 첨단 기술과의 관련성이 매우 커서 위임명령으로는 ⓓ대응하기 어려워 불가피한 경우, 위임 근거 법률이 행정입법의 제정 주체만 지정하고 행정입법의 유형을 지정하지 않았다면 위임된 사항이 고시나 예규로 제정될 수 있다. 이런 경우의 행정규칙은 위임명령과 달리, 입법예고, 공포 등을 거치지 않고 제정된다.

조례는 지방 의회가 제정하는 행정입법으로 지역의 특수성을 반영하여 제정되고 지역에서 발생하는 사안에 대해 적용된다. 제정 주체가 지방 자치 단체의 기관인 지방 의회라는 점에서 행정부에서 제정하는 위임'명령, 행정규칙과 ⓒ구별된다. 조례도 행정 규제 사항을 규정하려면 법률의 위임에 근거해야 한다. 또한 법률로부터 포괄적 위임을 받을 수 있지만 위임 근거 법률이 사용한 어구의 의미를 다르게 사용할 수 없다. 조례는 입법예고, 공포 등의 절차를 거쳐 제정된다.

2021학년도 9월 모의고사에 출제된 '행정 입법' 관련 지문

26-30 다음 글을 읽고 물음에 답하시오.

채권은 어떤 사람이 다른 사람에게 특정 행위를 요구할 수 있는 권리이다. 이 특정 행위를 급부라 하고, 특정 행위를 해 주어야 할 의무를 채무라 한다. 채무자가 채권을 ⓐ가진 이에게 급부를 이행하면 채권에 대응하는 채무는 소멸한다. 급부는 재화나 서비스 제공인 경우가 많지만 그 외의 내용일 수도 있다.

민법상의 권리는 여러 가지가 있는데 계약 없이 법률로 정해진 요건의 충족으로 발생하기도 하지만 대개 계약의 효력으로 발생한다. 계약이란 권리 발생 등에 관한 당사자의 합의로서, 계약이 성립하면 합의 내용대로 권리 발생 등의 효력이 인정되는 것이 원칙이다. 당장 필요한 재화나 서비스는 그 제공을 급부로 하는 계약을 성립시켜 확보하면 되지만 미래에 필요할 수도 있는 재화나 서비스라면 계약을 성립시킬 수 있는 권리를 확보하는 것이 유리하다. 이를 위해 '예약'이 활용된다. 일상에서 예약이라고 할 때와 법적인 관점에서의 예약은 구별된다. ㉠기차 탑승을 위해 미리 돈을 지불하고 승차권을 구입하는 것을 '기차 승차권을 예약했다'고도 하지만 이 경우는 예약에 해당하지 않는 계약이다. 법적으로 예약은 당사자들이 합의한 내용대로 권리가 발생하는 계약의 일종으로, 재화나 서비스 제공을 급부 내용으로 하는 다른 계약인 '본계약'을 성립시킬 수 있는 권리 발생을 목적으로 한다.

예약은 예약상 권리자가 가지는 권리의 법적 성질에 따라 두 가지 유형으로 나뉜다. 첫째는 채권을 발생시키는 예약이다. 이 채권의 급부 내용은 '예약상 권리자의 본계약 성립 요구에 대해 상대방이 승낙하는 것'이다. 회사의 급식 업체 공모에 따라 여러 업체가 신청한 경우 그중 한 업체가 선정되었다고 회사에서 통지하면 예약이 성립한다. 이에 따라 선정된 업체가 급식을 제공하고 대금을 ⓑ받기로 하는 본계약 체결을 요청하면 회사는

[A] 이에 응할 의무를 진다. 둘째는 예약 완결권을 발생시키는 예약이다. 이 경우 예약상 권리자가 본계약을 성립시키겠다는 의사를 표시하는 것만으로 본계약이 성립한다. 가족 행사를 위해 식당을 예약한 사람이 식당에 도착하여 예약 완결권을 행사하면 곧바로 본계약이 성립하므로 식사 제공이라는 급부에 대한 계약상의 채권이 발생한다.

예약에서 예약상의 급부나 본계약상의 급부가 이행되지 않는 문제가 ⓒ생길 수 있는데, 예약의 유형에 따라 발생 문제의 양상이 다르다. 일반적으로 급부가 이행되지 않아 채권자에게 손해가 발생한 경우 채무자는 자신의 고의나 과실에서 비롯된 것이 아님을 증명하지 못하는 한 채무 불이행 책임을 진다. 이로 인해 채무의 내용이 바뀌는데 원래의 급부 내용이 무엇이든 채권자의 손해를 돈으로 물어야 하는 손해 배상 채무로 바뀐다.

만약 타인이 고의나 과실로 예약상 권리자가 가진 권리 실현을 방해했다면 예약상 권리자는 그에게도 책임을 ⓓ물을 수 있다. 법률에 의하면 누구든 고의나 과실에 의해 타인에게 피해를 ⓔ끼치는 행위를 하고 그 행위의 위법성이 인정되면 불법행위 책임이 성립하여, 가해자는 피해자에게 손해를 돈으로 배상할 채무를 지기 때문이다. 다만 예약상 권리자에게 예약 상대방이나 방해자 중 누구라도 손해 배상을 하면 다른 한쪽의 배상 의무도 사라진다. 급부 내용이 동일하기 때문이다.

2021학년도 수능에 출제된 '예약' 관련 지문

위의 점유 소유 지문과 이 지문들 간 공통점이 보이시나요?

맞습니다. 지문의 길이가 채 반 페이지를 차지하지 않을 정도로 짧고, 그 짧은 내용 속에 매우 압축적으로 정보를 제시했으며, 연결 표지를 극소화했고, 심지어 법 관련 지문인 것과 5문제가 딸린 지문인 것까지 정확하게 일치합니다.

이 당시 점유 소유 지문이 신유형임을 인지하고 이 유형의 지문에 대비할 수 있는 아이디어를 마련해 둔 학생들은 위의 두 지문을 큰 무리 없이 읽어 나갈 수 있었으나, 대비하지 않았던 학생들은 마치 점유 소유를 처음 마주했던 학생들과 같이 위 두 지문에서도 속절없이 무너졌습니다.

이후 이 '압축적으로 서술된 지문'이라는 출제 기조는 아예 2022학년도 이후 국어 시험을 대표하는 변별 포인트가 되었으며, 그중에서도 위의 세 지문과 같은 법 지문은 2023학년도 9월, 2023학년도 수능에 다시 등장해 훌륭한 변별력을 갖춘 지문으로서의 역할을 톡톡히 했습니다.

위의 이야기와 그 예시들을 종합하여 얻을 수 있는 결론은 다음과 같습니다. **기출의 아이디어는 반복되고, 이 아이디어에 대한 습득은 기출 학습에서 가장 중요한 목적입니다.**

여러분이 풀고 있는 기출 문제집에 실린 기출의 아이디어는 이미 고전이 되었을 것이며, 여러분이 치를 6·9월 평가원 모의고사에서 등장할 새로운 아이디어는 수능에 재등장할 수 있다는 점에서 특히 꼼꼼하게 학습해야 합니다.

기출에는 이것 외에도 한 가지 유용성이 더 있습니다. **기출은 앞으로 시험이 출제될 수 있는 대략적인 경향성을 제공합니다.** 이는 앞의 것과 상당히 밀접하게 연관이 되어 있는 내용으로도 볼 수 있습니다.

먼저 수학 이야기를 해보자면, 2018학년도까지의 수학 영역은 말 그대로 '27+3(나형은 28+2)의 시대'였다고 이야기할 수 있습니다.

쉽게 풀 수 있는 27(28)문제와 극강의 3(2)문제의 킬러로 구성되었던 이때의 경향성은, 27문제를 50분 안에 풀어 내는 콘텐츠와 매우 높은 난이도의 N제 콘텐츠가 흥하게 되는 결과를 가져왔습니다.

그러나 이 경향성은 2019학년도부터 '험난한 4점의 연속'과 '해 볼 만한 킬러'의 방향으로 선회하기 시작해, 2020수능과 2021수능을 거쳐 현재까지 온전하게 정착되었습니다.

특히 해 볼 만한 킬러의 경향성은 선택과목 체제가 도입되어 사실상 2개씩의 객관식과 주관식 최대 킬러를 마주하게 된 현 체제에서 더더욱 강화됨이 불가피했죠.

오답률 순위	문항	오답률(%)	오답률 순위	문항	오답률(%)
1	30	96.5	1	30	93.0
2	29	88.7	2	29	88.5
3	27	70.6	3	28	83.5
4	21	70.1	4	27	75.6
5	19	54.7	5	20	70.4
6	20	46.4	6	21	67.9
7	26	43.8	7	17	57.9
8	28	41.5	8	14	55.0
9	24	38.4	9	19	54.6
10	14	38.3	10	24	50.7

2017학년도 수능 가형 오답률 분포   2021학년도 수능 가형 오답률 분포

위 오답률 분포를 보인 두 가형 시험은 모두 동일하게 1등급컷이 92점이나, 오답률 분포는 위의 두 시험과 아래의 두 시험이

사뭇 다릅니다. 2017수능 가형은 상위 오답률과 하위 오답률이 극심하게 차이 나는 분포를 보이나, 2021수능 가형은 오답률 차이가 상당히 줄어든 분포를 보입니다.

이렇게 바뀐 시험 기조하에서 이전의 27문제를 50분 안에 풀어내는 콘텐츠와 매우 높은 난이도의 N제 콘텐츠는 유용성이 떨어졌으며, 대신 난이도가 높아진 4점 중후반부 정도의 N제 콘텐츠(예 4의 규칙)의 유용성이 크게 증가하는 결과가 찾아왔습니다.

국어 역시 수학과 비슷하게 큰 경향성의 변동이 있었는데, 위에서 언급했듯 2018학년도까지의 국어 시험은 많은 정보량과 일대일 대응으로도 풀리는 쉬운 문제의 경향성을 가지고 있었습니다. 해당 경향성하에서 가장 학습에 도움이 되는 콘텐츠는 매우 많은 정보량을 담고 있는 비문학 세트였죠.

그러나 2019학년도 이후의 국어 시험의 출제 기조는 완전히 달라져 압축적인 지문 서술과 깊은 추론을 요구하는 문제들의 방향으로 바뀌었습니다.

이 경향성하에서 폭탄 같은 정보량을 담고 있는 비문학 세트는 더 이상 학습에 효과적이지 않게 되었으며, 대신 난해한 지문과 깊은 추론을 요구하는 문제를 포함한 비문학 세트(예 리트)를 통한 학습이 큰 효용성을 얻게 되었죠.

국어가 되었든 수학이 되었든 간에, 이 느리지만 확실했던 출제 기조의 변화를 캐치해 낸 수험생들은 이에 맞춰 효율적으로 공부할 수 있었지만, 그렇지 못한 수험생들은 현재는 더 이상 통하지 않는 학습법에 계속 매달린 채 실속 없는 공부를 이어 나갈 수밖에 없었습니다.

바로 이것이 기출을 통해 시험이 출제되는 대략적인 경향성에 대한 파악을 확실하게 해 두어야 하는 이유입니다.

기출 학습의 방향

수능 시험이 출제되는 양상은 매년 변하고, 이러한 양상의 변화는 그것에 맞춰 우리가 할 수 있는 최선의 공부 방법의 변화 또한 필연적으로 수반합니다.

과거의 기출, 그리고 여러분이 보는 시험에 등장한 현재의 기출을 살펴봄에 따라 해당 과목의 출제 경향은 어떤 식으로 변화해 왔는지를 알 수 있으며, 그것을 바탕으로 현재 출제되고 있는 경향성에 맞춰 가장 효과적인 방향으로 대비를 하려면 어떤 공부를 하는 것이 좋을지에 대한 정보까지 얻을 수 있습니다.

그렇다면 이 모든 것들을 챙기기 위해서는 어떤 방식으로 기출 학습을 진행해야 할까요? 답은 의외로 간단합니다. 기출 학습을 할 때 **문제만 풀고 끝나는 것이 아니라 자신이 몰랐던 내용들을 머릿속에 새롭게 각인시키는 것에 중점**을 두고 학습을 진행하면 됩니다.

다르게 말하면, 문제를 풀다가 '이건 내가 모르던 아이디어인데', '예전이랑 문제 느낌이 달라진 것 같은데?' 같은 생각이 들면, 생각만 하고 넘기는 것이 아니라 모르던 아이디어를 이후 여러분이 볼 수 있는 다른 곳에 정리해 두고, 달라진 느낌의 문제들을 대비하려면 어떤 공부를 해야 할지에 대해 끊임없이 고민하는 것입니다.

흔히 우리가 말하는 '오답 정리'도 이들 중 전자에 포함이 되어 있는 이야기인데, 아무래도 맞힌 문제들보다는 틀린 문제들에 자신이 몰랐던 아이디어가 더 많이 들어 있을 것이고, 오답이 나왔을 때 가장 중요하게 정리하는 내용도 바로 이 '내가 몰랐던 아이디어'이기 때문입니다.

'행동 영역'도 일종의 이 '아이디어'라고 볼 수 있습니다. 어떤 문제를 보았을 때 이렇게 대응하라는 내용인 행동 영역은, 곧 특정 아이디어를 바탕으로 해야 생성할 수 있는 것이니 말입니다.

말로만 하면 자칫 추상적으로 느껴질 수도 있으니, 앞에서 보았던 예시를 다시 한번 살펴봅시다.

29 함수

$$f(x) = \begin{cases} ax+b & (x<1) \\ cx^2 + \dfrac{5}{2}x & (x \geq 1) \end{cases}$$

이 실수 전체의 집합에서 연속이고 역함수를 갖는다. 함수 $y=f(x)$의 그래프와 역함수 $y=f^{-1}(x)$의 그래프의 교점의 개수가 3이고, 그 교점의 x좌표가 각각 -1, 1, 2일 때, $2a + 4b - 10c$의 값을 구하시오. (단, a, b, c는 상수이다.)

정답 : 20

2019학년도 6월 모의고사 수학 나형 29번 문항

앞에서도 언급했듯이, 이 문제는 원함수와 역함수 간 교점의 성질을 모르면 못 푸는 문제입니다.

그렇다면 이 문제에서 우리가 얻어 가야 할 가장 중요한 아이디어는 무엇일까요? 네, 맞습니다. '원함수와 역함수 간 교점의 성질'이라는 아이디어이죠.

그리고 이 아이디어를 바탕으로 우리는 '원함수와 역함수 간 교점을 따질 때는 반드시 원함수가 감소하는 경우에 대해서도 따져 보기'라는 행동 영역을 얻어 갈 수 있습니다. 그리고 앞으로 원함수와 역함수 간 관계를 활용하는 문제를 보면 항상 이 행동 영역을 염두에 두는 겁니다.

이 문제 하나를 통해 스스로가 모르고 있었던 '원함수와 역함수 간 교점의 성질'이라는 아이디어를 얻어 가는 것, 그리고 이를 바탕으로 일련의 행동 영역을 마련하는 것, 이것이 올바른 기출 분석을 통해 얻을 수 있는 것들입니다. 그냥 문제를 풀고, 못 풀었다면 답지만 한 번 스르륵 읽고 넘어가는 공부 방식으로는 결코 얻지 못하는 것들이죠.

그다음 언급했던 점유 소유와 행정입법, 예약의 예시에서는 '지문의 압축적 서술과 추론형 문항의 강화 기조'라는 아이디어를 얻을 수 있고, 이를 바탕으로 '압축적으로 서술된 지문을 만나면 어떻게 해야 하는지', '추론형 문항을 만나면 어떻게 해야 하는지'에 관한 행동 영역을 수립할 수 있겠죠.

그다음, 국어와 수학의 기조 변화와 같이 특정 과목에서의 변화된 기조를 인지했을 때는 해당 기조하에서 어떤 공부 방법이 가장 효율적일지에 관해 스스로 고민해 보고, 또 여러 곳에서 정보를 찾아 보면서 올바른 결정을 내리고, 그 결정을 앞으로의 공부 계획에 반영하면 됩니다.

위의 국어와 수학의 예시를 가지고 따져 보자면, 국어에서는 리트 언어이해 기출 풀이를 공부 계획에 반영하는 식으로, 또 수학에서는 4점 중후반부 난이도의 N제 풀이를 공부 계획에 반영하는 식으로 변화된 기조에 능동적으로 반응할 수 있습니다.

기출 학습의 본질은, 바로 이런 것들을 얻어 가는 것에 있습니다.

N제의 유용성과
N제 학습의 방향

N제 학습의 유용성

우리는 일반적으로 학습을 할 때 '개념 → 기출 → N제 → 실모(실전 모의고사)'의 순서를 따릅니다. 그러므로 기출 학습이 마무리된 이후에는 N제 학습을 진행하는 것이 일반적인 수순입니다. N제란 기출이 아니면서, 기출과 유사하게 제작된 모든 사설 문제들을 의미합니다.

이 말은 N제 학습은 어디까지나 기출 학습이 완료되었다는 것을 전제로 진행되어야 할 학습이므로 기출 학습을 마무리하기 전에는 시작하지 않아야 한다는 말이기도 하며, N제 학습은 기출 학습을 통해 쌓아 올린 것들에 알파를 더하는 작업이라는 말이기도 합니다.

이에 따라서 기출과는 달리 N제에서는 다른 곳에서 얻을 수 없는 고유한 유용성은 나타나지 않습니다. 모든 유용성은 기출에도 똑같이 내재되어 있는 것들이며, 단지 그 유용성들이 기출에 있어서는 크게 부각되지 않았을 뿐입니다. 그러나 이를 다르게 이야기하면, 해당 유용성들은 기출 학습을 할 때보다 N제 학습을 할 때 더 크게 발휘될 수 있습니다. 그리고 이 역시 궁극적으로 수능에서 고득점을 얻기 위해서는 꼭 필요한 것들이기에 N제 학습도 기출 학습과 마찬가지로 나름대로의 중요성을 가지죠.

그렇다면, N제 학습을 할 때 크게 발휘될 수 있는 유용성에는 무엇이 있을까요?

첫 번째로는, **미출제 아이디어에 대한 대비**를 꼽을 수 있습니다. 기출의 유용성과 기출 학습의 본질에서도 언급했듯이, 수능 시험이 계속 진화하면서 신유형들 또한 끊임없이 등장하고 있고, 이에 따라 아직 출제되지 않은 미출제 아이디어들 또한 언제든지 신유형으로 등장할 수 있는 가능성이 있습니다.

당연한 이야기이지만, 이러한 미출제 아이디어, 신유형들에 대한 대비는 기출만으로는 불가능합니다. '나오지 않은 아이디어들'에 대한 대비를 '이미 나온 아이디어에 대한 학습'으로 진행하겠다는 것은 어림도 없는 이야기죠.

앞에서 예시를 들었던 2019학년도 6월 평가원 모의고사 나형

29번(오답률 93%), 2017학년도 수능 가형 30번(오답률 97%)과 2020학년도 9월 평가원 모의고사 국어 점유 소유 지문(오답률 71%)은 시험에서 신유형으로 등장했던 것들이며, 당연히 이에 대한 대비가 되어 있지 않았던 수많은 수험생들의 무릎을 꿇렸습니다.

유사한 아이디어를 활용한 기출이 존재했다면 상황은 조금이나마 나았겠지만, 이들은 그러지 못했던 사례들이죠. 그리고 기출을 통해 대비할 수 없는 이 미출제 아이디어들은, N제 학습을 통해 대비할 수 있습니다.

N제들은 흔히 '적중 효과'라는 것을 노리고 기출에서 아직 다루지 않은 미출제 아이디어들을 중점적으로 다루는 경향이 강한데, 이는 특정 N제에서 다뤘던 미출제 아이디어가 이후 실제로 출제된다면 해당 N제의 평판이 크게 올라가기 때문입니다.

물론 아직 출제되지 않은 아이디어들은 많이 남아 있기에 이 모든 것들을 전부 대비한다는 것은 불가능에 가까운 일이지만, 언제 어디서 어떤 미출제 아이디어어가 신유형으로 등장할지는 아무도 모르고, 이것이 때마침 내가 N제를 통해 미리 학습했던 부분일 수도 있는 가능성 또한 존재하죠.

또한 특정 아이디어가 너무 오래전에 제시되어, 또는 다른 선택과목에서 제시되어 현실적으로 기출만으론 해당 아이디어를 체크하기 힘든 경우에도 N제의 도움을 받아 그에 대한 대비를 진행할 수 있습니다.

22 최고차항의 계수가 1인 삼차함수 $f(x)$와 실수 전체의 집합에서 연속인 함수 $g(x)$가 다음 조건을 만족시킬 때, $f(4)$의 값을 구하시오.

> (가) 모든 실수 x에 대하여
> $f(x) = f(1) + (x-1)f'(g(x))$이다.
>
> (나) 함수 $g(x)$의 최솟값은 $\dfrac{5}{2}$이다.
>
> (다) $f(0) = -3, f(g(1)) = 6$

정답 : 13

2023학년도 수능 수학 공통 22번 문항(오답률 95%)

　　이 문제는 2017학년도 수능 가형 30번에서 제시된 '기울기 함수'의 아이디어를 그대로 적용해서 출제한 2023학년도 수능 공통 22번입니다. 기울기 함수의 아이디어를 알고 있던 학생들은 그렇지 않던 학생들에 비해 당연한 말이지만 이 문제에 훨씬 쉽게 접근할 수 있었죠.

　　그러나 이 두 문제 간에는 6년간의 시간 간극이 있고, 또한 2017학년도 수능 가형 30번은 미적분 단원에서 출제되었다는 점 때문에 현실적으로 확률과 통계를 선택한 수험생의 경우에는 해당 문제를 활용해 기울기 함수 아이디어를 체크할 수 없었습니다.

　　해당 문제는 특이하게도 수학2 범위 안의 지식만 활용해도 해결 가능한 부분이긴 했지만, 미적분 지식을 도입해도 역대 수능 수학 킬러 원탑을 다루는 문제를 수학2 범위 안의 지식만 활용해서 해결했을 때의 난이도는 두말할 필요가 없죠.

그리고 바로 이 부분이 N제의 도움을 받을 수 있었던 부분입니다. N제의 제작자들은 2023학년도 수능 공통 22번의 등장 이전에도 기울기 함수의 아이디어가 매력적인 킬러 문항의 소재가 될 수 있다는 사실을 알고 있었고, 그러므로 실제로 해당 아이디어는 거의 모든 N제에서 킬러 주제로 찾아 볼 수 있었습니다.

그 결과 확률과 통계를 선택했던 수험생들도 해당 N제들에 대한 학습을 진행했을 경우에는 기울기 함수에 대한 아이디어를 습득할 수 있었고, 결국 2023학년도 수능 공통 22번을 해결할 수 있는 결정적인 힌트를 잡을 수 있었죠.

이처럼 N제는 아직 **기출에서 접하지 못한 아이디어를 활용한 신유형 문항들에 대한 대비**를 제공해 줄 수 있다는 점에 그 유용성이 있으며, 이는 기출에서 다룬 아이디어를 모두 습득했다는 전제하에 N제 학습을 필수적으로 해야 하는 학습의 위치에 올려 놓는 중요한 지점이 됩니다.

N제 학습이 지니는 또 다른 유용성은, **변화된 경향성의 시험에 대한 충분한 대비**입니다. 앞에서 설명했듯이 일단 최근 기출에서 새로운 경향성이 확인되었다면 앞으로의 시험도 그 경향성을 따라갈 확률이 굉장히 높습니다. 따라서 우리는 실력 상승을 위한 효율적인 공부 방법을 채택해 앞으로의 학습 계획에 반영해야 합니다.

그러나 해당 공부 방법은 종종 콘텐츠의 부족에 시달립니다. 2019학년도 이후에 등장한 국어 과목에서의 '난해한 지문과 깊은 추론', 그리고 수학 과목에서의 '쉬운 킬러와 험난한 4점'의 경향성은 각각 대비를 위해 고도의 추론을 요구하는 문제와 압축적으로 쓰인 지문을 포함하는 비문학 세트, 그리고 그때까지의 기출에서 보다 난이도가 상당히 상향된 4점 중후반부 수준의 문항을 필요로 했죠.

그러나 해당 경향성이 등장한 지 얼마 되지 않아 기출이 충분히 쌓이지 않았을 2019학년도~2020학년도의 기간 동안에는, 누적된 기출들만 가지고는 그 경향성에 대한 충분한 대비를 하기가 무척 힘들었을 겁니다.

35-38 다음 글을 읽고 물음에 답하시오.

건강 상태를 진단하거나 범죄의 현장에서 혈흔을 조사하기 위해 검사용 키트가 널리 이용된다. 키트 제작에는 다양한 과학적 원리가 적용되는데, 적은 비용으로 쉽고 빠르고 정확하게 검사할 수 있는 키트를 제작하는 것이 요구된다. 이러한 필요에 따라 항원-항체 반응을 응용하여 시료에 존재하는 성분을 분석하는 다양한 형태의 키트가 개발되고 있다. 항원-항체 반응은 항원과 그 항원에만 특이적으로 반응하는 항체가 결합하는 면역 반응을 말한다. 항체 제조 기술이 발전하면서 휴대성이 높고 분석 시간이 짧은 측면유동면역분석법(LFIA)을 이용한 다양한 종류의 키트가 개발되고 있다.

LFIA 키트를 이용하면 키트에 나타나는 선을 통해, 액상의 시료에서 검출하고자 하는 목표 성분의 유무를 간편하게 확인할 수 있다. LFIA 키트는 가로로 긴 납작한 막대 모양인데, 시료 패드, 결합 패드, 반응막, 흡수 패드가 순서대로 나란히 배열된 구조로 되어 있다. 시료 패드로 흡수된 시료는 결합 패드에서 복합체와 함께 반응막을 지나 여분의 시료가 흡수되는 흡수 패드로 이동한다. 결합 패드에 있는 복합체는 금-나노 입자 또는 형광 비드 등의 표지 물질에 특정 물질이 붙어 이루어진다. 표지 물질은 발색 반응에 의해 색깔을 내는데, 이 표지 물질에 붙어 있는 특정 물질은 키트 방식에 따라 종류가 다르다. 일반적으로 한 가지 목표 성분을 검출하는 키트의 반응막에는 항체들이 띠 모양으로 두 가닥 고정되어 있는데, 그중 시료 패드와 가까운 쪽에 있는 가닥이 검사선이고 다른 가닥은 표준선이다. 표지 물질이 검사선이나 표준선에 놓이면 발색 반응에 의해 반응선이 나타난다. 검사선이 발색되어 나타나는 반응선을 통해서는 목표 성분의 유무를 판정할 수 있다. 표준선이 발색된 반응선이 나타나면 검사가 정상적으로 진행되었음을 알 수 있다.

LFIA 키트는 주로 ㉠직접 방식 또는 ㉡경쟁 방식으로 제작되는데, 방식에 따라 검사선의 발색 여부가 의미하는 바가 다르다. 직접 방식에서 복합체에 포함된 특정 물질은 목표 성분에 결합할 수 있는 항체이다. 시료에 목표 성분이 포함되어 있다면 목표 성분은 이 항체와 일차적으로 결합하고, 이후 검사선의 고정된 항체와 결합한다. 따라서 검사선이 발색되면 시료에서 목표 성분이 검출되었다고 판정한다. 한편 경쟁 방식에서 복합체에 포함된 특정 물질은 목표 성분에 대한 항체가 아니라 목표 성분 자체이다. 만약 시료에 목표 성분이 포함되어 있으면 시료의 목표 성분과 복합체의 목표 성분이 서로 검사선의 항체와 결합하려 경쟁한다. 이때 시료에 목표 성분이 충분히 많다면 시료의 목표 성분은 복합체의 목표 성분이 검사선의 항체와 결합하는 것을 방해하므로 검사선이 발색되지 않는다. 직접 방식은 세균이나 분자량이 큰 단백질 등을 검출할 때 이용하고 경쟁 방식은 항생 물질처럼 목표 성분의 크기가 작은 경우에 이용한다.

한편, 검사용 키트는 휴대성과 신속성 외에 정확성도 중요하다. 키트의 정확성을 측정하기 위해서는 키트를 이용해 여러 번의 검사를 실시하고 그 결과를 분석한다. 키트가 시료에 목표 성분이 들어있다고 판정하면 이를 양성이라고 한다. 이때 시료에 목표 성분이 실제로 존재하면 진양성, 시료에 목표 성분이 없다면 위양성이라고 한다. 반대로 키트가 시료에 목표 성분이 들어 있지 않다고 판정하면 음성이라고 한다. 이 경우 실제로 목표 성분이 없다면 진음성, 목표 성분이 있다면 위음성이라고 한다. 현실에서 위양성이나 위음성을 배제할 수 있는 키트는 없다.

여러 번의 검사 결과를 통해 키트의 정확도를 구하는데, 정확도란 시료를 분석할 때 올바른 검사 결과를 얻을 확률이다. 정확도는 민감도와 특이도로 나뉜다. 민감도는 시료에 목표 성분이 존재하는 경우에 대해 키트가 이를 양성으로 판정한 비율이다. 특이도는 시료에 목표 성분이 없는 경우에 대해 키트가 이를 음성으로 판정한 비율이다. 민감도와 특이도가 모두 높아 정확도가 높은 키트가 가장 이상적이지만 현실에서는 그렇지 않은 경우가 많아서 상황에 따라 민감도나 특이도를 고려하여 키트를 선택해야 한다.

2019학년도 6월 모의고사의 킬러 지문이었던 'LFIA 키트' 지문

수학 가형		평균 : 51.62	표준편차 : 22.06
등급	원점수	표준 점수	백분위
최고점	100	145	100
1	85	131	96
2	79	125	89
3	70	117	77
4	60	108	60
5	47	96	40
6	33	83	23
7	21	72	11
8	13	65	4
9	0	53	0

2019학년도 6월 모의고사 수학 가형 등급컷

실제로 해당 기조들이 최초로 등장했던 시험인 2019학년도 6월 평가원 모의고사를 보면, 국어에서는 35% 안팎의 평균 정답률을 기록한 역대급 난이도의 비문학 지문이 등장했으며, 수학 가형은 종전까지 이어져 오던 '1등급 컷 92의 벽'이라는 말이 무색할 정도로 압도적으로 낮은 등급컷을 기록했습니다.

이는 시험의 난이도 그 자체보다도 해당 경향성이 최초로 등장

한 배경하에서 학생들이 큰 혼란을 겪었다는 사실을 보여줍니다. 이전까지의 기출들은 이 시험에서 출제된 문제들을 헤쳐나가는 데 그다지 큰 도움을 주지는 못했죠.

그리고 우리는 이 부분에서 N제의 도움을 받을 수 있습니다. 최근의 기출에서 새로운 출제 경향성이 나타나면, N제의 제작자들은 그 경향성을 곧바로 반영하여 새로운 교재를 만듭니다. 단적인 예시로, 국어의 출제 경향성이 바뀐 후 리트 언어이해를 다루는 N제는 우후죽순처럼 생겨났으며, 수학의 출제 경향성이 바뀐 후 수많은 강사들은 4점 중후반부의 난이도를 대비할 수 있는 N제를 출시했죠.

그리고 해당 N제들을 이용해 변화된 경향성에 충분히 대비를 했던 학생들은, 당연하게도 부족한 기출만을 활용해 대비를 했던 학생들보다 훨씬 높은 성취를 거둘 수 있었습니다.

또한 시험의 경향성이 변한 경우뿐만 아니라, 아예 시험의 틀이 바뀌어 새로운 과목이나 단원의 문제들을 대비해야 하는 경우에도 N제들은 커다란 도움을 줄 수 있습니다.

2022학년도 수능 과목 구조 개편

~ 2021학년도		2022학년도 ~
화법과 작문, 독서와 문법, 문학, 언어	수능 출제 범위 → 수능 평가방법	(공통) 독서, 문학 (선택) 화법과 작문, 언어와 매체 중 택1

대표적인 사례로 2022학년도에 선택과목 체제의 도입을 내용으로 하는 수능 체제의 큰 개편이 있었고, 이 과정에서 국어 영역에 이전까지는 존재하지 않았던 '매체'라는 과목이 신설되었습니다.

오래전 범위에서 제외되었던 것도 아닌 아예 새로운 내용이 들어온 것이기에, 출제되는 내용이나 경향성을 파악할 수 있는 당시 기출이라고는 2022학년도 수능 예시 문항 외에는 아무것도 없었습니다.

해당 연도에 출제된 모든 기출을 다 합쳐도 매체 문항 수가 채 50문제도 되지 않던 2022학년도 수능 대비 기간 동안, 많은 학생들은 문항의 부족을 매체 N제의 풀이를 통해 해결했습니다.

예시 문항과 당해 6월 평가원 모의고사에 출제된 문항을 바탕으로 매체를 다루는 N제는 세상에 모습을 드러내기 시작했으며, 학생들은 해당 N제를 이용해 충분한 대비를 할 수 있었습니다.

이처럼 **N제는 기출만으로는 충분한 대비가 이루어지기 어려운 부분을 추가적으로 보완**할 수 있다는 유용성이 있으며, 이는 특히 수능이 변화하는 속도가 점점 빨라지고 있다는 점에서 과거에 비해 현재에 더 부각되는 유용성이기도 합니다.

또한 N제는, 이번엔 N제에만 고유한 것이 아닌 유용성으로, **문제 풀이 연습을 통한 실력의 함양**을 가지고 있습니다. 이는 어떤 특정한 형식의 문제에만 있는 고유한 것이 아니라, 모든 풀이가 가능한 형태의 문제가 가지고 있는 유용성이고, 그러므로 부각되지는 않지만 어찌 보면 더더욱 중요하다고도 할 수 있습니다.

'변화된 경향성에 대한 충분한 대비'에 대한 연장선상으로, 우리는 모두 서로 다른 학습 목표를 가지고 있고, 그 학습 목표를 성취하기 위해 필요한 문제 풀이의 양과 내용도 저마다 다릅니다. 누군가는 기출 풀이만으로도 학습 목표를 성취할 수 있는 반면 누구는 학습 목표를 성취하기 위해 기출 풀이 이상의 무언가를 해야 할 수도 있죠.

이처럼 각자가 가지고 있는 학습 목표는 제각각 다르고, 많은 경우 기출은 이 목표를 이루기 위한 충분한 자원을 제공하지 못합니다. 특정 과목에서 1등급을 넘어 만점을 목표로 하고 있는 학생이라면, 기출 풀이만으로는 스스로의 목표를 성취하기가 굉장히 어렵겠죠. 이러한 경우에 N제는 부족한 자원을 메워 줄 수 있는 매우 좋은 수단이 되어 줄 수 있습니다. 꼭 새롭게 등장한 출제 기조나 특정 과목에 관한 이야기가 아니더라도, 기출만으로는 부족한 문제 풀이나 기출로는 커버할 수 없는 난이도에 대해 N제는 매우 명쾌한 해답을 제공해 줍니다.

시중에 출시되어 있는 수많은 종류의 N제, 그들은 저마다 다양한 난이도와 출제 성향을 가지고 있습니다. 그러므로 N제 학습은 많은 학생들이 저마다 가지고 있는 다양한 니즈를 충족해 줄 수 있습니다.

그러나 이는 반대로 말하면, 스스로가 가지고 있는 니즈가 무엇인지를 제대로 파악하고 그에 맞춰 올바른 N제를 고르는 일이 매우 중요하다는 말도 되죠.

특정 지점에 대해 기출만으로는 학습이 부족하다고 느껴질 때, N제는 그 부족한 학습을 메워줄 수 있는 디딤돌이 됩니다. 이는 N제가 기출에서 커버하지 못하는 난이도나 아이디어도 커버한다는 점에서 '문제 풀이를 통한 실력의 함양'이라는 유용성을 기출보다도 더 강하게 가지고 있기에 가능한 것이죠.

N제 학습의 방향

그렇다면, 이 모든 유용성들을 온전히 내 것으로 만들기 위해서는 어떤 방식의 학습을 진행해야 할까요?

이 질문에 대한 답은 유용성에 따라 두 가지로 나뉘지만, 두 가지 다 앞의 글에서 제시한 '올바른 기출 학습'에 그 뿌리를 두고 있습니다.

'미출제 아이디어에 대한 대비'는 어떤 아이디어들이 이미 출제되었는지를 알고 있어야 진행할 수 있으며, '변화된 경향성의 시험에 대한 대비'는 시험의 경향성이 어떤 방향으로 바뀌었는지에 대해 알고 있어야 진행할 수 있습니다. 그리고 이들은 모두 올바른 기출 학습을 진행함으로써 알 수 있는 것들이죠.

기출 학습을 모두 완료한 뒤, N제를 풀다 **기출에서는 본 적 없는 아이디어가 등장하면 해당 아이디어를 정리해 두고 지속적으로 각인하세요.** 또한 기출 학습을 통해 얻은 경향성에 대한 지식을 학습 계획에 반영할 때, 기출만으로는 대비하기 힘든 부분이 어디인지를 판단하세요.

아이디어는 기출 학습을 할 때와 비슷하게, 여러분이 쉽게 찾아볼 수 있는 다른 곳에 정리를 해 두면 좋습니다. 아이디어를 정리할 때 그 아이디어에 연결되어 있으나 기출에서는 드러나지 않았던 약점에 대한 정리도 그 옆에 해 두면 학습 효율은 배가 되겠죠.

이 방식으로 정리한 내용들을 이후 주기적으로 복습해야 하는 것은 당연한 이야기입니다. 기출 학습을 하면서 정리했던 내용들과 마찬가지로, 이 내용들도 동일한 수준의 중요성을 가지고 있다는 가정하에 꾸준히 복습을 이어 나가는 것입니다.

또한 **기출만으로는 대비하기 힘든 부분이 어디인지에 대한 판단을 끝내면, 해당 부분에 N제의 학습을 도입**하는 것을 긍정적으로 고려하세요. 그 부분은 언어와 매체처럼 과목 자체가 신설되어 기출이 부족한 경우일 수도 있고, 또는 여러분의 실력 자체가 부족해 추가적인 연습이 필요한 경우일 수도 있겠습니다.

어떤 경우가 되었든 간에, 일단 특정 부분에서 여러분이 생각하기에 '기출 학습만으로는 부족하고, 추가적인 문제 풀이 학습이 필요하다'라는 생각이 든다면, 이는 N제 학습을 시작해야 한다는 신호입니다.

추가적인 문제 풀이 학습이 가장 시급한 순서대로, 여력이 닿는 곳까지 N제 학습을 진행하세요. 기출 학습이 여러분의 실력을 쌓아 나가기 위해 존재하는 학습이라면, N제 학습은 그 실력이 필요한 수준까지 쌓이지 못한 부분을 보완하기 위해 존재하는 학습이라고 할 수 있습니다.

물론, 여기서 '필요한 수준'이라 함은 개인의 목표에 따라 다를 수 있습니다. 만약 여러분이 수학2의 미분·적분에 대해서는 100만큼의 실력이 있고, 경우의 수에 대해서는 80만큼의 실력이 있다고 가정해 봅시다.

그러나 만약 이 상황에서 여러분의 목표가 확률과 통계 30번을 맞추는 것보다는 공통 22번을 맞추는 데 치중되어 있다면, 여러분은 수학2의 N제 학습을 확률과 통계의 N제 학습보다 선행할 수 있는 것입니다.

N제 학습을 통해서 여러분은 모든 과목과 단원에서 순차적으로, 그리고 점진적으로 목표에 걸맞은 실력을 갖춰갈 수 있습니다. 이는 위에서 언급한 미출제 아이디어에 대한 체크와 추가적인 문제 풀이가 필요한 부분에 대한 연습을 통해 이룰 수 있는 것이죠.

N제 학습의 본질은, 바로 이런 것들을 얻어 가는 데 있습니다.

모의고사의 유용성과
모의고사 학습의 방향

모의고사 학습의 유용성

'기출 → N제 → 모의고사'로 이어지는 학습의 사이클에서 모의고사
는 그 종착역에 해당하기에, 모의고사 학습을 통해 여러분은 그 이
전까지 진행되었던 모든 학습에 대한 갈무리와 실전에 대한 충분
한 대비와 연습을 할 수 있어야 합니다.

모의고사 학습의 단계에 도달하기까지 여러분은 정말 많은 내용
들을 학습하고 또 습득했을 것이며, 그 내용들 중에서는 아직 여러분
이 온전하게 습득하지 못했거나, 또 현재 기조에서 중요하게 다루어
지기에 추가적인 학습이 필요한 내용들도 분명히 존재할 것입니다.

또한 시간 제한이 걸려 있는 시험장에서 풀게 되는 것은 결국 특정 개수의 문항 안에 모든 단원과 모든 난이도를 망라하고 있는 한 세트의 수능 시험지이므로, 이 시험지를 풀 때 여러분이 마주할 환경은 지금까지 기출이나 N제를 풀 때 마주했던 환경과는 사뭇 다를 것입니다.

그리고 이 모든 것들에 대한 대비는 모의고사 학습에 의해 이루어질 수 있습니다. 모의고사 학습에서 얻는 유용성은 기출과 N제에서는 나타나지 않는, 모의고사만의 고유한 것들입니다. 이는 모의고사 학습을 기출, N제 학습과 동등한 지위까지 올려 놓는 역할을 하죠.

아무리 개념을 철저히 학습하고 많은 양의 문제 풀이를 진행해도, 시험장에서는 그것만으로는 대비할 수 없는 변수들이 나타날 수 있습니다. 그리고 **이 변수들은 모의고사를 통해 실전을 미리 경험해 봄으로써 통제할 수 있는 영역 안에 있죠.**

전자에서 언급한 추가적인 학습이 필요한 부분, 그리고 후자에서 언급한 실전 환경에서 나타날 수 있는 변수에 대한 대비는 일련의 학습 과정의 마무리를 위해서 반드시 진행되어야 하는 내용이자 모의고사를 통해서 가장 효율적으로, 그리고 모의고사를 통해서만 진행할 수 있는 내용입니다.

그렇다면, 이들을 가능하게 하는 모의고사의 유용성에는 무엇이 있을까요?

첫 번째로는, **추가적인 학습이 필요한 내용의 식별**입니다. 바로 위에서도 언급했듯이 한 세트의 수능 시험지 안에는 그 과목에서 다루고 있는 모든 단원과 개념, 출제될 수 있는 모든 난이도가 총망라되어 있으며, 이는 그 수능 시험지를 바탕으로 만들어진 모의고사에도 있는 특징입니다.

이를 다르게 이야기하면, 모의고사를 풀게 됨으로써 여러분은 그 과목에 포함되어 있는 모든 구성 요소들을 모두 한 번씩은 접하게 된다는 이야기입니다. 결국 이는 그 요소들 중에 여러분이 약점을 가지고 있는 부분들, 다시 말하면 요구되는 수준을 맞추기 위해서 추가적인 학습이 필요한 부분들을 '모두' 식별할 수 있게끔 해줍니다.

해당 요소들을 식별하는 것은 물론 기출이나 N제 등의 기타 문제집을 풀어봄으로써도 가능하긴 하지만, 일반적으로 문제집은 단원과 난이도에 따라 많은 양의 문제를 분류해 놓았기에 추가 학습이 필요한 부분을 파악하기 위해서는 그 모든 문제들을 전부 풀어봐야 합니다.

하지만 추가적인 학습이 필요한 부분들에 대한 식별이 필요할 때는 ① 파이널 기간에 마지막으로 약점 체크를 할 때 혹은 ② 오랜만에 공부를 시작해 잊어버린 부분이 어디인지를 파악해야 할 때이고, 문제집에 실려 있는 문제 전체를 풀어 볼 시간은 이 두 가지 경우 모두에서 없을 겁니다.

바로 이 지점에서 모의고사 학습이 도입될 수 있습니다. 특정 과목에서 난이도가 서로 다른 2~3개의 모의고사를 풀어 보면서 어떤 문제를 틀렸는지, 또 어떤 문제에서 시간을 많이 사용했는지를 살펴봄으로써 여러분은 스스로가 어떤 단원에서 약한 모습을 보이는지, 또 어느 정도 난이도가 여러분이 원활하게 해결할 수 있는 한계치인지를 파악할 수 있습니다.

또한 앞에서 언급했듯이 기출에는 기조라는 것이 있기에, 기출을 모두 살펴봄으로써 추가적인 학습이 필요한 부분을 살펴보는 것은 비효율적입니다. 여러분이 풀게 되는 기출 문제집에는 분명히 현재 기조와 맞지 않는 문제들도 다수 수록되어 있을 것이기 때문입니다.

30 $x > a$에서 정의된 함수 $f(x)$와 최고차항의 계수가 -1인 사차함수 $g(x)$가 다음 조건을 만족시킨다. (단, a는 상수이다.)

(가) $x > a$인 모든 실수 x에 대하여
$(x-a) f(x) = g(x)$이다.

(나) 서로 다른 두 실수 α, β에 대하여 함수 $f(x)$는
$x = \alpha$와 $x = \beta$에서 동일한 극댓값 M을 갖는다.
(단, $M > 0$)

(다) 함수 $f(x)$가 극대 또는 극소가 되는 x의 개수는
함수 $g(x)$가 극대 또는 극소가 되는 x의 개수보다 많다.

$\beta - \alpha = 6\sqrt{3}$ 일 때, M의 최솟값을 구하시오.

정답 : 216

2017학년도 수능 수학 가형 30번 문항(오답률 97%)

30 실수 t에 대하여 함수 $f(x)$를

$$f(x) = \begin{cases} 1-|x-t| & (|x-t| \leq 1) \\ 0 & (|x-t| > 1) \end{cases}$$

이라 할 때, 어떤 홀수 k에 대하여 함수

$$g(t) = \int_k^{k+8} f(x)\cos(\pi x)dx$$

가 다음 조건을 만족시킨다.

> 함수 $g(t)$가 $t=\alpha$에서 극소이고 $g(\alpha)<0$인 모든 α를 작은 수부터 크기 순으로 나열한 것을 $\alpha_1, \alpha_2, \ldots, \alpha_m$ (m은 자연수)라 할 때, $\sum\limits_{i=1}^{m} \alpha_i = 45$ 이다.

$k - \pi^2 \sum\limits_{i=1}^{m} g(\alpha_i)$의 값을 구하시오.

정답 : 21

2018학년도 수능 수학 가형 30번 문항.
앞 문제와 필적한 난이도를 가졌다고 평가받는다.

기출 문제집에는 위 문제들과 같이 현재 기조와 비교했을 때 난이도가 매우 높은 문제들까지 모두 실려 있습니다. 그러나 이 문제들까지 모두 풀 수 있는 실력을 갖출 필요는 없습니다. 지나치게 난이도가 높은 문제들은 현재 출제되는 높은 난이도의 준킬러를 대비할 수는 있겠지만, 반대의 경우에는 그다지 큰 효용이 없죠.

30 양의 실수 x에 대하여 $\log x$의 가수를 $f(x)$라 하자. 다음 조건을 만족시키는 a 와 n에 대하여 모든 자연수 n의 값의 합을 구하시오.

> (가) $f(a) = f(a^{2^n})$
> (나) $(n+1) \log a = 3n^2 - 4n + 4$

정답 : 44

출처: 서울특별시교육청
2015학년도 고3 10월 모의고사 수학 A형 30번 문항.
상용로그를 활용한 킬러 문항으로 출제되었다.

또한 기출 문제집에는 위 문제처럼 현재 기조와 동떨어진 단원이나 유형의 문제들까지 모두 실려 있습니다. 현재 수능 출제 기조는 이 문제들이 출제될 때의 그것과는 크게 달라졌기에, 여러분이 수능 시험장에서 이들과 유사한 문제를 만날 가능성은 0에 수렴한다고 할 수 있습니다.

이러한 문제들은 현재 기조에 비추어 보았을 때 대비해야 할 필요성이 현저히 떨어지기에, 이들을 해결할 실력을 갖추지 못했다 하더라도 그 실력을 갖추기 위해 추가적인 학습을 진행해야 할 필요성은 낮습니다. 이들을 위해 공부할 시간이 있으면 차라리 그 시간을 현재 기조에 맞는 문항들을 위해 공부하는 것이 더 효율이 좋죠.

그러나 현재 출제 기조에 충실하게 따르고 있으므로 모의고사에 수록된 문제들은 학습할 필요성이 떨어지는 경우가 없습니다. 따라서 만약 모의고사에서 여러분이 부족한 점이 노출되었다면 그 점들은 반드시 보완해야 할 요소에 포함됩니다.

종합적으로 이야기하면, 여러분이 기출 학습을 하면서 찾아낸 약점은 꼭 보완해야 할 부분에 포함이 될 수도 있고, 안 될 수도 있는 반면에 모의고사 학습을 하면서 찾아낸 약점은 꼭 보완해야 할 부분에 반드시 포함됩니다.

이처럼 모의고사는 진정으로 여러분이 더 심화된 실력을 갖춰야 할 부분, 딱 그 부분들만 정확하게 식별을 해 준다는 점에서 고유한 유용성을 가지고 있습니다.

이는 파이널 기간에 전체적인 점검을 진행할 때, 또 오랜만에 공부를 시작해 잊어버린 부분을 확인할 때 활용하기 좋은 수단으로서의 지위에 실전 모의고사를 올려 놓습니다.

또한 모의고사는 그 본질에 의해 **실전 상황에 대한 연습과 대비**라는 유용성도 가지고 있습니다. 위에서 설명한 유용성은 다른 학습 수단을 통해서 얻을 수 있는 가능성은 있는 반면에, 이는 '실전 상황'이라는 특성상 모의고사에 대한 학습이 아니면 대비하는 것이 원천적으로 불가능합니다.

앞에서도 계속해서 언급했듯이, 실전 상황에서는 단순히 문제를 잘 푸는 것을 넘어서는 고차원적인 능력이 필요합니다. 그 능력에는 긴 시험 시간 내내 집중할 수 있는 집중력, 실전에서 발생할 수 있는 돌발 상황에 대한 대처 능력, 앞에서의 실수가 이후 시험에 끼치는 영향을 최대한 줄이게끔 하는 정신력 등이 있을 수 있겠죠.

수능은 한 과목당 상당히 긴 시간 동안 시험이 치러집니다. 극히 일부의 학생이 응시하는 제2외국어·한문, 그리고 중요성이 매우 떨어지는 한국사를 제외하면 70분 동안 치러지는 영어가 가장 짧은 시간 동안 치러지는 시험에 해당하며, 수학은 100분이라는 긴 시간 동안 시험이 치러집니다.

그러므로 실전 상황은 한 문제 한 문제를 풀 때마다 쉴 수 있는 기출·N제 풀이 학습 때와는 큰 괴리가 있으며, 이 괴리는 실전과 최대한 비슷한 환경을 갖추고 모의고사를 풀어 볼 때 비로소 메워질 수 있는 것입니다. 아무리 비슷한 환경을 갖췄다 하더라도, 모의고사 학습을 하지 않으면 한계가 있죠.

먼저, 앞에서 언급한 긴 시험 시간으로 인해 실전 상황에서는 상당한 수준의 체력과 집중력이 필요합니다. 이를 갖추지 못했을 경우에는 시험 운용에 차질이 생겨, 단련한 문제 풀이 실력을 제대로 보여주지 못할 가능성이 크겠죠.

그러므로 실전 상황에 대한 대비의 일환으로, 시험이 치러지는 긴 시간 동안 버틸 수 있는 체력과 집중력을 미리 길러 놓아야 합니다. 그리고 이를 대비할 가장 좋은 방법은, 뭐니뭐니 해도 실전 상황과 똑같은 환경에서 모의고사를 푸는 것이죠.

물론, 평소에 공부를 할 때에도 실전 상황과 똑같이 시간과 공부하는 과목을 맞추고 최대한 집중해서 문제를 푸는 방식으로 연습을 할 수는 있겠으나, 시험장에서 느껴지는 그 부담감과 긴장감까지 재현하기에는 부족함이 생길 수밖에 없습니다.

또한 실전 상황에서는 심한 소음, 또는 너무 높거나 낮은 온도 등 여러 가지 변수 상황이 발생할 수도 있고, 이들에 대한 대비 역시도 해당 변수를 인위적으로 만들어 둔 채 모의고사를 학습하는 식으로 진행해야 합니다. 학습을 진행하며, 각각의 변수들에 대해서 어떻게 대처를 해야 할지 고민하고 결정하는 것이죠.

그리고 이 여러 가지 변수 상황들 중에서도, 여러분을 가장 당황스럽게 할 것은 아마도 예상치 못한 수준의 시험 난이도일 것입니다.

사실 시험의 난이도라는 변수는 다른 변수들과는 결이 다른 것이기에, 이 두 가지는 별개의 사항으로 봐도 무방합니다. 이는 시험이 예상했던 수준보다 아득하게 높은 난이도로 출제되면, 그 여파는 이후 시험들까지 이어지게 되기 때문이죠.

그러므로 실제로 1교시에 치러지는 과목인 국어가 매우 어렵게 출제되었던 2019학년도 수능과 2022학년도 수능은, 이후 과목들의 실질적인 난이도와는 별개로, 전반적으로 난이도가 매우 높았던 역대급 불수능으로 평가받고 있습니다. 이는 특정 과목의 난이도가 높게 출제되었을 때 이후 과목들에 어떤 영향을 끼치는지를 고려해서 이루어진 평가죠.

2019학년도 수능				
등급	1등급	2등급	3등급	4등급
등급컷	84	78	70	61

2019수능 국어 등급컷

2022학년도 수능			
등급	표준 점수 등급컷	원점수 등급컷 범위	
		화법과 작문	언어와 매체
1등급	131	82-86	81-85
2등급	124	75-80	74-79
3등급	116	68-73	67-72
4등급	108	61-66	60-65

2022수능 국어 등급컷

이러한 경우를 대비하기 위해서, 우리는 '예상할 수 있는' 시험의 난이도를 최대한 높일 수 있는 방향으로 공부해야 합니다. 다른 말로는, 높은 난이도의 시험을 미리 많이 접해 봄으로써 그에 대한 대비책을 마련해 두어야 한다는 이야기이죠. 그리고 여기서 '시험을 많이 접해 봄'이라는 말은, 당연히 높은 난이도로 출제된 모의고사들을 많이 풀어 보는 것을 의미합니다.

앞서 이야기했듯 시험의 난이도가 높을수록 운용은 어려워지는데, 또 쉬운 난이도의 모의고사들은 기출 모의고사로도 커버가 가능하므로 사설 모의고사는 일반적으로 난이도가 높습니다.

이를 종합했을 때 여러분은 기출 모의고사부터 사설 모의고사까지 다양한 난이도를 가진 모의고사를 활용해, 실전에서 나타날 수 있는 어떤 상황에 대해서도 미리 대비를 해 볼 수 있다는 것이죠. 이 역시 모의고사만이 가지고 있는 고유한 유용성 중 하나라고 할 수 있습니다.

모의고사 학습의 방향

그렇다면 이 모든 유용성들을 확실히 얻기 위해서는 어떤 방식의 학습을 진행해야 할까요? 이 질문에는 여러 가지 해답이 존재하지만, 이 모든 해답들은 한 가지 원칙에서부터 출발합니다. **모의고사 학습을 할 때는, 해당 학습을 하는 목적을 확실히 인지한 채로 학습해야 합니다.**

우리는 위에서 추가적으로 학습해야 할 내용의 식별, 그리고 실전 상황에 대한 연습과 대비에 관한 내용을 살펴봤습니다. 그리고 이들 중 전자는 주로 일련의 학습 사이클에서 초중반 단계에 진행해야 할 내용에 해당하며, 후자는 후반 단계에서 진행해야 할 내용에 해당합니다.

또한 특히 후자에 관해서는, 역시 위에서 살펴봤듯이 실전 상황에 대한 대비에도 체력과 집중력을 기르는 연습, 돌발 상황에 대한 대비책 마련, 난이도에 대한 대비책 마련과 같이 여러 가지 종류가 있습니다.

이들을 한 번에 모두 해결하는 것은 상당히 어렵기에, 한 번의 모의고사 학습을 할 때 이들 중 어떤 것에 중점을 두어야 할지를 결정해야 합니다.

우선 추가적으로 학습해야 할 내용의 식별을 위해 모의고사 학습을 할 때는, **사설 모의고사가 아닌 기출 모의고사를 활용**하는 게 좋습니다. 사설 모의고사는 출제 기조를 따라가지만 기출 모의고사는 출제 기조 그 자체이기 때문입니다. 그리고 사설 모의고사의 난이도는 일반적으로 상당히 높은 편입니다.

아직 학습이 완전히 완료되지도 않은 상황에서 굳이 높은 난이도의 사설 모의고사를 학습하는 것은, 자신감 하락이나 학습의 목적의식 상실과 같은 여러 가지 부작용들을 불러올 수 있게 되죠.

가장 최근에 출제된 기출 모의고사 약 3개 정도를 준비해 시간을 재고 푼 뒤, 어떤 부분에서 학습이 더 필요한지를 판단하고 학습 계획에 반영하면 되겠습니다.

그리고 이때는 굳이 강박적으로 실전 상황과 똑같은 환경을 맞출 필요는 없습니다. 우리의 목적은 어디까지나 학습이 필요한 부분을 선별하는 것이지, 실전에서 마주할 수 있는 여러 상황에 대한 연습이 아니기 때문이죠. 국어 80분, 수학 100분과 같이 시간을 재고 푸는 것 이상으로 실전과의 유사성을 확보할 필요는 없습니다.

반면에 실전 상황에 대한 연습과 대비를 진행할 때는, 물론 쉬운 난이도부터 대비하고 싶다면 기출 모의고사를 활용해도 큰 상관은 없으나, 그게 아닌 경우에는 **난이도가 높은 사설 모의고사를 활용**

하는 것이 좋습니다. 앞에서도 언급했듯 시험 운용은 시험의 난이도가 높을 때 훨씬 어렵기 때문이죠.

또한 어떤 실전 상황에 대한 연습과 대비가 되었건 간에, 시험 시간 내내 버틸 수 있는 체력과 집중력을 만드는 연습은 기본적으로 깔고 가세요.

이 연습은 단순히 문제를 푸는 것에 집중함으로써 진행할 수 있기에, 변수 상황에 대한 대비 혹은 어려운 난이도에 대한 대비 중 어느 것과도 편하게 병행할 수 있습니다.

그러나 변수 상황에 대한 대비와 어려운 난이도에 대한 대비는 동시에 진행하기가 어려운 것들이므로, 한 번의 모의고사 학습을 할 때는 둘 중 하나를 선택하여 그에 집중해 진행해야 합니다. 한쪽 사항에 맞추어 대비를 진행할 때는 반대쪽 사항의 대비에 차질이 생기기 때문입니다.

앞서 언급했듯 어려운 난이도는 이후 시험들의 운용에 악영향을 미칠 수 있고, 그러므로 이에 대한 대비는 **그 어려운 난이도로 출제된 시험이 이후 시험들에 끼치는 악영향을 최소화하는 데** 집중해야 합니다. 그리고 이는 온전히 실전 상황과 동일하게 1교시~5교시의 전과목 시험을 시간표에 맞춰 연속적으로 하루에 풀어봄으로써 달성할 수 있는 것이죠.

반면에 변수 상황에 대한 대비는 곧 시끄러운 상황 또는 온도가 너무 높은·낮은 상황에 대한 대비를 의미하는데, 이러한 환경을 하루 내내 조성한 채로 전 과목 시험을 보는 것은 당연히 효율성이 떨어질 수밖에 없습니다. 과목당 따로따로 여러 날에 걸쳐 대비하는 것이 체력 보존 등의 측면에서 더 효과적이죠.

이렇게 실전 모의고사 학습을 하는 목적에 대해 확실하게 인지하고, 그 목적에 따른 올바른 방법을 활용해 학습을 함으로써 여러분은 실전 모의고사가 가진 모든 유용성들을 차례차례 얻을 수 있습니다. 그리고 이 유용성들은 모의고사 학습에 고유한 것이면서도 고득점을 위해서는 꼭 필요한 것들이기에, 모의고사 학습은 기출, N제 학습과 동일 선상에 오를 수 있는 것입니다.

모의고사 학습의 본질은, 바로 이런 것들을 얻어 가는 데 있습니다.

기출·N제·모의고사 간
학습 배분법

1. 기출과 N제 학습이 모두 완료된 경우

계획했던 기출과 N제 학습을 모두 완료한 뒤에는, 이전에 비해 공부에 활용할 수 있는 여유 시간이 훨씬 많이 생기게 될 것입니다. 그도 그럴 것이, 일반적으로 우리가 진행하는 학습의 대부분은 기출 또는 N제, 그리고 그와 연결된 개념이 되기 때문이죠.

갑작스럽게 생겨난 많은 시간을 어디에 활용해야 할지 미리 정하지 못한 학생들은, 그 시간을 모의고사의 학습에 주로 활용하게 될 것입니다.

그리고 물론, 모의고사 학습 역시 일련의 학습 과정에 있어 필수적으로 거쳐야 하는 부분이기에 하루의 일정 시간을 그에 투자하는 것은 필요하겠죠.

그러나 확보된 여유 시간의 대부분을 모의고사 학습에'만' 쏟아붓는 것은 결코 좋지 못한 선택입니다. 앞서 이야기했듯, 모의고사의 존재 의의는 추가적으로 학습해야 할 부분에 대한 판단, 그리고 실전에서 마주할 수 있는 다양한 상황들에 대한 대비입니다. 그리고 이 둘 중 후자는 다른 학습 없이 모의고사에 대한 학습만으로도 이뤄낼 수 있는 부분이죠.

그러나 전자의 경우는 이야기가 달라집니다. 추가적인 학습이 필요한 부분을 판단한 이후에는, 필수적으로 다시 개념이나 기출, N제 등의 수단을 활용해 해당 부분에 대한 추가적인 학습을 해야 합니다. 약점 파악은 결국에는 약점 보완을 위해 존재하는 것이지, 보완이 없는 약점 파악은 아무런 소용이 없죠.

그러므로 기출과 N제 학습을 모두 완료한 이후에도 모의고사를 통해 추가적인 학습이 필요한 부분이 발견되면 해당 부분을 학습할 수 있는 수단으로 다시금 돌아가 다시 학습을 진행해야 합니다. 한마디로 **모의고사의 학습을 통해 발견된 약점들은 이전 단계의 학습을 통해 보완하는 작업**을 거쳐야 한다는 이야기입니다. 약점에 대한 확인과 보완은 16장 '모의고사의 유용성과 모의고사 학습의 방향'에서 제시한 방법을 활용하면 됩니다.

학습이 필요한 부분을 확인하고, 그 학습을 하기 위한 가장 효율적인 수단을 고민한 뒤, 앞으로의 학습 계획에 그 수단을 추가하는 겁니다.

또한 굳이 모의고사 학습에서 발견한 부분은 아니더라도, 최근 출제 기조에서 강조되고 있거나 고난도 출제 요소로 활용되고 있는 등 중요성이 높은 부분 역시 다시금 개념이나 기출, N제를 활용해서 학습하고 넘어갈 필요가 있습니다. 계획했던 학습을 모두 완료했을지라도, 이들은 다시 한 번 볼 가치가 충분히 있는 것들이죠.

따라서 이 단계에 놓여 있는 학생들은, 물론 모의고사 학습을 주로 하되 거기에 더해 모의고사 학습에서 발견된 추가적인 학습이 필요한 부분들, 또 각 과목에서 중요하게 짚고 넘어가야 할 부분들을 선별해 개념·기출·N제를 활용한 학습도 진행하는 것을 권장합니다.

2. 기출 학습만 완료된 경우

기출 학습을 완료했다는 것은, 이제 여러분이 주력해서 시간을 투자하게 될 학습은 N제 학습이 될 것이라는 의미입니다. N제 학습을 통한 미출제 아이디어와 변화된 시험의 경향성에 대한 대비는, 고득점을 위해서는 반드시 거쳐야 할 학습 단계 중 하나입니다.

그리고 이 단계에 놓여 있는 학생들의 경우에는, 해당 시점에 수능이 얼마나 가까이 다가왔는지를 고려해서 학습 계획을 수립해야 합니다.

앞으로 수능까지 남아 있는 날짜에 따라 여러분의 계획표에는 N제 학습과 그를 보충하기 위한 개념 학습만 들어 있을 수도 있고, 혹은 거기에 정기적으로 치르는 모의고사 학습까지 들어 있을 수도 있습니다.

9월 모의고사 이전에는, 실전 연습과 상황에 대한 대비가 긴박하게 요구되지 않기에 모의고사에 대한 학습 없이 N제 학습을 진행하며 미출제 아이디어와 변화된 시험의 경향성에 대한 대비를 하고, 그에 따라 요구되는 추가적인 심화 개념에 대한 학습을 하는 것만으로도 충분합니다.

물론 추가적인 선별이 필요한 부분의 파악이라는 모의고사의 유용성을 고려해 보았을 때 개념적으로 불완전한 부분을 파악하기 위해 모의고사 학습을 진행해 볼 수는 있으나, 이를 이유로 진행되는 모의고사 학습은 2~3회차를 빠른 시일 내에 풀어 낼 것을 요구하지, 장기적인 계획에 반영이 될 정도의 주기적인 학습을 요구하지 않습니다.

사실 모의고사를 통해 개념이 부족한 부분을 전체 범위에서 한번 훑어 봐야 할 수준의 학업 역량을 갖춘 학생이라면, 그러한 학생이 N제 학습을 진행하는 것은 시기상조입니다. 해당 수준의 학생에게 있어 올바른 선택은 차라리 개념과 기출 학습으로 회귀해 기초를 조금 더 단단하게 다지고 오는 것입니다.

그러나 9월 모의고사가 치러진 이후는 정말로 수능이 유의미하게 다가온 시점으로 봐야 하고, 따라서 이 이후에는 적어도 **일주**

일에 한 번씩은 각 과목별로 한 번씩 모의고사 학습을 진행하는 것을 추천합니다.

수능이 가까워진 해당 시점부터는, 주기적인 실전 연습을 진행해야 하죠. 그리고 실전 연습은 모의고사 학습을 통해서가 아니면 진행할 수 없습니다. 또한 실전 연습은 어디까지나 실전에서 활용할 수 있는 '감'을 쌓기 위해 존재하는 것이므로 모의고사 학습은 그 감을 유지할 수 있도록 일정한 주기로 꾸준히 진행되어야 합니다.

그리고 그 주기는, 제가 위에서 제시했듯이 9월 모의고사가 치러진 직후에는 일주일에 한 번 정도가 적절합니다. 수능이 가까워짐에 따라 그 주기를 점점 빠르게 하다가, 수능이 치러지기 약 일주일 전부터는 매일 전과목 모의고사 학습을 진행하는 것이죠.

비록 계획한 N제 등의 학습을 마무리하지 못했다고 하더라도, 해당 시점부터는 모의고사 학습에 올인을 해야 합니다. 며칠 밤만 더 지나면 수능을 치르러 가야 하는 시점에서, 가장 도움이 되는 공부는 모의고사를 통한 실전 연습이기 때문이죠.

만약 여러분이 수능 직전까지 N제 학습을 하느라 모의고사 학습을 진행하지 못한다면, 여러분은 충분한 실전 연습 없이 수능 시험장에 들어서야 하는 상황에 처하게 됩니다.

이러한 상황을 방지하기 위해서라도, N제 학습을 진행하는 단계의 학생들에게는 특정 시점 이후부터 N제 학습과 더불어 모의고사를 통한 실전 학습까지 병행하는 것을 추천합니다.

3. 기출 학습이 완료되지 않은 경우

이 경우에 해당하는 학생들은, 최악의 경우 N제 학습을 진행하지 않고 바로 모의고사 학습으로 넘어가는 것도 고려해야 합니다. 물론 이는 해당 시점부터 수능까지 얼마나 많은 기간이 남아 있는지에 따라 달라질 수 있겠으나, 어디까지나 최악의 상황을 가정했을 때 그렇다는 이야기죠.

비록 제한적이긴 하지만, N제의 주요한 유용성으로 꼽히는 미출제 요소와 변화된 경향성의 시험에 대한 대비는 '사설' 모의고사를 통해서도 이루어질 수 있습니다. N제와 마찬가지로 사설 모의고사는 기출에서 본 적 없는 새로운 문제들을 내용으로 하고, 해당 문제들을 출제할 때 미출제 요소와 변화된 경향성에 대한 반영을 기틀로 삼기 때문입니다.

그러나 이 실전 연습은 모의고사를 통한 방식이 아니면 이루어질 수가 없습니다. 이는 실전 연습은 어디까지나 실전과 최대한 동일한 환경을 설정한 채로 진행하는 것이 중요하고, 이를 위해서는 모의고사의 도입이 필수적이기 때문이죠. 우리가 수능 시험장에서 일련의 시간 제한하에 결국 풀게 될 것은 모의고사와 형식이 같은 수능 시험지라는 점에서, 모의고사를 통한 실전 연습은 절대 빠질 수 없는 학습입니다.

물론 이것이 전체적으로 N제 학습이 모의고사 학습에 비해 중요성이 떨어진다는 사실을 내포하고 있는 것은 아닙니다. 오히려

1등급 또는 그 이상을 노리는 수험생들에게는, 더 다양하고 어려운 문제를 접할 기회를 많이 준다는 점에서 N제 학습에 할애하는 시간이 모의고사 학습의 그것보다 더 많을 수도 있겠죠.

그러나 그 이하를 노리는 수험생들은 1등급 또는 100점을 결정짓는 문제들을 반드시 풀 필요가 없으며, 따라서 해당 학생들에게 N제 학습의 필요성은 상대적으로 떨어집니다.

그에 반해 모의고사 학습의 필요성은 등급과 상관없이 일정하게 존재하기에, 후자의 학생들에게 있어서는 모의고사 학습의 우선순위가 더 높아질 수 있는 것이죠.

아직 기출 학습을 완료하지 못한 학생들은 일련의 순서인 '기출 → N제 → 모의고사' 학습을 모두 진행하지는 못할 가능성이 존재하기에, 전략적으로 **N제 학습을 포기하고 모의고사 학습을 진행**하는 것을 검토하기 바랍니다.

모든 학습을 다 진행하기 어려운 상황에서 여러분에게 남은 최선의 선택지는 '선택과 집중'이고, 이 역시 선택과 집중의 일환으로 이해할 수 있는 것입니다.

슬기로운 방학 생활을
위한 조언

1. 수능 베이스가 전무한 경우

이 경우에는 방학이라고 해서 특별하게 해야 할 것들이 존재하는
것은 아닙니다. 베이스가 아예 없는 노베 학생들이 해야 할 공부들
은 정해져 있고, 이는 방학 기간의 경우에도 마찬가지죠.

　뒤의 21장 '벼락치기로 최고의 효율을 뽑아 내는 법'에 이 경우
의 학생들이 해야 하는 공부에 대해 서술해 놓았으니, 이를 참고해
학습 계획을 수립하고 그대로 따라가면 되겠습니다.

2. 개념만 완성이 되어 있는 경우

흔히 '개념만' 완성이 되어 있다고 한다면, 아래 내용 정도만 습득되어 있는 상태를 지칭합니다.

국어: 문학 개념어 + (언어와 매체 선택자의 경우) 기초 문법 개념
수학: 기초 개념 + 『쎈』 등 유형서의 유형 단계까지 해설 가능한 실력
영어: 어휘 + 기본 어법 + 구문 독해
탐구: 기초 개념까지

보통 이 정도면, 지금까지 치렀던 모의고사에서 과목에 상관없이 3~5등급 정도의 실력을 거두었을 것입니다. 이는 뒤집어 말하면, 지금까지 여러분이 모의고사에서 3~5등급 정도의 성적을 지속적으로 거두었던 과목이 있다면 그 과목은 개념만 완성이 되어 있는 상태라고 파악할 수 있다는 이야기이죠.

통상적인 학습 루틴에 따르면 이 기간 동안에는 각 과목별로 '실전 개념 + 기출 학습'을 시작해야 하나, 이 실력으로 해당 학습을 소화하기에는 어려움이 따를 가능성이 높습니다.

그러므로 실전 개념 학습은 개학 이후 시기로 넘기고, 방학 기간 동안에는 EBS 3·4주 완성 등 빠르게 약점을 체크할 수 있는 교재를 학습하면서 **약점의 보완과 실력 상승**을 도모하세요.

국어, 수학, 영어, 탐구 모든 과목에서 여러분이 가진 약한 부분

들이 어디인지를 파악한 뒤, 최대한 이를 보완하고 가야 한다는 이 야기입니다.

이 부분에 대한 보완이 선행되지 않은 채 실전 개념, 기출 학습 이 이루어진다면, 추후 여러분은 반드시 큰 어려움을 겪게 될 것입 니다.

3. 실전 개념 + 기출까지 완성이 되어 있는 경우

사실 이 경우에는 방학 기간이라고 해서 특별하게 해야 할 학습이 존재하는 것은 아닙니다. 그냥 현재 시점부터 수능 때까지 우직하 게, 고난도 N제와 실전 모의고사를 적절히 계획을 세워 풀어 나가 면서 본인이 가지고 있는 약점을 체크 및 보완하고 문제 풀이 실력 까지 끌어 올리면 됩니다.

여기서 주의해야 할 점은 따로 있습니다. 종종 학생들은 나름 대로 기출 학습을 진행한 뒤, 그것이 온전하게 완성되지 않았음에 도 불구하고 완성되었다고 착각하는 실수를 저지릅니다. 그러므로 스스로 **기출이 완성되었는지 아닌지에 대해 판단하는 것은 매우 중요**하 고, 앞으로 하게 될 이야기 또한 이 판단의 기준과 관련이 되어 있 습니다.

특정 기출 문제를 봤을 때, 그 기출 문제를 해결하기 위한 아이 디어가 머릿속에 바로 떠오르지 않으면 해당 기출 문제에 대한 학습이 완성되었다고 볼 수 없습니다.

국어의 경우에는 '이 지문은 어떻게 읽어야 하는데, 혹은 이 문제는 어떤 사고 과정을 거쳐서 풀어야 하는데', 수학의 경우에는 '이 문제를 풀기 위해서는 어떤 아이디어를 떠올려야 하는데' 같은 생각이 문제를 봤을 때 바로 떠올라야 한다는 것이죠.

영어와 탐구의 경우도, 마찬가지로 해결을 위한 사고 과정이 문제를 봤을 때 바로바로 떠오르지 않는다면 기출 학습이 완료되었다고 볼 수 없는 것이죠.

텍스트로만 설명하면 추상적이라고 느껴질 수 있기에, 실제 기출 예시를 가져와 한 번 살펴보도록 하겠습니다.

27~31 다음 글을 읽고 물음에 답하시오.

물건을 사용하고 있는 사람이 그 물건의 주인일까? 점유란 물건에 대한 사실상의 지배 상태를 뜻한다. 이에 비해 소유란 어떤 물건을 사용·수익·처분할 수 있는 권리를 가진 상태라고 정의된다. 따라서 점유자와 소유자가 항상 일치하지는 않는다.

[A]
물건을 빌려 쓰거나 보관하고 있는 것을 포함하여 물건을 물리적으로 지배하는 상태를 직접점유라고 한다. 이에 비해 어떤 물건을 빌려 쓰거나 보관하는 사람에게 그 물건의 반환을 청구할 수 있는 권리를 가진 사람도 사실상의 지배를 한다고 볼 수 있다. 이와 같이 반환청구권을 가진 상태를 간접점유라고 한다. 직접점유와 간접점유는 모두 점유에 해당한다. 점유는 소유자를 공시하는 기능도 수행한다. 공시란 물건에 대해 누가 어떤 권리를 가지고 있는지를 알려 주는 것이다. 물건 중에서 피아노, 금반지, 가방 등과 같은 대부분의 동산은 점유에 의해 소유권이 공시된다.

물건의 소유권이 양도되려면, 양도인이 되어 양수인과 유효한 양도 계약을 하고 이에 더하여 소유권 양도를 공시해야 한다. ㉠점유로 소유권이 공시되는 동산의 소유권 양도는 점유를 넘겨주는 점유 인도로 공시된다. 양수인이 간접점유를 하여 소유권 이전이 공시되는 경우로서 '점유개정'과 '반환청구권 양도'가 있다.

예를 들어 A가 B에게 피아노의 소유권을 양도하기로 계약하되 사흘간 빌려 쓰는 것으로 합의한 경우, B는 A에게 피아노를 사흘 후 돌려 달라고 요구할 수 있는 반환청구권을 가지게 된다. 이처럼 양도인이 직접점유를 유지하지만, 양수인에게 점유 인도가 이루어진 것으로 간주되는 경우를 점유개정이라고 한다. 한편 C가 자신이 소유한 가방을 D에게 맡겨 두어 이에 대한 반환 청구권을 가지게 되었는데, 이 가방의 소유권을 E에게 양도하는 계약을 체결하였다고 하자. 이때 C가 D에게 통지하여 가방 주인이 바뀌었으니 가방을 E에게 반환하라고 알려 주면 D가 보관 중인 가방에 대한 반환청구권은 C로부터 E에게로 넘어간다. 이 경우를 반환청구권 양도라고 한다.

양도인이 소유자가 아니더라도 양수인이 점유 인도를 받으면 소유권을 취득할 수 있을까? 점유로 공시되는 동산의 경우 양수인이 충분히 주의를 했는데도 양도인이 소유자가 아님을 알지 못한 채 양도인과 유효한 계약을 하고, 점유 인도로 공시를 했다면 양수인은 소유권을 취득한다. 이것을 '선의취득'이라 한다. 다만 간접점유에 의한 인도 방법 중 점유개정으로는 선의취득을 하지 못한다. 선의취득으로 양수인이 소유권을 취득하면 원래 소유자는 원하지 않아도 소유권을 상실하게 된다.

2020학년도 9월 모의고사에 출제된 '점유 소유' 관련 지문

위 지문은 앞에서도 봤죠. 평가원이 '압축적 서술'의 기법을 본격적으로 도입되어 출제했던 '점유 소유' 지문입니다. 읽으면서 막대한 정보량을 처리하는 기술을 활용해야 했던 이전까지의 비문학 기출과는 달리, 이 지문은 막대한 정보량의 처리보다는 압축적인 서술의 처리를 중점에 두고 읽어야 했죠.

그리고 이 압축적인 서술을 처리하는 방법은 학생들 저마다 다양하게 가지고 있을 것입니다. 여기서 중요한 것은, 해당 비문학 지문을 보고 '압축적인 서술이 된 지문이니, 특정 방법을 활용해 읽어 나가야겠구나!'를 파악할 수 있는 것입니다. 이를 파악하지 못한다면, 해당 지문에 대한 기출 학습이 제대로 되어 있다고 볼 수가 없는 것이겠죠.

국어에서의 예시는 살펴 보았으니, 이제 수학에서의 예시를 하나 살펴 봅시다.

22 정수 $a(a \neq 0)$에 대하여 함수 $f(x)$를

$$f(x) = x^3 - 2ax^2$$

이라 하자. 다음 조건을 만족시키는 모든 정수 k의 값의 곱이 -12가 되도록 하는 a에 대하여 $f'(10)$의 값을 구하시오.

함수 $f(x)$에 대하여

$$\left\{ \frac{f(x_1) - f(x_2)}{x_1 - x_2} \right\} \times \left\{ \frac{f(x_2) - f(x_3)}{x_2 - x_3} \right\} < 0$$

을 만족시키는 세 실수 x_1, x_2, x_3 이 열린구간 $\left(k, k + \frac{3}{2} \right)$에 존재한다.

정답 : 380

2024학년도 6월 모의고사 수학 공통 22번 문항

위 문제를 해결하기 위한 키포인트는 네모 박스 안에 있는 조건의 해석이었습니다. ① $\left\{ \dfrac{f(x_1)-f(x_2)}{x_1-x_2} \right\} \times \left\{ \dfrac{f(x_2)-f(x_3)}{x_2-x_3} \right\} < 0$ 의 표현이 '증가하다 감소/감소하다 증가하는 구간이 존재'라는 의미를 가지고 있음을 파악하지 못했다면 이 문제를 해결할 수 없었습니다.

또한 이를 파악한다고 하더라도, ② a의 부호에 따라 그래프 개형을 결정한 뒤 ③ k의 값의 곱이 12가 되는 경우를 따져 ④ 제시된 구간 $\left(k, k+\dfrac{3}{2} \right)$을 움직여 가며 맞는 경우를 찾아 나가는 일련의 과정을 거치지 못한다면 이 문제는 역시 해결할 수 없는 영역에 남아 있었죠.

그리고 위 문제를 볼 때 위 ①, ②, ③, ④의 과정이 바로 떠오르지 않는다면, 해당 문제에 대한 기출 학습을 제대로 완료했다고 볼 수가 없는 것입니다.

그러나 나름대로의 방법으로 기출 학습을 완료한 뒤 확인을 위해 모든 기출 문제를 다시 한 번 체크해 보는 것은 시간적, 체력적으로 매우 큰 부담이 됩니다.

그러므로 기출 학습을 완료한 뒤에는 일단 여러분이 계획했던 이후 단계 학습으로 나아가되, 해당 학습에서 **학습이 완료되지 못한 기출 문제가 확인되면 해당 기출 문제를 다시 학습하는** 식으로 대처하기를 추천합니다.

사설 N제와 모의고사에는 출제의 원안이 된 유사 기출이 존재하고, 해당 유사 기출에 대해서는 어떤 방식으로든 사설 콘텐츠에서 언급을 해줄 것이기에 해결하지 못한 N제나 모의고사 문제가 있으면 그 문제에 대한 유사 기출 문제까지 다시 한 번 학습을 하면 되는 것이죠.

그리고 영어의 경우에는 N제의 학습이 필수적이진 않기에, 모든 기출 문제가 지문을 보자마자 내용까지 전부 기억나는 수준이 아니라면 계속해서 기출 문제를 회독하는 것만으로도 충분하다고 생각합니다. 물론 모든 지문이 보자마자 내용까지 전부 기억이 날 수준까지 된다면, 그때는 N제 등의 새로운 문제를 찾아 나서야만 하겠죠.

추가적으로, 방학 기간 동안 실전 모의고사 학습을 진행할 때에는 **'실전 연습'의 측면보다 '약점 파악' 측면에 더 집중**하기를 추천합니다.

실전 모의고사는 해당 과목에 대한 모든 내용과 난이도를 포괄해서 다루고 있고, 거기에 문제집을 풀 때는 존재하지 않는 시간 압박까지 존재하므로 이를 통해 발견할 수 있는 약점의 수는 문제집을 통해 발견할 수 있는 그것에 비해 훨씬 많을 것입니다.

그리고 이 정도 수준까지 올라왔을 때 약점에 대한 파악과 보완은 학습 계획에 필수적으로 포함을 시켜야 하기에, 이를 가장 쉽게 할 수 있는 실전 모의고사 학습을 할 때 약점 파악을 포함시키자는 것이죠.

개인적으로 시간 안배나 시험장 분위기 시뮬레이션 등 실전 연습의 측면은, 수능 약 한 달 전부터 준비해도 늦지 않다고 생각합니다.

그러므로 방학 기간 동안에 실전 모의고사 학습을 진행한다면, 약점 파악에 집중하는 것이 좋습니다.

점수를 깎아 먹는 실수를
떨쳐 내는 4가지 방법

1. 시험 내내 유지되는 집중력을 만들기

수능은 국어 80분, 수학 100분, 영어 70분 등 내신 시험에 비해 꽤
긴 시간 동안 시험이 진행됩니다. 수능 시험을 응시하는 여러분에
게는 이 긴 시간 동안 집중을 계속해서 유지할 것이 요구됩니다.

　　이 시간 내내 집중을 유지하는 것은 평소에 집중하는 연습을
하지 않는 학생들에게는 어려운 일로 다가올 것입니다. 그러나 시
험장에서 집중이 풀린다는 것은 곧 실수를 하게 된다는 의미죠.

　　그러므로 평소에 공부를 할 때, 최대한 긴 시간 동안 집중을 하
는 연습을 진행하세요. 다른 데 의식을 기울이지 말고 지금 하고 있

는 공부에 집중하는 것이 필요하다는 이야기입니다.

이렇게 오랜 시간 동안 집중할 수 있는 힘을 미리 길러 둔다면, 이후 시험장에서 여러분이 예측하지 못한 실수를 하게 될 가능성은 크게 줄어들게 될 것입니다.

2. 평소에 자주 하는 실수를 의식해 고치기

실수는 누구나 할 수 있는 것이지만, 그 실수들에는 저마다 다 다른 사연들이 얽혀 있습니다. 누군가는 계산 과정에서 실수를 할 수 있고, 누군가는 문제의 독해 과정에서, 누군가는 심지어 마킹을 하는 과정에서 실수를 할 수도 있죠. 여기서 중요한 것은, 자기가 자주 하는 실수가 어떤 것인지를 파악하고 그 실수를 의식해서 고치는 것입니다.

실수를 의식해서 고친다는 것은 실수가 자주 발생하는 상황이 찾아왔을 때 '지금 마주한 이 상황에서는 이런 실수를 많이 했었지? 이제는 하지 않아야겠다'와 같은 내용을 의식적으로 떠올리는 것입니다.

실수를 의식하기 위해서는 먼저 실수를 다시 찾아 보기 쉬운 어딘가에 기록하는 것이 중요합니다. 그리고 앞에서부터 쭉 강조했듯이, 저는 이것을 위한 수단으로 오답 노트를 도입하는 것을 추천합니다.

실수를 할 때마다 오답 노트에 실수의 내용과 개선 방법을 적은 뒤, 시간을 내어 오답 노트를 살펴보면서 자주 발생하는 실수들과 그에 대한 개선 방안을 머릿속에 넣는 것이죠.

이를 꾸준히 하다 보면, 자주 발생했던 실수가 다시 발생할 수 있는 상황이 생기면 의식적으로 해당 노트에 기록했던 내용이 떠오르게 될 것입니다.

예를 들면, 로그의 밑과 진수 조건을 체크하지 않는 실수를 자주 저질러 노트에 기록해 두었던 학생은 아래의 문제를 볼 때 해당 내용을 의식적으로 떠올릴 수 있죠. 해당 내용을 의식적으로 떠올린 뒤에는 당연히 기록해 두었던 실수는 다시 발생하지 않게 되겠죠?

26 $\log_x(-x^2+4x+5)$가 정의되기 위한 모든 정수 x의 값의 합을 구하시오.

정답 : 9

출처: 서울특별시교육청
2019년 고3 3월 모의고사 수학 26번 문항

3. 주기적으로 실전 연습을 진행하기

여러분이 시험장에서 결국 풀게 될 것은 문제집에 실려 있는 문제들이 아닌, 수능 형식의 시험지입니다. 심지어 해당 시험지를 푸는 데는 시간 제한까지 걸려 있고, 그때 마주하게 되는 환경은 평소에 공부를 하던 환경과는 매우 큰 차이가 있습니다.

이 말은, 시험의 완벽한 대비를 위해서는 기출 문제나 N제의 풀이를 넘어서 실전 모의고사를 활용한 실전 학습까지 필요하다는 이야기입니다.

실전 상황에서만 특수하게 발생할 수 있는 실수가 있고, 이 실수들은 실전 연습의 진행 없이는 대비할 수 없습니다.

또한 실전 모의고사를 푸는 것은 해당 과목을 구성하고 있는 요소 전부를 점검하고 넘어가는 것이라고 볼 수 있습니다. 실전 모의고사는 해당 과목을 구성하는 모든 단원, 그리고 출제될 수 있는 모든 난이도를 포괄하기에, 실전 모의고사를 풀면 당연히 구성 요소 전부를 점검하고 넘어갈 수 있는 것이죠.

따라서 실전 모의고사를 통한 실전 연습의 진행은, 해당 과목에서 스스로가 가지고 있는 약점을 찾기에는 두말할 필요 없이 최고의 방법입니다.

그러므로 굳이 수능을 눈앞에 두고 있는 상황이 아니더라도, 만약 여러분이 수능을 준비한다면 주기적으로 한 번씩 각 과목별로 실전 모의고사를 푸는 것을 추천합니다. 여기에 더해 오답 정리나 사고 과정 정리 등의 피드백까지 진행한다면, 여러분의 발목을 잡는 실수들은 어느 순간 자취를 감출 것입니다.

4. 적절한 생활 패턴을 유지하기

수능은 8시 10분까지 입실해 8시 40분에 첫 시험이 시작되고, 마지막 시험은 16시 37분(또는 17시 45분)에 마무리되기에 학생들에게 상당히 큰 체력적 부담을 안겨 줍니다.

물론 중간중간 휴식 시간이 존재하기는 하지만, 그날 하루에 인생 전반이 결정되는 시험이 치러지고 있는 만큼 이 시간 동안에도 마음 편하게 휴식을 할 수 있을 가능성은 0에 수렴합니다.

8시간 27분 동안 벌어지는 인생을 건 사투, **이 긴 시간 동안 버틸 수 있는 체력을 유지하는 것은 수능을 치르는 학생들에게 있어 매우 중요한 부분 중 하나입니다.**

그리고 이 시간 동안 정신을 멀쩡하게 유지할 수 있는 체력을 유지하기 위해서는, 우리의 몸이 해당 시간을 '원래도 몸이 깨어 있어야 하는 시간'으로 인식하게 하는 것이 중요합니다.

이 인식을 우리의 몸이 가지게 하는 데에는, 평소에도 해당 시간에 일련의 활동(공부가 되겠죠)을 하는 것이 효과적입니다. 수능 입실 시간 전에 기상하고, 수능이 종료되는 시간 이후까지 공부하는 것을 여러분의 일상 루틴 속에 넣으세요.

수능이 종료되기 전 시간은 물론이고 종료된 이후 시간에도 낮잠을 자는 것은 추천하지 않는데, 낮잠을 자게 되면 밤에 잠이 안 와서 일정한 생활 패턴을 유지하는 데 지장을 주기 때문입니다.

특히나 수능 전날에는 이른 시간에 기상을 해야 하기에, 수면 시간 또한 여러분의 생활 패턴 안에 일정한 시간의 형태로 포함이 되어야 합니다.

수능과 같은 일정을 매일매일 유지하는 것, 의외로 많은 학생들이 간과하는 이것은 수능 당일 최상의 퍼포먼스를 펼칠 수 있게끔 하는 데 필수불가결한 조건입니다.

매일매일 패턴이 무너진 채 수능을 준비하다 시험 전날 제대로 자지 못한 채 시험장에 들어가게 되면, 그나마 남은 체력도 전부 소진되어 집중력을 잃게 되고, 이는 곧 실수의 연발로 이어질 것입니다.

1번에서도 이야기했듯 실수의 방지에는 집중력이 중요하고, 집중력을 유지하는 데에는 체력이 중요합니다. 그리고 체력을 위해서는 적절한 생활 패턴의 유지가 큰 도움을 줄 수 있습니다.

많이 받았던
공부 질문과 답변

Q. 공부하다가 너무 지칠 때는 어떻게 하나요?

일단 여기서 '지친다'가 단순히 당일 사용할 수 있는 체력이 모두 소진되었다는 것인지, 아니면 장기적인 관점에서의 체력이 모두 소진되었다는 것인지의 여부가 중요합니다.

전자의 상황에서는 당일의 계획을 다른 날로 미루고 잠깐 수면을 취하거나, 아니면 아예 하루를 휴일로 보내는 선에서 해결이 가능합니다. 그리고 이러한 상황이 발생할 것을 대비해, 일주일 중 하루는 그 주에 하기로 계획했던 공부 중 못 했던 것들을 하는 날로 지정해 두는 것이 좋습니다. 이 상황은 약간 계획이 틀어지기는 해도 크게 손을 대야 할 부분은 없기에, 크게 문제가 될 상황은 아닙니다.

문제는 후자의 상황, 즉 장기적인 관점에서의 체력이 모두 소진이 되어 버린 경우입니다. 이 경우에는 아예 전반적 그리고 장기적인 학습 계획 자체를 불가피하게 수정해야만 하죠.

체력이 다 떨어진 데에는 두 가지 이유가 있을 수 있습니다. 첫 번째는 매일매일 무리한 양의 공부를 하느라, 두 번째는 잘해야 한다는 심리적인 압박에 지쳐서.

이 경우에는 공부 외의 다른 활동을 할 때도 체력적인 무리가 느껴지지만, 후자의 경우에는 그렇지 않은 것이 이 두 가지 상황 중 하나를 결정할 수 있는 차이점이나 진단법이죠. 전자의 경우 제가 제시하는 해결책은 다음과 같습니다. 우선, 적어도 이틀 정도는 다 내려 놓고 푹 쉬는 시간을 가져야 합니다. 체력을 다시 보충할 시간적 여유를 여러분의 몸에게 주기 위함이죠. 그다음엔 현재까지 따르던 계획의 전면적인 수정이 필요합니다. 무리한 계획 때문에 체력이 다 떨어진 것이니, 시간적으로 그리고 체력적으로 덜 무리가 갈 계획을 새로 세우고 그에 따라야 하는 것이죠.

후자의 경우에는 심리적인 압박의 원인을 직접적으로 제거하는 것이 가장 우선적인 해결책입니다. 압박의 원인이 '해 보지 않은 것에 대한 두려움'이라면 그걸 실제로 맞닥뜨려 보는 것이 해결책이 될 수 있습니다(예) 실전 모의고사 풀이). 또는 '본인의 능력 밖의 공부에 대한 두려움'이라면 본인의 능력 안에 있는 공부부터 하는 것이 해결책이 될 수 있겠죠(예) 고난도 N제 학습이 부담되면 실전 개념에 대한 학습을 먼저 진행하기). 이렇게 여러분에게 심리적인 압박을 가하는 원인을 찾은 뒤 그것을 제거하는 방안을 떠올리는 것이, 후자의 경우에 활용할 수 있는 해결책입니다.

Q. 적당한 수준의 계획은 어떻게 세우나요?

이 질문에 대한 가장 확실한 대답은 이겁니다. 여러분이 지금까지 공부를 해 온 데이터에 의거해 계획을 세우는 것이죠.

평소에 ① 하루 몇 시간 정도 공부를 했는지 ② 하루에 모든 과목을 전부 학습하는 것 또는 한 과목에 집중하는 것 중 어떤 것을 더 선호하는지 ③ 각 과목에 어느 정도 비율로 시간을 분배했는지를 고려해야 하죠.

그다음에는 여러분이 하기로 계획한 공부가 각각 어느 정도 시간이 걸릴지를 예측한 뒤 ①, ②, ③번 사항을 고려해 계획을 짜야하는 것이죠.

예를 들어 여러분이 하루 8시간 정도 공부를 하고 하루에 모든 과목을 전부 학습하는 것을 선호하며 국어 : 수학 : 영어 : 탐구에 각각 2 : 2 : 1 : 1 정도로 시간을 분배했다고 가정합시다. 이 경우 국어와 수학은 2시간 40분, 영어와 탐구는 1시간 20분이 걸릴 정도의 양을 매일매일의 계획에 할당하면 되는 것이죠.

물론 각 과목의 시간 분배는 본인이 현재 해 오던 정도에 대한 고려가 가장 우선이 되어야 하지만, 여기서 특정 과목에 대한 공부가 더 필요하다 싶으면 그 과목의 공부 시간을 늘리는 등의 조치가 당연히 필요합니다.

이러한 작업을 거쳐 학습 계획을 짜더라도 어쩔 수 없이 이 계획엔 결점이 존재할 수밖에 없습니다. 그러므로 결점이 일단 발견되면, 계획을 변경하는 데 주저하면 안 됩니다.

일단 계획을 짜면 적어도 2주 정도는 실제로 해당 계획을 따라 공부를 해 보면서, 결점이 발견될 때마다 수정하는 작업을 거치는 방법을 활용하는 것을 강력하게 추천합니다.

완벽한 계획은 결국에는 실제로 해당 계획을 따라 공부를 해나가면서 여러 시행착오를 거쳐 궁극적으로 완성이 되는 것입니다.

Q. 과목별 시간 배분은 어떻게 하나요?

이 질문에 대한 답은 2번 질문에서와 비슷한 이야기가 될 것입니다.

과목별 시간 배분을 결정하기 위해서는 현재 여러분이 강점을 가진, 또는 약점을 가진 과목이 어느 것인지, 그리고 특정 과목에서 어떤 내용의 공부를 하는 것이 필요한지를 파악하는 작업이 필수적입니다. 이를 다르게 말하면, 각 과목별로 또 특정 과목 내에서 각 공부별로 해야 하는 우선순위를 매겨야 한다는 이야기입니다.

이후 과정에서는 현재 여러분이 매일 활용할 수 있는 공부 시간이 얼마나 되는지를 파악하세요. 그리고 위에서 파악한 각 과목별, 또 특정 과목 내부에서 각 공부별 우선순위를 토대로 우선순위가 높은 순서대로 사용 가능한 공부 시간을 할당해 계획을 세우세요.

이 과정을 거쳐 활용할 수 있는 공부 시간 계획 안에 포함이 되어 있는 공부들은 여러분에게 상대적으로 중요도가 높은 공부가 될 것입니다. 그러므로 여기서 결과적으로 나타나는 각 과목별 공부 시간 비율이 지금 여러분에게 맞는 과목별 공부 시간 비율이라고 할 수 있죠.

물론 2번 질문에 대한 답에서와 같이 실제로 공부를 해 보면서 계획을 조정하는 작업은 꼭 필요합니다. 계획을 조정하면서 자연스럽게 각 과목별 공부 시간 비율도 조정하면 되고, 그렇게 해서 최종적으로 여러분에게 맞는 비율을 찾으면 되는 것입니다.

Q. 이러저러한 상황인데 지금부터 열심히 하면 될까요?

사실 다른 어떠한 질문들보다도, 학생들이 하는 질문 중에서는 이 유형의 질문이 정말 압도적으로 많이 보입니다.

물론 이 질문을 하는 심정은 이해합니다. 수험 생활은 어쩔 수 없이 불확실성으로 가득찬 것이니까요. 지금 여러분이 세운 계획이 여러분에게 맞는 것인지도 불확실하고, 또 그 계획대로 공부를 해 나간다고 여러분이 원하는 성적을 얻을 수 있을 것인지도 불확실합니다.

그러나 냉정하게 이야기해서, 이 질문에 대해서는 오히려 역으로 질문하고 싶습니다. "만약 '불가능하다'라는 대답이 돌아온다면, 그대로 공부하는 것을 포기하실 건가요?"

이 질문에 대한 답은 제가 아닌, 여러분 스스로의 공부에 대한 의지와 실천력만이 알고 있습니다. 여러분이 어떤 의지를 가지고 공부를 해 나가는지, 여러분에게 계획한 대로 공부를 해 나갈 수 있는 실천력이 있는지가 이 질문에 대해 가능 혹은 불가능의 대답을 결정할 것입니다.

만약 여러분이 현재 하고 있는 공부에 대해 불확실하다는 생각이 든다면, 남이 아닌 스스로에게 이 질문을 던져 보세요. '이렇게 해서 내가 원하는 목표를 이룰 수 있을까?'

그리고 이 질문에 대한 답은 여러분 스스로가 만들어 나가는 것입니다. 이 질문에 대해 자신 있게 긍정의 답변을 할 수 있도록, 모든 것을 던져서 최선을 다해 공부를 해 나가길 바랍니다.

'하늘은 스스로를 돕는 자를 돕는다'라는 말을 기억하세요.

어느새 반환점이
눈앞으로 다가왔습니다

아마도 곧 있을 하루는, 이 글을 읽고 있는 대부분의 수험생들에게 매우 큰 의미를 가질 날이 되겠죠.

정신없이 달려왔을 여러분의 눈앞에는 어느새 수능이라는 이름의 긴 레이스의 중간 지점을 알리는 6월 모의고사라는 표지판이 놓여 있습니다. 아니, 표지판이라는 중립적인 표현보다는 차라리 시련 혹은 성공이라는 말이 더 어울린다고나 할까요.

이 글을 읽고 있는 여러분은 처음 또는 오랜만에 맞이하는 큰 시험을 앞두고 떨고 있을 수도 있고, 또는 그동안 쌓아 온 스스로의 실력을 제대로 보여 줄 생각에 기대를 하고 있을 수도 있겠죠.

누구나 같은 시험을 눈앞에 마주하고 있으나, 이에 대한 반응은 사람마다 다르게 나타날 것이고, 이들 중 어느 하나만이 옳다는 이야기는 가볍게 무시해도 될 의미 없는 이야기입니다.

실제로 이 시험은, 여러분이 하기 나름에 따라 성공으로 작용할 수도, 또 시련으로 작용할 수도 있는 것이기 때문이죠.

그러나 이것이 둘 중 어느 하나로 작용할지는, 여러분이 내일 받을 성적보다는 이 시험 자체를 대하는 여러분의 마인드에 달려 있습니다.

아마 여러분은 모의고사가 끝난 후 스스로에게 만족스러운 성적을 받아 든 채 환하게 웃고 있을 수도 있고, 또는 만족스럽지 못한 성적을 받아 들고 심란해 하고 있을 수도 있을 것입니다.

그리고 대부분의 사람들은 전자의 상황을 마주했을 때 이 시험을 성공으로 받아들일 것이며, 후자의 상황을 마주했을 때 이 시험을 시련으로 받아들이게 되겠죠.

이는 인간의 본성에서 우러나는 당연한 반응입니다. 원하는 성취를 이루어냈을 때 기쁨을 느끼고, 이루지 못했을 때 상실감을 느끼는 것은 인간이라면 당연히 가지고 있는 심적 체계이기 때문이죠.

하지만 제가 이야기하고 싶은 것은 여러분이 받아 온 성적이 어떤 모습을 하고 있든 간에, 여러분이 이 시험을 성공 또는 시련 중 하나로만 받아들이지 않았으면 좋겠다는 것입니다.

제가 입시를 치르던 시절의 이야기로 잠시 돌아가 보겠습니다.

저는 고3 시절 3, 4, 6, 7월 모의고사 모두에서 제 목표 대학에 진학할 수 있는 준수한 성적을 거두었습니다. 그러므로 저는 이 시험들을 성공으로만 받아들였습니다.

'지금 하던 대로만 해도, 내가 가고 싶은 대학들은 다 갈 수 있는 성적이 나오네? 지금 이대로만 공부하면 되겠다!'

다시 말해, 저는 제가 거두었던 제 성적을 바탕으로 해서 현재의 모습에 그만 안주해 버리고 만 것이죠.

저는 시험에서 얻은 성적을 성공에 대한 증명으로 받아들였고, 그로 인해 제 실력이 이미 궤도에 안착해 공고히 쌓여 있다고 착각을 했습니다. 그러나 결과적으로 보았을 때, 이는 결국 자만이었습니다.

뒤이은 9, 10월 모의고사에서 저는 상상조차 해 본 적 없던 매우 저조한 성적표를 받아 들어야만 했습니다.

착각.

난 이미 완성이 되어 있다는 착각.

제가 직전의 모의고사에서 받았던 준수한 성적, 그로부터 우러나왔던 성공의 감정들은 오히려 제게 착각을 이끌어 냈던 것입니다. 제가 성공으로만 여겼던 것들이 오히려 저에게 시련을 가져온 것이죠.

그렇게 세 번 연속으로 시험을 망친 뒤, 저는 뭘 했을까요?

공부했습니다.

'두 번 다시 이렇게 어딘가에 열중할 수 있을까?'라는 생각이 들 정도로 정말 미친 듯이 공부했습니다.

눈앞에 펼쳐진 지독한 실패들, 저는 이 실패들을 역으로 제 약점을 파악할 수 있는 기회로 삼았습니다. 한 번 크게 넘어지고 나니, 오히려 제가 어느 곳에 약점이 있고, 또 어느 곳을 고쳐야 하는지가 마침내 보이기 시작했습니다.

그렇게 제 약점을 보완하고 자만의 감정을 버린 뒤 꾸준히 노력한 결과, 결국 수능에서 저는 목표했던 성적을 거둘 수 있었습니다.

제가 처음에는 성공으로만 여겼던 것들이 이후에는 시련을 가져왔고, 시련으로만 여겼던 것들이 이후에는 결국 성공을 가져오게 된 것이죠.

여기서 제가 궁극적으로 하고 싶은 이야기는, 곧 치러지는 시험 결과 하나에 너무 크게 연연할 필요는 없다는 것입니다.

물론 여러분이 지금까지 해 온 노력이 있기에 기쁨 혹은 슬픔의 감정을 느끼는 것은 너무나도 당연합니다. 이 시험 성적에 기쁨 혹은 슬픔의 감정을 느끼지 못한다면, 오히려 이는 여러분이 이 입시 생활에 진심이 아니었다는 것에 대한 방증이 될 테니까요.

그러나 시험 결과로 인한 영향은 딱 거기까지, 그것이 자만 또는 좌절로 이어지지는 않게끔 하세요.

시험의 결과를 보고 여러분이 생각해야 할 것은, '이 결과를 통해 어떻게 내 실력을 강화할 수 있는 방법을 찾을 것인지'입니다.

이 시험은 어디까지나 '반환점'입니다. 아직 달려온 만큼 달려갈 길이 남아 있기에, 여러분이 현재 거둔 성적이 다시 뒤집힐, 혹은 성적을 다시 뒤집을 수 있는 여지는 아직 매우 크게 남아 있습니다. 결국 여러분이 보고 달려 나가야 할 궁극적인 목표는 수능이니까요.

　모의고사에서 여러분이 얻을 성적보다 더 중요한 것은, 여러분이 지금까지 해 온 노력과 그렇게 쌓인 실력, 그리고 결과로부터 여러분이 얻어 갈 교훈입니다.

　이 시험이 성공으로 작용할 것인지 혹은 시련으로 작용할 것인지는, 이 시험을 통해 여러분이 어떤 방향으로 변화하는지에 달려 있는 것이기 때문이죠.

　그리고 이 시험이 결국 시련을 몰고 오더라도, 이 시련은 여러분이 하기 나름에 따라 언젠가 다시 성공의 모습으로 재등장할 수 있다는 것을 꼭 기억했으면 합니다.

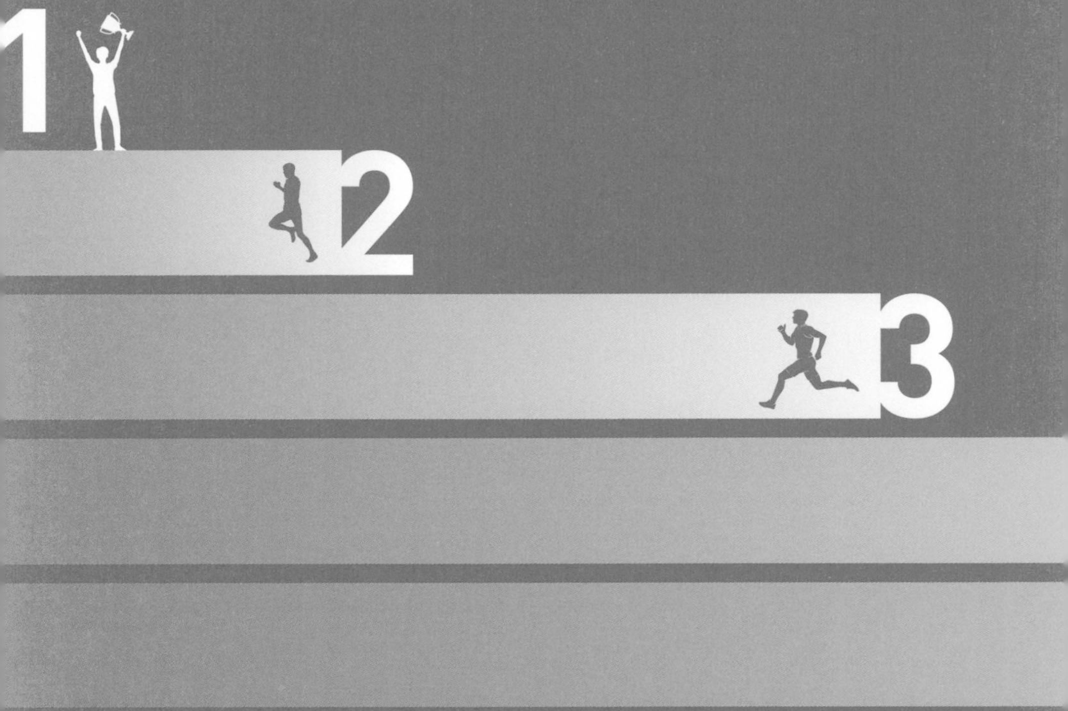
1
2
3

Climax

(어떤 일·시간상) 절정에 이르다

벼락치기로 최고의 효율을 뽑아 내는 법

수능 D-100 벼락치기

먼저 이 장은, 수능까지 100일 남짓한 기간만이 남았을 때 베이스가 없는 학생이 공부를 해 나가야 하는 상황을 가정하고 쓰였음을 알립니다.

그리고 이 장을 펼친 여러분은, 아마도 지금까지 해 왔던 공부가 부족했다고 생각하고 있겠죠. 그러나 불행히도, 주어진 기간 동안 각 과목에 대해서 완전한 학습을 진행하는 것은 사실상 불가능에 가깝습니다.

남은 기간 동안에는 최소한의 학습으로 최대한의 점수 상승을 이끌어 낼 수 있도록 '선택과 집중'을 통해 학습을 진행해 나가야 하죠.

이 장에서는 어떻게 선택과 집중을 할 수 있는지 다루겠습니다. 짧은 기간 동안 수능 공부를 해야 하는 분들은 특히 이 장을 유심히 읽어보기 바랍니다.

국어 벼락치기

준비물: 『수능특강』 문학·『수능완성』과 연계 교재 문학 분석서, 문학과 비문학 고1·2 기출 문제집, 그해 시행된 모든 모의고사

먼저 EBS 문학에 대한 연계 학습은, **고전 시가 → 현대 시 → 고전 소설 → 현대 소설** 순으로 여력이 닿는 곳까지 진행하세요. 연계 공부는 연계 교재에 있는 문학 세트를 한 번 풀어 본 뒤 해당 세트의 지문을 분석서를 통해 학습하는 방향으로 나아가는 것이 좋습니다.

그다음에는 연계 교재에 있는 문학 세트를 다시 한 번 풀어 보세요. 풀 때 고전 시가와 현대 시의 경우에는 시어와 구절 하나하나의 의미, 고전 소설과 현대 소설의 경우에는 줄거리와 주제 의식이 기억이 난다면 올바르게 해당 문학 지문에 대한 공부가 이루어진 것이라고 판단하면 됩니다.

또한 고1, 2 문학, 비문학 기출 문제집은 하루에 각각 2~3지문

씩 꾸준히 풀어 나가는 것을 추천합니다.

원래는 인강이나 독학서에서 제시하는 독해 방법을 학습한 뒤 그것을 스스로에 맞게 변형해 적용하여 읽는 연습을 하는 것이 정석이나, 현 상황에서 이 모든 것을 하기에는 시간이 부족합니다.

문학의 경우에는 고전 소설과 현대 소설은 줄거리와 주어진 상황 파악에 초점을 맞추고, 고전 시가와 현대 시는 각 시어의 의미 파악과 문제에 주어진 보기의 관점에 맞춘 시의 감상에 초점을 맞추고 훈련해야 합니다.

여러분이 마주하게 될 문학 문제들은, 난도가 높든 낮든 간에 이것을 기본 틀로 해서 출제가 될 것이기에 해당 내용들을 파악하는 것을 끊임없이 연습해야 한다는 것이죠.

비문학의 경우, 문제만 풀고 끝나는 것이 아니라 지문의 모든 문장을 최대한 앞 문장과 연결해서 이 문장이 어떤 맥락에서 등장하게 되었는지 생각해 보세요.

또 읽을 때 이해가 되지 않는 어려운 문장이 있으면, 주위 맥락의 파악을 통해 이 문장이 가지는 의미가 정확히 어떤 것인지를 파악하는 방향으로 연습을 진행해 나가세요.

'생각하는', 다시 말해 '사고력을 기르는' 훈련을 하는 것이 얼마 남지 않은 기간 동안 여러분의 국어 실력을 최대한 끌어올릴 방법입니다. 결국 국어 시험에서 측정하는 것은 여러분의 '언어적 사고력'이기 때문이죠.

이런 방식으로 기출 학습을 모두 진행한 뒤에는, 또는 기출 학습이 모두 진행이 되지 않았더라도 수능이 약 2주 뒤로 다가온 시점에는 그해 시행된 모든 모의고사를 시간을 재면서 한 번씩 풀어보세요.

특히 평가원 모의고사에 대해서는 지금까지 했던 기출 학습과 동일한 방식으로 학습을 진행함에 더해서, 최근의 출제 경향까지 파악하는 작업을 진행해야 합니다.

출제 경향의 파악이라 함은 문학, 비문학, 선택과목 중 어느 파트가 어렵게 출제가 되고 있는지, 그리고 각 파트에서 요구하는 능력은 무엇이 있는지를 파악하는 것을 말합니다.

해당 내용들을 파악한 뒤에는 당연히 어렵게 출제되는 파트들을 집중적으로 대비하고, 또 요구되는 능력들을 기르기 위한 연습을 진행해야 합니다.

수학 벼락치기

준비물: 개념이 완성되지 않은 경우 과목별로 개념서와 유형서 한 권, 개념이 완성된 경우 기출 문제집 한 권, 그해 시행된 모든 모의고사

이 시점까지도 개념이 완성되지 않은 경우에는, 개념 학습과 유형 학습 이외의 다른 학습들은 냉정하게 모두 포기해야 합니다.

개념서와 유형서 하나라도 확실히 본인의 것으로 만드는 것이

이 상황에서 여러분이 현실적으로 달성할 수 있는 가장 유의미한 목표입니다.

여러분에게 주어진 시간 내에 반드시 그 과목별 두 권의 책을 완전히 마스터하겠다는 마인드로, 책에 있는 모든 문제들을 모두 본인의 것으로 만들겠다는 마인드로 해당 책들을 공부해 나가세요.

틀린 문제, 혹은 풀지 못한 문제가 있다면 어떤 부분에서 실수해 틀리게 되었는지, 또는 어떤 아이디어를 떠올리지 못해 풀지 못했는지 기록할 수 있는 수단을 마련하세요.

기록을 한 뒤엔, 주기적으로 해당 내용들에 대한 복습을 진행하여 다음에 그 내용들이 다시 등장했을 때 똑같은 실수를 하지 않도록, 또는 아이디어를 떠올릴 수 있도록 의식적으로 각인을 해 놓아야 합니다.

개념(과 유형)이 모두 완성된 경우에는, 기출 문제집 한 권과 올해 시행된 모든 모의고사 시험지를 준비하세요. 기출 문제집에 있는 문제들을 풀 때는, 문제에서 특정 정보가 주어지면 그 정보에 어떻게 반응해야 하는지에 관한 내용인 '행동 영역'을 만드는 데 주력해야 합니다(행동 영역에 관해서는 8장 '행동 영역에 관한 모든 것'에서 자세히 언급했습니다).

만약 틀린 문제나 아이디어를 떠올리지 못한 문제가 있다면, 위에서 설명한 개념, 유형 학습의 단계에서와 마찬가지로 어떤 부분에서 실수해서 틀렸는지, 또 어떤 아이디어를 떠올리지 못했는지를 기록할 수 있는 수단을 하나 마련해 두세요. 이후 그렇게 기록한 내용에 대해 지속적으로 복습을 진행해야 한다는 것은 당연하겠죠?

기출 문제집에 있는 모든 문제에 대해서, 각 문제를 해결하는 데 활용할 수 있는 행동 영역이 만들어질 때까지, 또 해당 문제들을 보자마자 머릿속에 풀이에 있어 필요한 사고 과정이 그려질 때까지 기출 학습을 진행하세요.

기출 학습이 완료된 뒤에는, 또는 완료되지 않아도 수능이 약 2주 앞으로 다가온 뒤에는, 국어와 마찬가지로 그해 시행된 모든 모의고사들을 시간을 재면서 풀어 보세요. 이렇게 풀었던 모의고사 문제들에 대해서도 행동 영역 정립과 실수·아이디어 정리 작업을 진행해야 합니다.

특히 그해 시행된 평가원 모의고사들에 대해서는, 문제를 보자마자 관련된 사고 과정들이 전부 머릿속에 그려질 정도로 모든 것들을 꿰고 있어야 합니다.

위에서 제시한 수준까지 문제를 보자마자 사고 과정이 그려질 수 있도록, 특히 그해 시행된 모의고사들에 대해서는 철저한 학습을 진행하세요.

영어 벼락치기

준비물: 듣기 모의고사 문제집, 고1·2 기출 문제집, 단어장, 구문 학습서

우선, 다른 요소들의 학습이 얼마나 진행이 되었든 간에 상관 없이 듣기 모의고사는 매일 꾸준히 한 세트씩 풀어 나가야 합니다. 듣기 모의고사를 풀 때는, 시험이 진행되는 23분 동안 최대한 집중을 끝까지 유지한 채 문제를 푸는 데 초점을 맞추세요. 학생들이 듣기를 틀리는 가장 주된 이유는 집중력의 결핍이기에, 바로 그 집중력을 유지할 수 있게끔 하는 훈련을 꾸준히 진행하는 것입니다.

또한 단어장은 하루에 매일 정해 둔 분량씩 학습하고, 그날 학습한 분량은 이후 3일 동안 누적 복습하세요. 영어 단어 학습은 오로지 단순 암기로만 이루어져 있기에, 단어 학습에 있어 누적 복습은 알파이자 오메가라고 할 수 있습니다.

마찬가지로 구문 학습서도 하루에 공부할 분량을 정한 뒤, 그날 학습한 분량은 이후 3일 동안 누적 복습하는 식으로 공부해 나가세요. 구문의 문법적 형태를 외우는 것보다는, 실제 구문을 보면서 해석을 하는 데 시간을 할애하는 것을 추천합니다. 문법적 형태가 적용이 된 구문을 스스로의 힘으로 해석하다 보면, 자연스레 구문의 문법적 형태가 머릿속에 들어옴은 물론 해석하는 힘까지 길러질 수 있기 때문입니다.

기출 문제에 대한 학습은, 원래는 구문 학습을 모두 완료한 뒤

하는 게 정석적인 시점입니다. 그러나 시간이 부족한 현 상황상, 앞에서 언급한 단어, 구문 학습과 같이 기출 문제에 대한 학습도 하루에 약 10~15문제씩 꾸준히 진행하는 것이 좋습니다.

문제 풀이를 하면서 모르는 단어나 해석이 안 되는 구문이 있으면 당연히 해당 내용에 대해서는 복습을 진행해야 합니다. 해당 단어나 구문이 등장한 페이지에 따로 기록을 해 두는 것도 좋지만, 개인적으로는 해당 내용들을 정리할 수 있는 노트를 만들어 거기에 기록하는 것을 추천하고 싶네요. 여기서 중요한 건, 어떤 기록 방법이 되었건 간에 모르는 단어나 구문에 대해서는 이후 반드시 복습을 진행해야 한다는 것입니다.

앞에서 언급한 단어장과 구문 학습서에 대한 학습과 유사한 형태로, 기출 학습을 하다 발견한 모르는 단어와 구문에 대해서도 복습하면 되겠습니다.

또한 틀린 문제나 해석이 원활하게 되지 않았던 문제가 있으면, 틀린 문제는 오답 선지가 오답인 이유, 또 정답 선지가 정답인 이유를 '말로 명쾌하게 설명할 수 있을 때까지' 복습하세요. 또한 해석이 잘 되지 않은 문제도 '말로 명쾌하게 해석할 수 있을 때까지' 복습해야 합니다.

스스로의 힘으로 해석과 문제 풀이의 논리를 찾아낼 수 있게끔 하는 것, 이것을 영어 공부의 가장 궁극적인 목표로 잡고 공부해 나가면 됩니다.

사회탐구 벼락치기

준비물: 『수능특강』과 『수능완성』, 기출 문제집

기초 개념의 습득은 『수능특강』과 『수능완성』을 이용해서 진행하면 됩니다. 연계 교재에 수록된 개념들과 보충 자료들은 이후 연계되어 수능에 출제될 수 있으므로 반드시 확실히 익히고 가야 합니다.

같은 이유로 연계 교재에 수록되어 있는 문제들은 이후 보자마자 풀이 과정이 머릿속에 바로 그려질 정도로 학습을 해 두어야 합니다.

개념에 대한 습득 정도가 변별의 주요 키포인트가 되는 과목들 (예 윤리·역사)은 그해 연계 교재에 처음으로 등장한 내용이 모의고사나 수능에 갑작스럽게 출제되는 경우가 종종 있습니다.

당연히 그러한 방식으로 출제된 문제들은 이제까지는 본 적 없던 생소한 개념들에 대한 이해를 요구하므로, 고난도 문제 리스트에 당당히 그 이름을 올리겠죠.

그러므로 연계 교재에 실려 있는, 특히 해당 연도에 새롭게 실린 개념과 자료들에 대한 학습은 철저하게 진행해야 합니다.

마찬가지로 기출 문제집에 실려 있는 문제들에 대한 학습도 철저히 진행해야 하는데, 평가원은 기출 문제에 수록된 내용들에 대해서는 '이미 알고 있다'는 것을 전제로 깔고 문제를 출제하기 때문입니다.

연계 교재에 수록된 개념들이 '심화'를 담당한다면, 기출 문제에 수록된 개념들은 당연히 알고 있어야 하는 '기본'을 담당하는 것이죠.

물론 개념에 대한 습득 때문에 기출 문제집보다 연계 교재에 대한 학습을 먼저 진행해야 하긴 하지만, 수록된 문제의 중요성은 연계 교재보다 기출 문제집이 훨씬 높습니다.

특히 일반 사회 과목의 경우, 사회·문화의 도표 문제나 정치와 법의 선거구 문제 등 복잡한 계산을 요구하는 유형이 하나씩 꼭 존재합니다.

다른 유형들에 있어서도 마찬가지이긴 하지만, 특히 이 유형들은 정말 많은 양의 문제 풀이를 통한 다량의 연습이 필수적으로 요구됩니다.

그러므로 만약 여러분이 일반 사회 과목을 선택했다면, 이 유형들에 대해서는 기출 문제집과 연계 교재에 수록된 문제들을 정말 외울 때까지 계속해서 풀고 또 푸세요.

이 유형의 문제들은 다량의 문제 풀이를 통해 풀이 방법과 접근 방법 자체를 익숙하게 함으로써, 궁극적으로 시간을 단축하는 것을 목표로 잡고 공부를 해 나가야 합니다.

과학탐구 벼락치기

준비물: 『수능특강』과 『수능완성』, 인강과 그 교재, 기출 문제집, 사설 모의고사

　과탐을 벼락치기해서 고득점을 얻어 내려면 가장 중요한 것은 선택과 집중입니다. 지구과학을 제외한다면 과탐은 킬러 문항이 나오는 부분이 특정되어 있습니다. 그러므로 우선적으로 해당 과목에서 잡아낼 수 있는 부분들을 아는 게 중요합니다. 개념과 기출만 공부해도 충분히 맞힐 수 있는 문항들이 과탐 영역에서는 절반 이상을 차지합니다.

　킬러 문항에 대한 부분을 제외한 나머지 부분에 대해 우선적으로 개념을 학습해야 합니다. 인터넷 강의 교재를 활용해도 좋고, EBS 『수능특강』을 이용해도 좋습니다. 여기서 중요한 것은 기출과의 병행입니다. 시간이 많다면 개념을 중단원~대단원 단위로 듣고 기출을 여러 번 반복해서 푸는 게 학습에 효과적이지만, 벼락치기이기 때문에 부분 부분마다(강의 1~2개 정도) 기출 문제를 함께 푸는 게 좋습니다.

　앞서 이야기한 대로 킬러 부분을 제외했기 때문에 기출 문제 또한 단순 암기형이거나 간단한 자료 분석 정도로 귀결됩니다. 그러므로 문항 자체를 풀이하는 데 큰 문제는 없을 것입니다.

　이렇게 1회독을 끝낸 다음에는 EBS 『수능특강』, 『수능완성』과

간단한 N제 정도를 시도하는 게 좋습니다. 이때 킬러 문항은 공부하지 않았기 때문에 그 부분을 제외하고 본인이 공부한 부분을 숙달하는 것에 초점을 맞추는 게 좋습니다.

만약 이 과정을 거치고도 시간이 조금 남는다면, 남은 킬러 부분 중 가장 도전해 볼 만한 부분을 골라서 하나 정도 도전해 보는 것도 좋습니다. 사실 킬러 부분을 제외해도 3등급까지는 충분히 확보할 수 있으나, 좀 더 안정적인 점수대를 위해 킬러 부분 하나 정도는 챙기는 것도 좋습니다(물론 시간이 부족하다면, 기존에 공부한 내용을 반복하는 게 훨씬 더 좋습니다).

수능 직전 2~3주는 사설 모의고사를 풀면서 기존에 공부했던 내용 중 부족한 부분은 없는지, 빠졌던 부분은 없는지를 확인해야 합니다. 이때 너무 지엽적인 부분을 공부한다는 마음가짐보다는, 필수 유형에서 내가 모르는 부분은 없는지, 빠뜨린 자료는 없는지, 응용된 자료에 대한 대처를 어떻게 할지 등을 고려하는 게 좋습니다.

과탐 영역은 문항을 많이 풀수록 숙련도가 그에 상응하여 상승하는 게 보이는 과목입니다. 이에 따라 과탐 벼락치기에 성공하기 위해서는 이에 따라 많은 양의 문항 풀이가 동반되어야 합니다. 자주 출제되는 주제에 대한 숙련도와 탄탄한 개념이 있다면 킬러 부분을 제외하더라도 3등급 이상, 정말 운이 좋다면 1등급 커트라인까지도 노려 볼 수 있습니다.

과학탐구 파트 작성자:
서울대학교 산업공학과 21학번 정시 합격자 '김병훈'

9월 모의고사가 끝난 뒤
해야 할 것들

1. 스스로가 가진 약점의 체크 및 보완

아마 9월 평가원 모의고사에서 특히 평소에 비해 낮은 성적을 받은 분들은, 일련의 시험이 치러지는 과정 속에서 여러분이 가지고 있는 많은 약점들을 발견했을 것입니다.

계산에서의 실수였을 수도 있고, 문제 조건을 체크하는 과정에서의 실수였을 수도, 문제를 해결하는 데 필요한 특정 사고 과정의 부재 등 다양한 모습으로 나타났을 수 있겠죠.

그러나 어떤 모습의 약점이 나타났든 간에, 여러분에게 주어진 가장 큰 과제는 이렇게 나타난 약점들을 하나하나 잡아내어 보완하는 작업을 거쳐야 한다는 것입니다.

이미 치러진 9월 모의고사는 그 약점을 찾아내기에 굉장히 좋은 기회가 되어 주었던 것이고, 여러분은 그 기회를 활용해 약점을 찾고 또 이를 보완할 나름대로의 방법을 거치면 됩니다. 약점의 발견과 보완에 대한 자세한 내용은 19장 '점수를 깎아 먹는 실수를 떨쳐 내는 4가지 방법'에 자세히 서술해 놓았으니 참고하는 것을 추천합니다.

틀린 문제, 또는 맞췄더라도 온전히 풀어 내지 못한 문제에 대해 오답 정리를 꼼꼼히 진행하고, 특히 그 오답 정리에 있어 '문제를 풀 때 이러이러한 생각을 하자'와 같은 행동 영역을 최대한 많이 만들어 두기 바랍니다.

이 과정들을 거치면서, 자신의 약점들을 효율적으로 발견하고 줄이는 작업을 진행할 수 있을 것입니다.

2. 수능 시간표에 생활 패턴 맞추기

9월 모의고사가 끝난 시점은 곧 수능이 약 70일 안팎으로 다가온 시점이라는 이야기이기도 합니다.

그러므로 이 시점부터 여러분은, 슬슬 수능 시간표에 생활과 공부의 리듬을 맞춰야 합니다. 수능 당일 여러분이 기상하게 될 시간에 매일 기상해 수면 패턴을 맞추고, 또 수능 때 여러분이 각 과목을 풀게 될 시간에 해당 과목의 공부를 하는 것이죠.

그렇다고 일어나는 시간을 한 번에 바로 크게 당기려고 시도하면 역효과가 날 수 있습니다. 앞으로 남은 기간 동안 하루에 5분 또는 10분 남짓 천천히 시간을 당겨 가면서 점진적으로 목표하는 시간에 기상할 수 있게끔 하세요. 이것은 몸이 빠른 기상 시간에도 효과적으로 적응할 수 있게 도와주는 역할을 합니다.

기상 이후 공부를 할 때도, 08:40~10:00에는 국어 공부, 10:30~12:10에는 수학 공부를 하는 등 수능 시간표에 맞춰서 각 과목을 공부하세요. 물론 이 시간 안에 각 과목에 할당된 모든 공부를 다 마무리하는 것에는 무리가 따르니, 마무리를 하지 못한 공부는 수능이 모두 마무리되는 오후 16:37 이후에 하면 됩니다.

3. 충분한 양의 문제 풀이 훈련

9월 모의고사가 마무리되었다는 것은, 이제는 정말 문제를 푸는 사고력을 기르기 위한 훈련을 진행할 때가 되었다는 이야기이기도 합니다.

다양한 종류의 기출, 또 N제에서 제시하는 문제들을 충분히 접해 보면서 문제에서 나타날 수 있는 최대한 다양한 상황에 대해 미리 학습해 두세요. 수능에서 마주하게 될 문제에서는 어떤 상황이 등장해 여러분에게 어떤 사고 과정을 요구하게 될지 모르는 것이니, 미리 최대한 많은 상황에 대해 대비를 해 두자는 것입니다.

기출, N제의 올바른 학습 방법에 대해서는 14장 '기출의 유용성과 기출 학습의 방향'과 15장 'N제의 유용성과 N제 학습의 방향'에 자세하게 설명해 놓았으니 참고하면 되겠습니다.

물론 이 과정에서 틀린 문제나 애매하게 푼 문제를 통해 약점이 드러난다면 위 1번에서 했던 것처럼 약점 파악과 보완의 과정을 거치는 것도 중요합니다. 문제 풀이 학습을 통해 이끌어 내고자 하는 효과 중에는 약점 파악과 보완도 존재하기 때문이죠.

4. 실전 모의고사를 통한 실전 연습

이 시점부터는, 꾸준한 실전 연습도 계속 이루어져야 할 것들 중 하나입니다.

9월 모의고사에서 여러분이 약점을 발견하고 보완 작업을 진행했듯이, 실전 모의고사를 활용한 실전 연습을 통해서도 여러분은 스스로가 가지고 있는 약점을 발견하고 수정할 기회를 얻을 수 있습니다.

특히 실전 모의고사 학습은 다양한 난이도와 주제, 단원의 문제들, 또 실전에 임할 때 가져야 하는 태도까지 모든 것을 체크해 볼 수 있는 기회이기에, 약점 파악과 보완에 있어서 특히 중요합니다.

물론 각자가 처한 학습 환경에 따라 차이는 얼마든지 있을 수 있겠지만, 저는 9월 모의고사가 마무리된 직후 시점부터 수능 약한 달 전까지는 일주일에 한 번씩 수능 시간표대로 전 과목 모의고사를 풀어 보는 것을 추천하고 싶습니다. 수능 약 한 달 전부터 일주일 전까지는 3~4일에 한 번, 일주일 전부터는 매일 풀어 보는 것이 제가 추천하고 싶은 방식이죠.

실전 모의고사의 자세한 활용 방법은 16장 '모의고사의 유용성과 모의고사 학습의 방향'에 자세하게 서술해 놓았으니 참고하면 되겠습니다.

이렇게 실전 모의고사를 통한 실전 학습을 하면서 발견된 약점에 대한 보완 학습까지 병행이 되어야 함은 당연하겠죠?

5. 스스로에 대한 믿음 다지기

수능을 결승점으로 하는 레이스는, 다르게 말하면 자기 자신과의 기나긴 싸움의 연속과도 같습니다. 따라서 중간에 힘들어도 포기하지 않을 수 있는 강인한 의지를 가지는 것 또한 수능을 준비하는 데 매우 중요한 부분입니다.

그리고 이것은, 올바르고 건강한 마인드셋을 가짐으로써 해결할 수 있죠. 여기서 말하는 올바르고 건강한 마인드셋이라 함은, '자기 자신을 믿기'라는 한 줄로 요약됩니다.

앞으로 수능까지 남은 기간 동안, 여러분이 잠재적으로 마주할 수 있는 어려움에는 굉장히 많은 것들이 있습니다. 모의고사 성적의 하락일 수도 있고, 잘 할 수 있을지에 대한 심리적인 부담감일수도, 기나긴 수험 생활 속에서의 외로움일 수도 있겠죠.

그리고 이 모든 어려움들은 결국 한 가지 생각으로 귀결됩니다. '이렇게 한다고 해서 내가 원하는 목표에 도달할 수 있을까?'라는 생각.

스스로에 대한, 스스로가 해 온 노력에 대한, 그리고 스스로가가진 가능성에 대한 믿음을 잃게 하는 생각이죠. 이러한 생각을 떨쳐내기 위해서는, 스스로에 대한 믿음을 가지는 것이 중요합니다.

물론 여러분이 생각하기에 믿음의 근거가 부족할 수도 있겠습니다. 그래도 일단은, '한번 믿어 보자'라는 마인드를 가지고 공부를 하는 것이 여러분의 정신 건강에 이롭습니다.

자기 자신을 믿지 못하는 것이 가져다 주는 이점은 없고, 자기자신을 믿는다면 결국 마지막 순간 웃고 있을 여러분의 모습에 조금 더 가까워질 수 있기 때문입니다.

D-100부터 수능까지
내가 따랐던 생활 패턴

자신만의 패턴을 확립할 것

여기서 제시하는 생활 패턴은 어디까지나 제가 따랐던 것일 뿐이지, 절대적인 정답이 결코 아닙니다.

또한 제가 고3 수험생일 당시에 따랐던 생활 패턴이기에 학교에 다니는 고3 수험생들에게만 어느 정도 적용되고, 재수생 또는 고1, 2 학생들에게 적용하기에는 어쩔 수 없이 차이가 발생할 수 있습니다.

따라서 어디까지나 참고 자료로 본인에게 맞는 생활 패턴을 확립하는 데 활용하기 바랍니다.

~6:50	기상
6:50~7:40	개인 정비와 등교 및 아침 식사
7:40~8:20	그날 공부할 계획 플래너에 정리, 국어 문학·비문학 2지문씩 풀이 후 오답 정리
8:20~12:20	(1~4교시 수업 시간) 국어 및 수학 학습, 연계 짚어 주는 학교 수업 선택적으로 수강, 교시 중간중간 쉬는 시간에는 휴식
12:20~13:30	점심 식사 후 자습실에서 영어 학습
13:30~16:20	(5~7교시 수업 시간) 마무리하지 못한 영어 학습 마저 진행, 사탐 학습, 연계 짚어 주는 학교 수업 선택적으로 수강, 교시 중간중간 쉬는 시간에는 휴식
16:20~16:40	청소 후 종례
16:40~18:20	(보충 수업 시간) 과목에 상관없이 그날 하기로 했으나 마무리하지 못한 학습 진행 또는 휴식
18:20~19:20	저녁 식사 후 휴식
19:20~21:00	(야간 자습 1교시) 매일 돌아가며 국어 또는 수학 실전 모의고사 풀이 후 오답 정리
21:00~21:10	휴식
21:10~22:00	(야간 자습 2교시) 과목에 상관없이 그날 하기로 했으나 마무리하지 못한 학습 보충, 모두 마무리했으면 과목 상관없이 문제 풀이 또는 EBS 연계 학습 자유롭게
22:00~22:40	기숙사 복귀 후 조깅 & 맨몸 운동, 이후 샤워
22:40~24:00	과목에 상관없이 그날 하기로 했으나 마무리하지 못한 학습 보충, 모두 마무리했으면 과목 상관없이 문제 풀이 또는 EBS 연계 학습 자유롭게
24:00~	휴식 후 취침

~6:50	기상
6:50~7:40	개인 정비와 등교 및 아침 식사
7:40~8:20	그날 공부할 계획 플래너에 정리, 국어 하프 모의고사 풀이 후 오답 정리
8:20~10:00	(수능 시험 시간에 맞춰 수업 시간 개편 & 전면 자습 시작) 국어 학습
10:00~10:30	휴식
10:30~12:10	수학 학습, 학습 중 하프 모의고사 풀이는 반드시 포함
12:10~13:10	점심 식사 후 자습실에서 영어 학습
13:10~14:20	영어 학습
14:20~14:50	휴식
14:50~16:20	사탐 학습, 학습 중 사회·문화 실전 모의고사 풀이는 반드시 포함
16:20~16:40	청소 후 종례
16:40~18:20	과목에 상관없이 그날 하기로 했으나 마무리하지 못한 학습 진행, 모두 마무리했으면 EBS 연계 학습
18:20~19:20	저녁 식사 후 휴식
19:20~21:00	매일 돌아가며 국어 또는 수학 실전 모의고사 풀이 후 오답 정리
21:00~21:10	휴식
21:10~22:00	과목에 상관없이 그날 하기로 했으나 마무리하지 못한 학습 보충, 모두 마무리했으면 과목 상관없이 문제 풀이 또는 EBS 연계 학습 자유롭게
22:00~22:40	기숙사 복귀 후 조깅 & 맨몸 운동, 이후 샤워
22:40~24:00	과목에 상관없이 그날 하기로 했으나 마무리하지 못한 학습 보충, 모두 마무리했으면 과목 상관없이 문제 풀이 또는 EBS 연계 학습 자유롭게
24:00~	휴식 후 취침

~6:50	(코로나19로 인한 전면 비대면 수업 시작) 기상
6:50~7:40	개인 정비 및 아침 식사
7:40~8:40	그날 공부할 계획 플래너에 정리, 국어 하프 모의고사 풀이 후 오답 정리
8:40~10:00	국어 실전 모의고사 풀이 후 가능하면 오답 정리
10:00~10:30	휴식
10:30~12:10	수학 실전 모의고사 풀이 후 가능하면 오답 정리
12:10~13:10	점심 식사 후 휴식
13:10~14:20	영어 실전 모의고사 풀이 후 가능하면 오답 정리
14:20~14:50	휴식
14:50~16:20	한국사 영역 시험 시간에 해당하는 시간에는 사탐 학습, 사탐 영역 시험 시간에 해당하는 시간에는 해당 과목 실전 모의고사 풀이 후 가능하면 오답 정리
16:20~16:40	휴식
16:40~18:20	그날 풀었던 모의고사 오답 정리 후 과목에 상관없이 그날 하기로 했으나 마무리하지 못한 학습 진행
18:20~20:30	저녁 식사 후 휴식
20:30~22:00	과목에 상관없이 그날 하기로 했으나 마무리하지 못한 학습 진행, 마무리되면 문제 풀이 또는 EBS 연계 학습 자유롭게
22:00~23:00	5km 달리기 후 샤워
23:00~24:00	과목에 상관없이 그날 하기로 했으나 마무리하지 못한 학습 진행, 마무리되면 문제 풀이 또는 EBS 연계 학습 자유롭게(수능 하루 전엔 이 과정 없이 11시에 바로 취침)
24:00~	취침

파이널,
모든 것에 대한 갈무리

가장 중요한 시간, '파이널'

수능, 이 하루만을 바라본 채 여러분은 참 많은 노력을 해 왔을 것입니다. 짧게 보면 고3 또는 N수 시절, 길게 보면 고등학교 1학년 때부터 지금까지, 아니 엄마 손을 놓기 싫어 하염없이 울던 유치원 첫 입학식 때부터 지금까지의 시간이 어떻게 보면 수능 하루만을 위해 달려 온 시간이라고 할 수 있겠네요.

그리고 여러분이 이 글을 읽고 있다는 것은, 수능이 이제 정말 얼마 남지 않은 '파이널' 기간이라는 이야기겠죠.

이 '파이널'이라는 기간은 지금까지 여러분이 해 온 모든 공부들을 갈무리할 수 있는 시간이라는 점에서, 지금까지 달려온 여러분의 노력이 헛되지 않았음을 증명할 수 있는 가장 중요한 시간입니다.

어떤 종류의 일에 있어서건 간에 그 일에서 가장 중요한 부분은 마무리이며, 이는 수능에 있어서도 마찬가지로 적용됩니다.

파이널 기간에 여러분이 어떤 공부를 해 나가고, 어떤 식으로 수능을 준비하느냐는 수능이 끝난 뒤 여러분이 짓고 있을 표정을 결정하게 될 매우 중요한 문제입니다. 그러므로 이 파이널이라는 시간 동안 지금까지 여러분이 해 온 공부들에 대한 최선의 갈무리 방법에 대해서 조언하도록 하겠습니다.

여기서 제시할 방법들은 앞의 글에서 언급했던 내용들과 중복되는 부분이 다수 존재하는데, 이는 여러분이 지금까지 어떤 공부를 해 왔든 간에 그들을 마무리하기 위해 해야 하는 작업은 모두 한 길로 일맥상통하기 때문입니다.

따라서 여러분이 지금까지 이 책에서 언급되었던 방법들에 따라 착실하게 공부를 해 나갔다면, 이 글에서 제시하는 내용들은 이미 여러분이 하고 있는 공부 속에 포함되어 있을 수 있습니다.

마지막을 정리하기 위해 여러분이 해 나가야 하는 것, 그리고 그것들에 대한 구체적인 방법들이 바로 이번 글에서 다루게 될 내용입니다.

얼마 남지 않은 수능, 마지막까지 최선을 다해 달려가는 여러분을 응원합니다.

모의고사를 통한 실전 연습

모의고사를 통한 실전 연습은 앞에서도 이미 굉장히 많이 강조했던 내용이죠. 그만큼 실전 연습은 시험에서 좋은 성적을 거두는 데 있어 필수불가결한 공부이고, 이는 특히 파이널 기간에 중요도가 가장 큽니다.

수능 시험장에서 여러분이 풀게 되는 것은 지금까지 늘 풀어 오던 수백 문제가 실려 있는 문제집이 아니라, 쉬운 문제부터 어려운 문제까지 단원별로 골고루 분포되어 있는 시험지 한 세트입니다.

심지어 이 시험지를 푸는 데에는 상당히 빡빡한 시간 제한까지 걸려 있죠. 이는 여러분이 시험장에서 문제를 풀 때 겪게 될 환경이 집에서 문제집을 풀 때의 그것과는 상당히 다를 것이라는 의미입니다.

물리적인 장소의 차이는 말할 것도 없고, 엄습해 오는 시간 제한에 인생이 걸려 있는 시험이라는 부담감까지 더해질 것이기에 환경에 상당한 차이가 발생할 것임은 두말할 필요가 없죠.

그러므로 실제 수능과 최대한 유사한 환경에서 유사한 형식의 시험지를 가지고 동일한 시간을 재며 문제를 풀어 보는 실전 학습은 파이널 기간에 가장 필수적으로 해야 하는 공부라고 해도 과언이 아닙니다.

이는 문제집을 풀 때는 드러나지 않을, 여러분이 가진 다양한 약점들이 드러날 수 있게끔 함과 동시에 한정된 시간 안에서 압박감을 가지고 문제를 풀어 나가는 훈련까지 추가로 이루어지게끔 해 줍니다.

그리고 이렇게 약점을 파악하고 문제를 푸는 훈련은 실전 학습을 제외한 어떤 학습에서도 이 정도 수준으로 이루어질 수는 없으니, 실전 모의고사 학습의 중요성이 이 지점에서 더더욱 크게 두드러지는 것이죠.

수능과 최대한 유사한 환경을 마련한 채 유사한 형식의 시험지를 풂으로써, 수능을 조금 더 익숙한 것으로 만들어야 한다는 이야기입니다.

그러므로 실전 모의고사를 풀 때는, 쉬운 것부터 어려운 것까지 다양한 난이도의 것들을 풀어 보아야 합니다. 수능 시험장에서 여러분이 마주하게 될 시험지가 어떤 난이도를 가지고 있을지는 수능 당일이 될 때까지 아무도 모르므로, 어떤 난이도의 시험지를 마주해도 풀어 낼 수 있을 정도로 준비를 해야 합니다.

또한 실전 모의고사를 푼 후에는, 당연히 그 과정에서 드러난 약점에 대한 피드백이 이루어져야 합니다. 만약 이것이 이루어지지 않는다면, 실전 학습의 이점 중 하나인 '약점 파악'을 제대로 활용할 수 없게 되기 때문이죠.

약점에 대한 철저한 보완

누구나 각자 다양한 약점들을 가지고 있으며, 그 약점들은 저마다 다양한 사연을 가진 실수들을 만들어 냅니다. 그러나 저마다 가지고 있는 약점들의 내용과 그 약점들이 만들어 내는 실수의 내용들은 제각각이지만, 시험에서 우수한 성적을 얻기 위해 이 실수들을 최대한 줄여야 한다는 것은 공통적으로 적용됩니다.

그리고 실수는 약점이 있어 만들어지기에, 당연히 실수를 줄이려면 약점을 줄이는 과정이 필요합니다. 이 약점 보완 작업은 수험 생활을 하는 내내 중요하지만, 특히 수능을 눈앞에 둔 파이널 시점에 가장 중요합니다. 그 시기에 드러난 약점들은 수능 시험장에서도 그대로 드러날 가능성이 상당히 높은 것들이기 때문이죠.

약점을 보완하기 위해서는 먼저 약점에 대한 파악이 필수적으로 이루어져야 합니다. 약점 파악은 실전 학습을 통해 가장 효율적으로 할 수 있습니다.

그러나 굳이 실전 학습이 아니더라도, 평소에 일반적인 학습을 해 오던 과정에서도 실수를 하거나 문제를 풀지 못하는 등 약점이 발견된다면 이에 대한 보완 작업이 필수적으로 이루어져야 하겠죠.

이러한 약점들이 어떤 것이 있는지 효과적으로 파악할 수 있는 방법으로 저는 오답 노트를 활용하는 것을 추천합니다.

오답 노트는 다음 표와 같은 형식으로 만드는 걸 추천하는데, 여기서 특히 여러분이 눈여겨 보아야 할 부분은 '놓친 점 & 행동 영역'입니다. 여기서 '놓친 점'이란, 곧 여러분이 가지고 있는 '약점'을 의미합니다. 예를 들어 알아봅시다.

18 그림과 같이 3 이상의 자연수 n에 대하여 두 곡선 $y=n^x$, $y=2^x$이 직선 $x=1$과 만나는 점을 각각 A, B라 하고, 두 곡선 $y=n^x$, $y=2^x$이 직선 $x=2$와 만나는 점을 각각 C, D라 하자. 사다리꼴 ABCD의 넓이가 18 이하가 되도록 하는 모든 자연수 n의 값의 합을 구하시오.

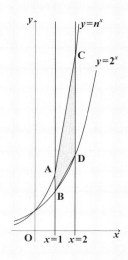

정답 : 18

출처 : 서울특별시교육청
2021년 고3 10월 모의고사 수학 공통 18번 문항

과목	수학
문제	2021년 고3 10월 모의고사 18번
놓친 점 & 행동 영역	문제 조건에서 주어진 발문 확인하기
풀이	A(1, n), B(1, 2), C(2, n^2), D(2, 4)이므로 $\overline{AB}=n-2$, $\overline{CD}=n^2-4$ 사다리꼴 ABCD의 넓이는 18 이하이므로 $\frac{1}{2}\times(n-2+n^2-4)\times1=\frac{1}{2}\times(n^2+n-6)\leq18$, $-7\leq n\leq6$ 그러므로 3 이상의 자연수 n의 값은 3, 4, 5, 6 따라서 조건을 만족시키는 n의 값의 합은 18

위 문제는 3점의 중반부 문제이지만 71.3%(EBSi 기준)의 상당히 높은 오답률을 기록했습니다. 많은 학생들은 이 문제에서 '3 이상의 자연수 n'이라는 조건을 놓쳤고, 그대로 3점을 헌납하게 되었죠.

위 예시에서, '문제 조건의 발문 확인'을 놓친 것은 곧 여러분이 가진 약점이 되는 것입니다. 그리고 이러한 약점을 보완하기 위해 여러분은 앞으로 동일한 상황을 마주했을 때 어떻게 대응해야 하는지에 대한 행동 영역을 마련해야 합니다.

위의 예시에 대해서는, 문제 발문의 조건을 확인하는 것을 놓친다는 약점을 보완하기 위해서 '가능한 정수·자연수의 개수나 합을 구하라는 문제에서는 문제 발문에서 수에 관한 조건을 확인하자'라는 행동 영역을 만들 수 있습니다.

그리고 이러한 행동 영역들은 다시 문제를 많이 풀어봄으로써 자연스럽게 체화할 수 있습니다. 위 예시와 같은 행동 영역은, 가능한 정수·자연수의 개수나 합을 구하라는 문제를 많이 풀어 보면서 자연스럽게 떠올릴 수 있는 종류의 것으로 옮겨 가겠죠.

새롭게 행동 영역을 만들었다면, 이후 문제를 풀 때는 이들을 의식적으로 떠올리면서 푸는 연습을 진행하세요. 이 연습이 반복되다 보면 어느새 그 행동 영역들은 굳이 의식적으로 떠올리지 않아도 무의식적으로 자연스럽게 활용할 수 있는 종류의 것들이 되어 있을 것입니다. 이러한 식으로 약점을 파악하고 그에 대한 보완 대책을 세우는 것 또한 여러분이 파이널 기간 동안 특히 중점적으로 해야 할 공부 중 하나입니다.

시험장에서의 행동 영역 마련

행동 영역에는 이처럼 문제를 풀 때 활용해야 하는 것들도 있지만, 문제 외적인 상황에서 활용해야 하는 것들도 존재합니다.

예를 들면 '수능 시험장에 도착하면 화장실 위치를 미리 파악해 두기', '영어 영역이 시작하기 직전에는 초콜릿 하나 먹기' 정도가 있을 수 있겠네요.

이렇게 문제 외적인 상황에서 활용해야 하는 행동 영역도 미리 마련해 두어야 합니다. 그리고 이들을 마련한다는 측면에서 다시 앞서 언급한 실전 모의고사 학습의 중요성이 부각된다고 볼 수 있습니다. 실전 학습 상황은 실제 수능 시험이 치러지는 상황과 유사한 측면이 많이 존재할 테니, 문제 외적인 상황에서 즉 시험장에서의 행동 영역 역시 이 실전 모의고사를 풀 때 유사하게 발견될 수 있는 것입니다.

그리고 이 이점은 수능과 완전히 같은 시간으로 실전 학습을 진행할 때 극대화됩니다. 이에 대해서는 뒤에서 더 자세하게 설명을 하도록 하겠습니다.

이렇게 해서 마련된 문제 내·외적인 행동 영역들은 앞서 설명한 방법을 활용해 체화해야 합니다. 처음에는 그 행동 영역을 의식적으로 따르면서, 점점 그 행동 영역들을 의식하지 않아도 자연스럽게 따를 수 있는 것들로 만드는 것이죠.

공부 시간표를 최대한 수능과 유사하게

제가 수능을 준비하던 고3 시절을 떠올려 보면, 파이널 기간 동안 에는 학교에서도 수능 시간표와 완전히 같은 시간대로 수업 시간 을 편성해서 운영을 했던 기억이 나네요. 수능과 최대한 유사한 환 경에서 공부를 할 수 있게끔 하는 학교 차원에서의 배려였죠.

그리고 실제로, 수능과 같은 시간표하에서 공부를 하는 것은 수능이라는 시험에 좀 더 익숙해질 수 있다는 측면에서 매우 효과 적입니다. 이 또한 실전 모의고사의 중요성과 일맥상통하는 이야 기이기도 합니다.

수능이라는 시험은 1년에 한 번만 치러지는 시험이고, 그에 대 한 모의고사 또한 1~2개월에 한 번 정도만 치러지는 만큼 이들을 가지고 수능의 시간표를 여러분에게 완전히 익숙한 것으로 만들기 에는 한계가 있습니다.

그러므로 이들 외에도 여러분 스스로 수능의 시간표와 동일한 시간대에 공부를 할 수 있는 기회를 마련하는 것이 중요하죠.

수능 시간표에 맞춰서, 각 과목의 시험이 치러지는 동안엔 해 당 과목의 공부를 하는 게 좋습니다. 만약 그 시간 안에 그날 그 과 목에서 해야 하는 공부를 모두 마무리하지 못했다 하더라도, 일단은 건너뛴 후에 수능 시험이 모두 마무리되는 오후 4시 37분 이후에 하 지 못한 공부들을 마저 하세요.

이렇게 수능에 익숙해지는 것의 효과는, 해당 시간표에 맞춰

입실 완료 시간 08:10까지(2교시~5교시는 시험 시작 10분 전까지 입실)

교시	시험 영역	시험 시간 (소요 시간)	문항 수
1	국어	08:40~10:00 (80분)	45
휴식		10:00~10:20 (20분)	
2	수학	10:30~12:10 (100분)	30(단답형 30% 포함)
중식		12:10~13:00(50분)	
3	영어	13:10~14:20 (70분)	45 (듣기평가 17개 포함. 13:10부터 25분 이내)
휴식		14:20~14:40(20분)	
4	한국사, 사회/과학/직업탐구	14:50~16:37 (107분)	과목당 20
휴식		16:37~16:55(18분)	
5	제2외국어/한문	17:05~17:45 (40분)	30

해당 과목의 실전 모의고사 학습을 진행할 때 극대화됩니다. 수능과 동일한 시간표 하에 동일한 형식의 시험지를 풂으로써, 하루 전체를 여러분만의 모의 수능으로 만들어 볼 수 있는 것이죠.

이를 통해 여러분이 고쳐야 하는 약점도 최대한 많이 찾을 수 있으며, 문제 내·외적인 행동 영역도 최대한 많이 마련할 수 있는 것입니다.

그러므로 특히 수능이 점점 다가올수록, 각 과목의 수능 시간표에 맞추어 해당 과목의 실전 학습을 진행하는 걸 강력하게 추천합니다. 비록 다른 공부를 마무리하지 못했을지라도 그 공부들은 수능 시험이 모두 마무리되었을 시간 이후에도 할 수 있습니다. 그것 때문에 포기하기에는 각 과목의 시간표에 맞추어 실전 학습을 진행함으로써 얻을 수 있는 것들이 너무 귀중합니다.

일단 확실한 것은, 여러분이 어떤 공부를 하는가에 상관없이 여러분은 각 과목의 수능 시간표에 맞춰 해당 과목을 공부해야 한다는 것입니다.

수능은 1년에 한 번밖에 치러지지 않는 시험이기에, 그것을 '익숙한 것'으로 만드는 문제는 그 어떤 다른 문제보다도 중요합니다.

실전 모의고사 활용 시
체크리스트

모의고사 내적 체크리스트

1. 약한 유형에는 어떻게 대응할까?

어떤 과목이 되었건 간에, 누구나 해당 과목 안에서 약한 유형을 하나쯤은 보유하고 있습니다.

저는 수학에서 도형, 영어에서 어법 유형이 약했습니다. 이 글을 읽고 있는 여러분도 지금 머릿속에 몇 개의 유형들을 떠올리고 있겠죠. 물론 이 약한 유형들에 대해서는 실력을 키워서 극복하는 것이 최고의 대응책이겠지만, 불행히도 이들을 극복하지 못하는 경우도 흔히 발생할 수 있습니다. 그 경우에는, 시험장에서 이 유형들을 마주했을 때 어떻게 해야 할지에 대한 대응책을 마련해야 합니다.

저의 경우에는 해당 유형들에 대해서 수학 도형의 경우엔 4점 중후반부에 등장하면 가장 마지막에 푸는 것으로, 영어 어법에 대해서도 가장 마지막에 푸는 것으로 대응책을 마련했죠.

이런 식으로 시험 당일까지 특정 유형이 약한 부분으로 남아 있을 때, 이 유형들에 대해 어떻게 대응을 할지에 대한 매뉴얼을 마련해 두는 것이 필요합니다.

그리고 이 매뉴얼을 마련하기 위해서는 실전 모의고사를 풀어 보는 것이 크게 도움이 됩니다. 실전 모의고사를 풀면서 여러분이 약한 유형의 문제들을 많이 마주해 본 뒤, 그에 대해 최적의 대응책을 생각해 보는 것입니다.

2. 시간 배분은 어떻게 해야 하는가?

실전에서의 시험 운용에 가장 중요한 영향을 끼치는 요소를 하나 꼽으라면, 저는 문제별 시간 배분에 한 표를 줄 것입니다.

국어, 수학, 영어, 탐구 모두에 각 영역별로 여러 문제들이 배치되어 있습니다. 이때 해당 문제들을 어떤 순서대로 어느 정도의 시간을 할당해서 해결해야 하는지 또한 수능 시험장에 들어가기 전 미리 결정해 두어야 하는 내용입니다.

예를 들면 국어는 문학, 비문학, 선택과목으로 구성되어 있고, 여러분은 이 세 가지 각각에 어느 정도의 시간을 할당할지에 대해 고민을 해야 하죠.

그리고 이에 대한 내용을 마련하고 나면, 실전 모의고사를 풀면서 각 영역에 할당한 시간을 이대로 유지하는 것이 좋을지, 아니면 다른 방식으로 변경하는 것이 좋을지에 대해 고민해 보아야 합니다. 여러 개의 계획을 세우고 여러 번의 시행착오와 실전 모의고사를 통한 점검을 거쳐, 영역별로 최적의 시간 분배를 완성하는 것입니다.

3. 막히는 문제가 생길 때의 대응은?

물론 마주하는 모든 문제를 막힘없이 풀어 나갈 수 있다면 좋겠지만, 현실적으로 시험장에서 여러분의 발목을 잡을 문제는 반드시 등장합니다. 그리고 그 문제에만 계속해서 시간을 쏟는다면, 시험 운용의 실패라는 결과를 낳게 됩니다.

따라서 실전 모의고사를 풀면서 여러분은 모르는 문제를 마주했을 때 어떻게 대응해야 할지에 대한 내용도 생각해 두어야 합니다.

제 경우에는, 과목과 관계없이 지문이나 조건을 모두 확인하고 약 30초 이상 해결을 위한 아이디어가 생각이 나지 않는 문제가 있으면 일단 넘긴 후, 아이디어가 생각나거나 다른 문제를 모두 해결한 뒤에 다시 와서 푸는 방식을 택했죠.

이렇게 막히는 문제가 발생할 경우에 대한 대책을 마련해야만 합니다. 그리고 이는 실제로 모의고사를 풀면서 막히는 문제에 대해 대응해 보며 할 수 있습니다.

4. 현재 시험이 출제되고 있는 기조는?

실전 모의고사를 풀 때는, 문제들을 보면서 현재 시험이 어떤 기조로 출제가 되고 있는지에 대해서도 확인해야 합니다.

시험의 기조라 함은, 시험의 어떤 영역에서 난이도가 높게 출제되고 있는지, 또 특정 번호대에는 어떤 문제들이 주로 출제되고 있는지에 관한 내용을 말합니다.

오답률 순위	문항	오답률(%)	오답률 순위	문항	오답률(%)
1	17	84.9	1	10	71.6
2	35	79.6	2	30	69.9
3	39	71.1	3	15	69.7
4	15	69.7	4	37	65.5
5	12	64.1	5	16	63.7
6	11	61.3	6	35	63.3
7	16	60.0	7	34	62.5
8	8	55.7	8	27	62.5
9	14	42.3	9	5	62.5
10	37	32.8	10	28	62.4
11	25	32.3	11	13	57.3
12	33	29.5	12	7	57.3
13	1	28.8	13	31	57.1
14	38	28.7	14	39	54.0
15	6	28.1	15	14	53.6

2023학년도 수능 국어(언어와 매체)오답률　　2024학년도 수능 국어(언어와 매체) 오답률

2023학년도 수능 국어에서는 1~17번까지 비문학 문제의 오답률이 높고
2024학년도 수능 국어에서는 18~34번까지의 문학 문제의 오답률이 높은 것을 알 수 있다.

예를 들면, 2023학년도까지 국어에서는 비문학 영역에서 난이도가 높게 출제되었으나 2024학년도부터는 문학 영역에서 난이도가 높게 출제되는 기조를 파악할 수 있습니다.

또한, 선택과목 체제가 시행된 이후로 수학에서는 주로 15번에 수열의 귀납적 정의, 22번에 다항함수 추론 문제가 출제된 것 또한 기조로 파악할 수 있죠.

이러한 시험의 기조는 당연히 실전 모의고사, 그중에서도 그해 시행된 평가원 모의고사를 통해 파악할 수 있고, 또 파악해야 합니다.

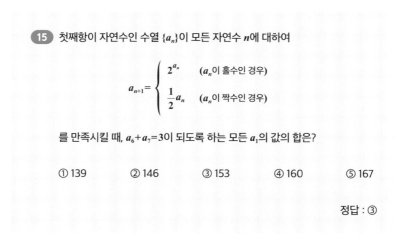

2024학년도 수능 수학 15번 문항.
수열의 귀납적 정의에 대해 다루고 있다.

22 최고차항의 계수가 1인 삼차함수 $f(x)$가 다음 조건을 만족시킨다.

> 함수 $f(x)$에 대하여
> $$f(k-1)f(k+1) < 0$$
> 을 만족시키는 정수 k는 존재하지 않는다.

$f'\left(-\dfrac{1}{4}\right) = -\dfrac{1}{4}$, $f'\left(\dfrac{1}{4}\right) < 0$ 일 때, $f(8)$의 값을 구하시오.

정답 : 483

2024학년도 수능 수학 22번 문항.
다항함수 추론에 대해 다루고 있다.

물론 사설 실전 모의고사는 평가원 모의고사를 모방하여 출제하기에 사설 실전 모의고사에서도 시험의 기조가 나타나기는 하나, 굳이 원본이 되는 평가원 모의고사를 버려 두고 사설 실전 모의고사에서 파악할 필요는 없죠.

이렇게 시험이 출제되는 기조를 파악하는 것 또한, 여러분이 실전 모의고사를 풀면서 파악해야 하는 것 중 하나입니다.

5. 문제 풀이 순서는 어떻게 할까?

수능은 넓은 시험 범위를 가지고 있으며, 이 범위 안에서는 정말 다양한 문제들이 출제됩니다.

그리고 앞서 이야기했듯 이 문제들 중에서는 여러분이 강한 유형이 있을 수도 있고 약한 유형이 있을 수도 있으며, 또 번호대에 따른 문제의 난이도 순서가 고정적일 수도 있죠. 이 모든 것들을 고려했을 때, 시험지에 제시된 순서 그대로 문제를 풀어 나가는 것은 비효율적일 수밖에 없습니다.

그러므로 여러분만의 유형과 번호대에 따른 문제 풀이 순서를 마련하고 실전 모의고사를 풀어 보면서 해당 순서가 정말 적절한 것인지에 대해 점검하는 작업은 필수적이라고 할 수 있습니다.

2번에서 이야기한 시간 배분과 마찬가지로, 수많은 시행 착오를 거쳐 최적의 문제 풀이 순서를 찾아낼 수 있는 것이죠.

6. 마킹과 그 점검은 언제 해야 할까?

실제 수능 시험에서, 여러분은 문제를 다 푼 뒤 마킹을 해야만 합니다. 아무리 빠른 시간 내에 완벽하게 문제를 다 풀어냈다 하더라도, 마킹을 하지 않으면 말짱 도루묵이 되어버리고 말죠.

그러나 마킹을 하는 데에는 생각보다 긴 시간이 소요됩니다. 45문제가 할당된 국어, 영어 같은 경우에는 한 문제당 마킹을 3초로 잡아도 대략 2분 중반이라는, 촌각을 다투는 시험 상황에서 절대 무시할 수 없는 시간이 소요됩니다.

거기에 마킹에는 언제나 실수를 했을 가능성이 존재하므로, 마킹을 마무리한 후 가능하면 그 점검까지 하는 것이 필요합니다. 이렇게 마킹과 그 점검에 대해서도 일정 시간을 할당해 두는 것이 필요하고, 여기에 어느 정도의 시간을 할당할지에 대한 내용 또한 실전 모의고사를 풀어 보면서 마련해 두어야 합니다.

모의 OMR 카드를 준비해 실전 모의고사를 풀어 본 뒤 마킹을 해 보면서 어느 정도 시간이 걸리는지를 측정하고, 이를 토대로 실전에서 어느 정도의 시간을 마킹에 할당해야 할지 정하면 되죠.

시험에서 문제를 다 풀지 못하는 일이 생기더라도, 이렇게 정해진 시간만큼은 꼭 마킹에 할당해야 합니다. 예를 들어 3분을 마킹에 할당하기로 했으면, 문제를 다 풀지 못했더라도 시험 종료 3분 전에는 마킹을 시작해야 하죠.

모의고사 외적 체크리스트

1. 다양한 환경에 맞춰 적응할 방법은?

시험장에서 여러분이 마주할 수 있는 환경은 매우 다양합니다. 어느 시험장은 너무 더울 수도 또 추울 수도 있고, 여러분이 시험을 치르는 자리의 위치에 따라서도 시험의 환경은 얼마든지 변할 수 있습니다.

이 환경은 여러분의 힘으로는 바꿀 수 없는 불가항력적인 것이기에, 어떤 환경을 마주하든 여러분이 적응을 해야만 합니다. 그리고 적응을 하는 데는 예행 연습을 해 보는 것이 가장 효과적이고, 이 예행 연습에 바로 실전 모의고사가 활용되죠.

시험장에서 마주할 수 있는 여러 환경을 미리 조성해 둔 뒤 해당 환경에서 실전 모의고사를 풀어 보세요. 풀면서 각 환경이 여러분에게 어떤 긍정적 혹은 부정적인 영향을 미치는지 파악한 뒤, 해당 영향에 대응하기 위한 여러분만의 방법을 마련하면 됩니다.

2. 약품이나 보조 식품의 도움이 필요할까?

수능 시험에 임할 때 많은 학생이 신경 안정제나 커피, 초콜릿 등 다양한 약품 또는 보조 식품의 도움을 활용하기도 합니다.

그러나 이 약품 또는 보조 식품은 양날의 검이 되어 다가올 수 있습니다. 이들은 어디까지나 사람에 따라서 다른 효과를 가져올 수 있는 것들이니만큼, 여러분에게 부정적인 영향을 가져오지 않을 것이란 보장이 없죠.

그러므로 만약 여러분이 이들을 활용하고 싶다면 미리 테스트를 해 보아야 합니다. 그리고 이 테스트 또한 실전 모의고사를 활용해서 진행해 볼 수 있습니다.

여러분이 활용하고자 하는 약품이나 보조 식품을 먹은 뒤 실전 모의고사를 풀어 보면서, 먹지 않았을 때와 비교해 어떤 영향을 가져오는지 체크해 보는 것입니다.

만약 긍정적인 영향을 더 많이 준다면 그대로 활용하면 되는 것이고, 부정적인 영향을 더 많이 준다면 활용하지 않으면 되겠죠?

3. 어떤 옷을 입고 가는 게 좋을까?

시험장에서 여러분은 여러 가지 환경을 마주하게 될 것이고, 이 환경에는 여러분이 입고 가는 옷도 포함이 됩니다. 그러나 다른 것들과 다르게, 여러분이 입고 가는 옷은 여러분의 힘으로 바꿀 수 있는 종류에 속하죠.

그러므로 여러분은 여러 가지 옷들을 입어 보면서 시험을 볼 때 어떤 옷이 가장 편한지에 대해 미리 체크를 해봐야 하고, 이 체크 또한 실전 모의고사를 활용해서 진행해야 합니다.

여러분이 입고자 하는 옷을 입은 채로 실전 모의고사를 풀어 본 뒤, 어떤 옷을 입고 시험을 보는 것이 제일 편한지 선택하면 됩니다.

4. 돌발 상황에 대한 대처는 어떻게?

또한 시험장에는 여러분이 마주할 수 있는 여러 돌발 상황들이 존재합니다. 돌발 상황에는 너무 높거나 낮은 시험장의 온도, 다리를 떠는 옆자리 사람, 갑자기 시험 중간에 찾아온 화장실 신호와 같은 다양한 것들이 있을 수 있고, 이 모든 것들은 시험의 운용에 부정적인 영향을 미치게 됩니다.

그러므로 이 상황들이 발생했을 때를 가정해 각각에 대한 대응책을 마련해 놓는 것 또한 안정적으로 제 실력을 내기 위해서는 필수적입니다.

그리고 이는 인위적으로 해당 상황을 조성한 뒤 실전 모의고사를 풀어 보면서 대응을 위한 최적의 방법을 찾는 식으로 마련할 수 있습니다. 각 상황에 대한 최적의 대응책을 실전 모의고사 학습 과정에서 마련한 후, 실제 시험장에서 해당 상황이 찾아오면 거기에 맞는 대응책을 활용하면 되죠.

5. 가채점표는 언제, 어떻게 쓰는 것이 좋을까?

모의고사에서와 달리, 실제 수능에서는 한 영역의 시험이 끝날 때마다 시험지를 걷어 가기에 시험이 모두 끝난 후 채점을 위해서는 다른 곳에 여러분이 고른 답을 적어 두어야만 합니다.

그리고 이를 위해 존재하는 물건이 바로 가채점표입니다. 가채점표는 시험이 치러지는 도중에 여러분이 고른 답을 적어 두는 식으로 활용할 수 있는데, 이 말은 가채점표를 적기 위해서는 시험 도중에 시간을 따로 내야 한다는 의미이기도 합니다.

물론 OMR 마킹과 달리 가채점표의 작성은 완전히 필수적인 것은 아니지만, 수능이 치러진 이후 성적을 확인해 수시 면접 준비 또는 정시 원서 지원 준비를 하기 위해서 있으면 좋습니다. 그러므로 만약 여러분이 수능이 끝난 직후 성적을 확인하고 싶다면 시간 내에 가채점표까지 쓰는 것에 대한 연습을 진행해야만 하며, 이 연습 또한 실전 모의고사를 활용해서 진행할 수 있습니다.

마킹에 대한 내용과 마찬가지로 가채점표를 작성하기 위한 시간을 미리 할당해둔 뒤, 실제로 실전 모의고사를 풀고 마킹과 가채점표 작성까지 해 보면서 그 시간 안에 모든 것을 할 수 있는지를 테스트해 봐야 합니다.

그렇게 마킹에 더해 가채점표 작성에 필요한 시간을 할당하고 나면, 시험에서 문제를 다 풀지 못하는 일이 생기더라도 사전에 정해 놓은 시점부터는 마킹과 가채점표 작성을 시작하는 것이죠.

그러나 앞서 이야기했듯 가채점표 작성은 필수가 아니기에, 가채점표를 작성할 시간에 문제를 푸는 판단 또한 실전에서는 충분히 가치 있는 선택이라는 점도 기억해 둡시다.

또한 가채점표를 활용하기 전에는 반드시 감독관의 허락을 받아야 한다는 점도 명심하세요.

6. 어느 정도의 수면 시간을 확보해야 할까?

여러분이 거두게 될 시험 성적에는 수능 당일 컨디션 또한 중요한 독립 변수로 작용합니다. 그리고 컨디션에는 그 전날 수면을 취하는 시간이 큰 영향을 미칩니다. 최상의 컨디션에 도달하기 위해 필요한 수면 시간은 개개인마다 다양하게 차이가 나죠.

그러므로 본인에게 어느 정도의 수면 시간이 확보되어야 최상의 컨디션에 도달할 수 있는지는 미리 특정 시간 수면을 취한 뒤 시험 상황을 마주해 봄으로써 확인할 수 있습니다. 시험 상황을 마주한다는 말은, 곧 실전 모의고사 학습을 진행한다는 말이겠죠.

매일 자는 시간을 다르게 한 뒤 실전 모의고사를 풀어 보면서, 최상의 컨디션으로 시험을 보기 위한 최소한의 수면 시간을 탐색해 봅시다.

모의고사가 끝난 뒤
남겨진 것은

여러분의 수험 생활에 있어 마지막으로 겪게 될 평가원 모의고사가, 마침내 마무리되었습니다. 이제 여러분의 앞에는 정말로 수능이라는 단 한 가지의 커다란 관문만 남아 있습니다.

여러분 중에서는 예상한 것 이상으로 높은 점수를 받아 기뻐하고 있는 분들도 있겠고, 또 예상한 것보다 낮은 점수를 받아 슬퍼하고 있는 분도 있겠죠.

그러나 이미 지나버린 시험의 성적에 취해만 있어서도, 또 슬퍼하고만 있어서도 안 됩니다. 9월 모의고사에서 받아든 성적과 관계없이, 여러분에게는 해야 할 것이 남아 있기 때문입니다.

수험 생활은 수능이라는 결승점을 둔 하나의 거대한 레이스이며, 그 사이사이 치러지는 모의고사들은 레이스에서의 구간 기록을 의미합니다. 그 구간 기록을 보면서 여러분이 해야 하는 것은 앞으로 어떻게 해야 더 좋은 기록을 세울 수 있을까에 대한 분석이지, 해당 기록에 대한 자만 또는 자책이 결코 아닙니다.

결국 이 모든 레이스의 끝에 모든 수험생들이 궁극적으로 통과해야 하는 결승점은 9월 모의고사가 아닌 수능이기 때문이죠.

시험을 잘 치르지 못한 분들은 지금까지 해 온 공부에 회의감이 들 수 있다는 사실을 이해합니다. 9월 모의고사를 망쳤을 당시의 제가 그랬듯, 이 시험을 망친 수험생들은 지금까지 달려 온 길들을, 그리고 그 길을 달리기 위해 했던 노력들을 송두리째 부정당한 기분이 들 것입니다.

그리고 이에 대해 슬퍼하는 것 또한 너무나도 당연한 반응입니다. 그렇게나 노력을 들였던 시험에서 좋지 못한 성적을 거두었다면, 여러분은 슬픔을 느껴야만 합니다. 이는 여러분이 지금까지 최선을 다해 노력했다는 것에 대한 증명이기도 하기 때문입니다.

그러나 이 슬픔에 매몰되어 있으면 안 됩니다. 앞서 이야기했듯 여러분이 최종적으로 통과해야 할 결승점은 9월 모의고사가 아니라 수능이며, 역설적으로 시험을 망침으로써 여러분은 성장을 위한 더 많은 발판을 마련할 수 있을 것이니 말입니다.

그러나 언제까지고 슬픔 속에만 빠져 있다면, 여러분은 결코 이것들을 얻어 갈 수 없겠죠.

만약 여러분이 이 시험에서 뼈아픈 실패를 맛보았다면, 그 실패를 약점을 보완하기 위한 새로운 기회로 활용하세요. 2보 전진을 위한 1보 후퇴라는 말이 있듯, 여러분의 9월 모의고사에서 기록한 후퇴는 수능에서의 전진의 발판이 되어 줄 것입니다.

1
2
3

Chapter 4

Finale

(작품 등의) 마지막 부분, 마무리 [대단원]

사소한 듯 사소하지 않은
수능에 대한 궁금증들

1. 수험표, 아날로그 시계, 도시락, 신분증, 지우개, 수정테이프, 샤프심, 휴지는 반드시 챙겨 가는 것을 추천합니다. 수정테이프, 휴지, 샤프심은 시험장에서 주어지나, 성능에 문제가 있거나 양이 적을 가능성이 높습니다.

2. 컴퓨터용 사인펜은 시험장에서 나눠 주는 것으로 충분해서 굳이 챙겨 갈 필요가 없습니다. 오히려 개인 컴퓨터용 사인펜을 사용했다가 예기치 못한 상황(예 인식 오류)이 생기면 그 책임은 온전히 본인이 져야 합니다.

3. 시계는 시험장에 비치되어 있을 수도 있고 아닐 수도 있기에 반드시 개인 시계를 지참해야 합니다.

4. 수능 시계는 기본적으로 시침, 분침, 초침이 있는 아날로그 시계만 허용되며, 디지털 시계는 허용되지 않습니다.

허용되지 않는 디지털 시계 예시

허용되는 아날로그 시계 예시

5. 수능 전날 받은 수험표에는 수험 번호가 적혀 있는데, 해당 수험 번호의 맨 끝 숫자가 홀수면 홀수형, 짝수면 짝수형입니다.

6. 예비 소집일에 수능 시험장을 반드시 방문할 필요는 없습니다. 다만 수능 시험장의 지리에 익숙해지기 위해서는 미리 가 보는 편이 큰 도움이 됩니다.

7. 수능 시험 당일 입실 시각은 8시 10분까지입니다. 해당 시간이 지나서 시험장에 도착하면 시험 응시 자체를 할 수 없으므로 반드시 시간을 엄수해서 도착해야 합니다.

8. 수능 시험 당일 복장은 자유롭게 입고 가도 됩니다. 교복, 사복 모두 가능하나, 이왕이면 편한 사복을 입고 가는 것을 추천합니다.

9. 교통편은 부모님의 자가용 또는 택시를 이용하는 것이 좋습니다. 버스나 지하철은 혼잡하므로 만일의 상황을 대비해 이용을 지양하는 게 좋습니다.

10. 시험 시작 전 모든 전자제품은 반드시 제출해야 합니다. 가방에 넣은 채 가방을 앞에 둔다고 해도, 금속탐지기 검사에서 가방에 넣어둔 전자제품이 적발된다면 사용 여부와 관계없이 바로 퇴실해야 합니다.

11. 배정받은 자리의 의자는 감독관에게 요청해서 바꿀 수 있으나, 책상은 본인의 수험 정보가 붙어 있기 때문에 바꿀 수 없습니다.

12. 시험 도중에 화장실이 급하면 감독관 동행하에 다녀올 수 있습니다. 다만 시험의 운용에 매우 큰 영향을 주게 되므로, 화장실은 쉬는 시간에 반드시 다녀오는 것이 좋습니다.

13. OMR 카드 마킹은 가능하면 번호가 적힌 동그라미를 모두 채우는 게 좋습니다. 마킹이 번호 밖으로 삐져나온 경우에는 큰 문제가 발생하지 않으나, 너무 작게 마킹된 경우에는 인식이 되지 않을 수 있습니다.

14. 수학 주관식에서 답이 한 자릿수인 경우에는, 십의 자리에 0을 마킹해도 인정이 됩니다(예 답이 8인 경우에 08로 마킹해도 똑같이 정답으로 처리됨).

15. OMR 카드에서 수정테이프로 지운 번호 위에는 이후 다시 마킹을 해도 컴퓨터가 인식을 하지 않습니다. 따라서 이 경우에는 답안지를 교체한 뒤 다시 마킹을 해야 합니다.

16. 자나 컴퍼스 등 시험에 영향을 줄 수 있는 도구는 시험 도중에 활용할 수 없습니다.

17. 중간에 더 이상 수능 응시를 하고 싶지 않다면 각서를 작성한 뒤 바로 퇴실할 수 있습니다. 다만 한국사 영역을 응시하지 않았다면 지금까지 친 시험 성적이 모두 무효 처리가 되는 것은 감안해야 합니다.

18. 수능 시험이 치러지는 도중에 물을 마시는 것은 자유입니다.

19. 여러분이 신청하지 않은 과목의 시험 시간에는 똑같이 해당 과목을 신청하지 않은 학생들과 함께 다른 교실에서 자습을 하게 됩니다. 신청하지 않은 과목의 시험을 치는 학생들과는 같은 공간에 있을 수 없게 됩니다.

20. 가채점표는 감독관 허락 하에 수험표 뒤에 붙여서 활용할 수 있습니다.

21. 수능이 끝난 뒤에도 OMR카드에서 인적 사항을 판독해야 하기에 3~40분 동안 대기해야 합니다. 방송에서 귀가해도 좋다는 이야기가 나오기 전까지는 귀가하지 못합니다.

내가 수능 시험장까지
가지고 갔던 행동강령

국어 영역

1. 파본 검사 하면서 출제된 비문학 제재, 연계되어 출제된 문학 작품 파악하기

2. 화법과 작문은 먼저 문제에서 출제 포인트 파악 후 해당 출제 포인트에 해당하는 부분의 지문을 중점적으로 읽기

3. 화법과 작문(현재는 선택과목)에서 20분 이상 시간이 소요된다면, 일단 비문학, 문학 파트로 넘어가기

4. 비문학은 기본적으로는 제시된 순서대로 풀되 경제, 법, 과학, 기술 소재의 비문학은 남겨둔 후 마지막에 풀기

5. 문학은 연계되어 출제된 작품 먼저 풀기

6. 문학 세트에서 '보기'가 주어졌을 땐, 주어진 보기를 통해 지문의 핵심 내용들을 먼저 파악한 뒤 지문을 읽어 나가기

---

21 〈보기〉를 참고하여 윗글을 감상한 내용으로 적절하지 <u>않은</u> 것은?

〈보기〉

「김원전」은 당대의 보편적 가치인 충군을 주제로, 초월적 능력을 지닌 주인공과 기이한 존재인 적대자의 필연적 대결 관계를 보여 준다. 특히 적대자의 압도적 무력에 맞서는 과정에서 인물에 따라, 혹은 인물이 처한 상황에 따라 다른 대응 방식을 보여 줌으로써 독자의 흥미를 자극한다.

2024학년도 수능 국어에 출제된 「김원전」 보기

위 보기의 예시에서는 이 정도를 잡고 갈 수 있음.

- ❶ 초월적 능력을 지닌 주인공
- ❷ 주인공과 적대자의 필연적 대결
- ❸ 적대자는 압도적인 무력을 가진 존재
- ❹ 인물에 따라 다른 방식으로 적대자에게 대응함

7. 문학에서 '감상'의 영역은 보기를 통해 주어진 관점에서 벗어나지 않기

8. 산문 문학을 읽을 때에는 사실적인 내용의 파악에 중점을 두기

9. (가), (나) 또는 (다)까지 여러 작품이 제시된 문학 작품은 작품 하나를 읽을 때마다 해당 작품과 관련해 판단할 수 있는 문제의 선지를 모두 판단하기

10. 비문학의 첫 문단에서는 글의 주제가 되는 내용, 다르게 말하면 주목해서 읽어 나갈 내용 미리 정하기

11. 비문학 지문을 읽을 때에는 최대한 새로 나온 내용은 앞에 나온 내용과 연관시키면서 읽기(21장 '벼락치기로 최고의 효율을 뽑아내는 법' 참고)

12. 비문학 지문에서 수식 또는 일련의 과정이 나타난다면 지문에 표시를 하면서, 혹은 옆에 따로 정리하면서 읽기

13. 비문학 세트의 지문 또는 문제에 그림이 주어진다면 그 그림에 지문의 내용을 대응시키면서 읽기(특히 과학, 기술 지문에서)

14. 그림이 주어져 있지 않더라도 그림을 활용하는 게 이해에 도움이 된다고 판단하는 경우는 그림을 그려서 내용을 정리하기

LFIA 키트를 이용하면 키트에 나타나는 선을 통해, 액상의 시료에서 검출하고자 하는 목표 성분의 유무를 간편하게 확인할 수 있다. LFIA 키트는 가로로 긴 납작한 막대 모양인데, 시료 패드, 결합 패드, 반응막, 흡수 패드가 순서대로 나란히 배열된 구조로 되어 있다. 시료 패드로 흡수된 시료는 결합 패드에서 복합체와 함께 반응막을 지나 여분의 시료가 흡수되는 흡수 패드로 이동한다. 결합 패드에 있는 복합체는 금-나노 입자 또는 형광 비드 등의 표지 물질에 특정 물질이 붙어 이루어진다. 표지 물질은 발색 반응에 의해 색깔을 내는데, 이 표지 물질에 붙어 있는 특정 물질은 키트 방식에 따라 종류가 다르다. 일반적으로 한 가지 목표 성분을 검출하는 키트의 반응막에는 항체들이 띠 모양으로 두 가닥 고정되어 있는데, 그중 시료 패드와 가까운 쪽에 있는 가닥이 검사선이고 다른 가닥은 표준선이다. 표지 물질이 검사선이나 표준선에 놓이면 발색 반응에 의해 반응선이 나타난다. 검사선이 발색되어 나타나는 반응선을 통해서는 목표 성분의 유무를 판정할 수 있다. 표준선이 발색된 반응선이 나타나면 검사가 정상적으로 진행되었음을 알 수 있다.

2019학년도 6월 모의고사에 출제된 'LFIA 키트' 지문 중 일부

시료 패드	결합 패드	반응막	흡수 패드
	복합체	검사선 표준선	

위 지문의 내용들은 이와 비슷한 그림을 그리면 쉽게 이해할 수 있다.

15. (가), (나) 비문학은 지문 하나를 읽을 때마다 해당 지문과 관련해 판단할 수 있는 문제의 선지를 모두 판단하기

16. 선지에서 두 가시 사항을 물어보고 있으면, 두 가지 사항 모두에 대해 참·거짓 여부를 확인하기 (예 A는 '객관적 상관물로 기능'하면서 '화자의 슬픔을 심화'시키고 있다)

17. 늦어도 시험 종료 10분 전에는 마킹 시작하기

18. 모르는 문제는 일단 4번으로 찍고 넘어가기

19. 가채점표는 마킹까지 모두 마무리한 후 답안지를 보고 작성하기

20. 가채점표를 작성하고 시간이 남으면 시험지에 적힌 답안과 가채점표에 적힌 답안을 대응해 마킹 실수가 없는지 확인하기

수학 영역

1. 파본 검사를 하면서 약한 유형(제 경우에는 도형)이 어느 번호대의 문제에 출제되었는지를 확인하기

2. 약한 유형이 4점 중반부 이후 번호대에 출제되었을 때에는 가장 마지막에 풀기

3. 제시된 순서대로 문제를 풀어 나가되, 문제의 발상이 1분 이상 떠오르지 않는 경우에는 해당 문제는 일단 넘어가기

4. 문제의 발문을 정독하면서 제시된 정보를 하나하나 면밀히 체크하기(문제를 제대로 읽지 않아 발생하는 실수를 줄이기 위함)

> **29** 흰 공 4개와 검은 공 6개를 세 상자 A, B, C에 남김 없이 나누어 넣을 때, 각 상자에 공이 2개 이상씩 들어가도록 나누어 넣는 경우의 수를 구하시오. (단, 같은 색 공끼리는 서로 구별하지 않는다.)
>
> 정답 : 168

2021학년도 9월 모의고사 수학 나형 29번 문항.
흰 공을 기준으로 경우를 나누는 것과,
검은 공을 기준으로 경우를 나누는 두 가지 풀이 방법이 있다.

5. 확률과 통계 주관식 문제는 시간이 남으면 두 가지 방법으로 풀어 보면서, 두 방법으로 도출한 답이 똑같은지 확인하기(두 가지 방법으로 도출한 답이 같으면서 해당 답이 오답일 가능성은 거의 없음)

6. 낯선 관계식의 수학적 귀납법 유형 문제는 관계식에 일단 수를 넣어 보면서 일정한 규칙을 찾기

7. 문제에 대한 검토는 시간이 남는 대로 '주관식 3점 → 주관식 4점

→ 객관식 3점 → 객관식 4점' 순으로 진행하기

8. 100분 내내 최대한 집중을 유지하고자 의식적으로 노력하기(사실 이는 모든 과목에서 중요하나, 수학 과목의 특성상 집중이 흐트러졌을 때 어떠한 형태로든 손해 볼 확률이 압도적으로 높음)

9. 집중이 흐트러진 경우에는 해당 사실을 명확하게 인지하고 짧은(약 10초) 휴식을 가진 후 다시 집중하기

10. 삼각형의 넓이를 구할 때에는 1/2를 곱해야 한다는 사실을 반드시 기억하기

11. 문제에서 구해야 하는 내용이 무엇인지를 명확하게 확인하고, 의미가 없는 내용은 굳이 구하려고 하지 않기

12. 'p/q일 때, $p+q$의 값을 구하라' 유형의 문제에서는 p/q가 기약분수인지 반드시 체크하기

13. 다항함수에서 최고차항이 주어지지 않았을 때에는 최고차항이 음수일 수 있는 가능성도 반드시 염두에 두기

14. 함수가 주어졌을 때 발문에 '다항함수'라는 말이 없으면 유리함수, 주기함수, 구간별로 정의된 함수 등 다른 종류의 함수일 수도 있음을 항상 염두에 두기

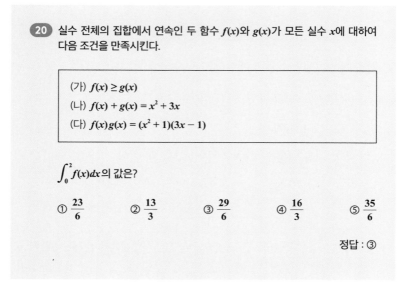

2021학년도 9월 모의고사 수학 나형 20번 문항.
f(x)와 g(x)는 다항함수가 아닌 구간별로 정의된 함수임을
눈치채야 풀 수 있는 문제이다.

15. 등차수열의 합을 나타내는 이차식에 상수항이 있으면 등차수열의 첫 항은 무조건 $a_1 = S_1$을 활용해서 구하기

16. 부정적분은 미분하고 대입하고 관찰하기(특히 부정적분에서 위끝과 아래끝이 같아지게 되는 x의 값은 무조건 대입해 보기)

12 실수 전체의 집합에서 연속인 함수 $f(x)$가 다음 조건을 만족시킨다.

> $n-1 \leq x < n$ 일 때, $|f(x)| = |6(x-n+1)(x-n)|$이다.
> (단, n은 자연수이다.)

열린구간 $(0, 4)$에서 정의된 함수

$$g(x) = \int_0^x f(t)dt - \int_x^4 f(t)dt$$

가 $x=2$에서 최솟값 0을 가질 때, $\int_{\frac{1}{2}}^4 f(x)dx$의 값은?

① $-\dfrac{3}{2}$ ② $-\dfrac{1}{2}$ ③ $\dfrac{1}{2}$ ④ $\dfrac{3}{2}$ ⑤ $\dfrac{5}{2}$

정답 : ②

2023학년도 수능 수학 홀수형 12번 문항.
부정적분에 대해 미분, 대입, 관찰의 관점을 모두 적용해야 풀 수 있는 문제이다.

17. 늦어도 시험 종료 10분 전에는 마킹 시작하기

18. 객관식에서 모르는 문제는 답 개수를 확인한 뒤 가장 적게 나온 번호로 찍기

19. 가채점표는 마킹까지 모두 마무리한 후 답안지를 보고 작성하기

20. 가채점표를 작성하고 시간이 남으면 시험지에 적힌 답안과 가

채점표에 적힌 답안을 대응해 마킹 실수가 없는지 확인하기

영어 영역

1. 듣기에서 '마지막 말에 대한 응답으로 가장 적절한 것을 고르시 오' 유형은 듣기 스크립트가 갑작스럽게 끝날 수 있다는 사실을 유념하기

2. 듣기 중간중간에 독해 문제는 '18, 19번 → 도표, 실용문 → 43~45번 장문 → 주제문' 순서대로 풀기

3. 듣기에서 '지불할 금액을 고르시오' 유형은 문제에서 제시되는 모든 정보를 시험지에 최대한 기록하기

4. 16~17번 듣기 문제는 듣는 도중에 17번 문제를 풀고, 다 듣고 16번 문제를 푸는 식으로 한 번만 듣고 끝내기

5. 21번 '밑줄 친 부분이 다음 글에서 의미하는 바로 가장 적절한 것은?' 유형은 밑줄 친 부분을 빈칸으로 생각하고 빈칸 추론 유 형과 같은 방식으로 접근하기

6. 22~24번 '다음 글의 요지, 주제, 제목으로 가장 적절한 것은?'
   유형은 모두 같은 방식으로 접근하기

7. 29번 '어법상 틀린 것은?' 유형도 지문 해석을 다 마무리한 뒤
   각 선지의 정오를 판별하기

8. 빈칸 추론 유형은 빈칸에 들어가야 할 내용을 지문의 다른 부분
   을 바탕으로 미리 생각해 둔 뒤 해당 내용과 가장 유사한 선지를
   답으로 고르기

9. 순서, 삽입 유형에서는 연결어를 먼저 체크하고, 연결어가 없는
   경우 내용을 바탕으로 답을 고르기

10. 41~42번 장문 문제는 읽는 도중에 42번을 풀고, 다 읽고 41번
    풀기

11. 독해에서 31~39번 문제는 35번을 제외하고 가장 마지막에
    풀기

12. 늦어도 시험 종료 10분 전에는 마킹 시작하기

13. 객관식에서 모르는 문제는 답 개수를 확인한 뒤 가장 적게 나

온 번호로 찍기

14. 가채점표는 마킹까지 모두 마무리한 후 답안지를 보고 작성하기

15. 가채점표를 작성하고 시간이 남으면 시험지에 적힌 답안과 가채점표에 적힌 답안을 대응해 마킹 실수가 없는지 확인하기

수능 당일
최적의 시험 운용 루틴

집에서 시험장까지

기상

배정받은 수능 시험장과 집까지의 거리에 따라 달라지겠지만, 일반적으로는 오전 6시 안팎에 기상하는 것이 좋습니다. 저는 집과 꽤 거리가 있는 수능 시험장을 배정받았기에, 수능 당일 오전 5시 40분 정도에 기상했습니다.

아침 식사

속에 부담이 갈 수 있는 자극적인 음식보다는, 가벼운 음식들로 과식하지 않고 적당히 먹는 걸 추천합니다. 마찬가지로 도시락도 자극적인 음식보다는, 가볍게 먹고 끝낼 수 있는 음식으로 준비해 가는 것이 좋습니다.

출발 직전

시험장에 챙겨가야 할 준비물들을 모두 제대로 챙겼는지 확인하세요. 준비물에 어떤 것이 있는지는 26장 '사소한 듯 사소하지 않은 수능에 대한 궁금증들'에 정리해 놓았으니 이를 참고하면 되겠습니다.

추가적으로 해당 글에서 언급한 반입 금지 물품(특히 스마트폰)들을 실수로 챙기지 않았는지에 대해서도 확인하는 것이 좋습니다. 저 같은 경우에는 문제가 될 수 있는 물품들은 아예 집에 놓고 가는 것을 택했습니다.

시험장 이동

공식적인 수능 당일 시험장 입실 시간은 오전 8시 10분까지입니다. 하지만 시험장에 도착해서 확인해야 할 여러 가지 사항들이 있기에 실제 도착 시간은 약 3~40분 정도 여유 있게 먼저 도착하는 것을 추천합니다.

시험장 도착 이후

시험장 도착 후

가장 먼저 확인해야 할 것은, 해당 시험장의 화장실 위치입니다. 가장 편하게 이동해서 빠르게 이용할 수 있을 것 같은 화장실을 미리 정해둔 뒤, 해당 화장실을 이용하는 것입니다. 또한 시험 시작 전 미리 용변을 처리하고 나온다면 그만큼 좋은 것이 없겠죠.

그다음엔 여러분이 배정받은 시험장 자리로 이동해서, 혹시 해당 자리에 결함이 있지 않은지 여부를 체크하세요. 의자나 책상에 결함이 존재하는데 이를 미리 해결하지 못한 경우에는, 시험을 볼 때 상당한 불이익으로 작용하게 될 것입니다. 결함을 발견하면 시험장에 있는 감독관의 도움을 청할 수도 있고, 스스로 해결이 가능한 영역이면 그렇게 해도 되겠죠.

예를 들어 가장 자주 발생하는 결함인 책상의 좌, 우 높이가 맞지 않아 책상이 흔들리는 건에 대해서는 높이가 낮은 쪽에 종이 따위를 넣음으로써 높이를 맞춰 문제를 해결할 수 있겠습니다.

공식 입실 시간(08:10) 이후

책상에 있는 필기구를 제외한 모든 물건들을 치우라는 지시가 있기 전까지, 가져온 국어 예열 지문들을 풀면 됩니다. 예열 지문은 너무 쉽거나 어려운 것보다는 적당한 난이도로, 또 문학, 비문학, 선택과목 모두에서 골고루 가지고 가는 것을 추천합니다.

만약 이 시간에 감독관이 들어왔다면, 앞에서 발견한 결함들을 이야기해 필요한 조치를 받으면 됩니다.

수능 시작 이후

1교시 국어 영역(08:40~10:00)

27장 '내가 수능 시험장까지 가지고 갔던 행동강령'에서 국어 영역에 관한 부분을 참고하세요.

1~2교시 사이 쉬는 시간(10:00~10:20)

절대로 같은 시험장에 배정받은 친구들과 시험의 답을 맞춰 보지 마세요. 이제까지 치른 시험에 여러분이 틀린 문제가 있다는 것을 확인한 순간, 이후 시험에서의 멘탈은 생각보다 훨씬 빠르게 무너집니다. 다만 긴장을 덜기 위해 친구들과 잡담을 나누는 정도는 당연히 괜찮습니다.

필요성이 그다지 크지 않더라도, 시험 시간에 다녀오게 되는 불상사를 방지하기 위해 화장실은 무조건 미리 한 번 다녀오는 것을 추천합니다. 그 후에는 2교시 수학 영역을 위한 마음의 준비를 해 두세요. 10시 20분에 예비령이 울리면 시험 전까지 자리에 앉아 대기합니다.

2교시 수학 영역(10:30~12:10)

27장 '내가 수능 시험장까지 가지고 갔던 행동강령'에서 수학 영역에 관한 부분을 참고하세요.

점심시간(12:10~13:00)

가져온 도시락으로 식사 맛있게 하되, 속이 더부룩할 정도로 과식은 하면 안 됩니다.

가끔 이때 긴장이 완전히 풀려 밖에서 축구 등 신체활동을 하고 오는 친구들이 있는데, 신체활동은 몸의 피로도를 높여 이후 시험에 좋지 않은 영향을 미칠 수 있으니 추천하지 않습니다.

안 그래도 이후 치러질 시험에서는 식곤증이 찾아오게 되는데, 여기서 몸을 피곤하게 하는 추가적인 행동은 하지 않는 게 좋습니다.

화장실 한 번만 다녀온 뒤, 3교시 영어 영역을 위한 마음의 준비를 하면 되겠습니다. 점심시간에도 역시 절대 친구들과 답을 맞춰 보지 마세요. 13시에 예비령이 울리면 시험 전까지 자리에 앉아 대기합니다.

3교시 영어 영역(13:10~14:20)

27장 '내가 수능 시험장까지 가지고 갔던 행동강령'에서 영어 영역에 관한 부분을 참고하세요.

3~4교시 사이 쉬는 시간(14:20~14:40)

역시 절대로 친구들과 시험의 답을 맞춰 보는 행위를 하면 안 됩니다.

이때쯤 슬슬 누적된 피로로 인해 몸이 지치는 것을 체감하게 될 텐데, 미리 피로 회복에 좋은 초콜릿을 챙겨간 뒤 이 정도 타이밍에 먹는 것을 추천합니다.

다만 초콜릿에 포함된 카페인 성분은 이뇨 작용을 촉진해서 시험 도중 화장실에 가고 싶게 만들 수도 있기 때문에, 본인이 평소 카페인 섭취에 민감하다면 섭취하지 않는 편이 나을 수도 있습니다.

다만 한국사 영역 시험 시간에 화장실에 가는 것은 한국사 영역의 특성상 그다지 큰 타격이 되지 않기에, 이것까지 고려 사항에 넣으세요.

역시 이전 교시 쉬는 시간 때와 마찬가지로 화장실 한 번 다녀온 다음, 이후 남은 시험들에 대해 준비를 하면 되겠습니다.

14시 40분에 예비령이 울리면 시험 전까지 자리에 앉아 대기합니다.

4교시 한국사 영역(14:50~15:20)

한국사 영역은 그 특성상 문제 풀이에 긴 시간이 소요되지도 않으며, 절대평가이면서도 문제의 난이도가 높지 않은 편입니다.

거기에 일반적으로 인문계 입시에서는 한국사 3등급, 이공계 입시에서는 한국사 4등급 이상이면 불이익이 거의 없기에, 적어도 다른 영역의 과목들에 비해서는 크게 부담 가지지 않아도 됩니다.

거기에 한국사는 온전히 암기 과목이기에 관련된 개념을 알면 바로 풀고, 모르면 아예 못 푸는 두 가지 경우의 수만 존재합니다. 그러므로 한국사 영역에 있어서는 아는 문제들만 최대한 빨리 풀어낸 다음(어차피 모르는 문제들은 무슨 수를 써도 손댈 수 없으므로), 남는 시간은 지친 몸을 달래는 휴식을 위한 시간으로 활용하는 것을 추천합니다.

한국사, 탐구 영역 간 대기 시간(15:20~15:35)

이전까지의 쉬는 시간과는 달리, 이 시간 동안 여러분에게 자유롭게 무엇인가 할 수 있는 기회는 주어지지 않을 것입니다. 이때 주어지는 쉬는 시간은 문답지를 회수하고 배부하기 위한 시간으로, 엄연히 따지면 4교시 시험 시간 안에 포함되기 때문이죠.

그러므로 이때는 예열 문제를 푸는 등 특별히 뭔가 할 생각을 하기보다는, 그냥 마지막 탐구 영역의 시험에 대한 마음의 준비를 하면 되겠습니다.

4교시 탐구 영역(15:35~16:37)

이 시간쯤 되면, 1~2교시에 비해 상당히 긴장이 풀리기 마련입니다.

여기에는 앞의 시험들에서 연속적으로 체력이 빠진 것, 그리고 이 시험만 끝나면 수능도 끝난다는 해방감 또한 작용하기 때문이죠. 그러나 탐구 영역 역시 국어, 수학 영역과 동급의 중요성을 가지고 있으므로 최대한 매 순간 끝까지 긴장을 놓지 않도록 정신을 집중하세요. 초콜릿을 탐구 영역 시작 직전에 추가로 하나 먹는 것도 도움이 될 수 있습니다.

탐구 제1과목과 제2과목 시험 간에는 2분의 쉬는 시간이 주어지나, 이 시간 동안에는 특별하게 할 수 있는 것이 거의 없다시피 합니다. 그러므로 이 시간에는 제1과목 시험을 치르느라 바빠진 정신을 추스르고 제2과목 시험을 치르기 위한 마음의 준비 정도만 하면 되겠습니다.

시험이 모두 끝난 후

정말로 수고 많으셨습니다.

어떤 결과를 받아 들게 되었건 간에 여러분이 수능이라는 단 하루를 바라보고 지금까지 해 온 노력은 반드시 존중받을 것이며, 한 가지의 목표를 끈질기게 추구해 본 것은 이후의 인생에서 매우 값진 경험으로 작용하게 될 것입니다.

시험 결과에 대한 부담은 잠시 잊고, 시험이 끝난 이 순간을 최대한 만끽하시기 바랍니다.

경험자가 조언하는
기타 수능 팁

1. 여분의 양말 챙겨 가세요

수능 시험은 11월에 치러지는데, 그 시기 날씨는 여러분이 생각하는 것보다 상당히 추울 겁니다. 발이 시리면 시험에 집중이 어려울 테니, 만약의 상황을 대비해 양말 하나 정도는 더 챙겨 가는 게 좋죠. '히터가 있으니 괜찮지 않을까?'라는 생각을 할 수도 있겠지만, 히터로 인해 데워진 따뜻한 공기는 다 위로 올라가서 바닥에는 여전히 차가운 공기만 남게 됩니다. 그래서 다른 신체 부위에 비해 발이 더 시립니다. 때문에 저는 여분의 양말 하나를 더 챙겨 가는 걸 추천하는 편입니다.

2. 얇은 티셔츠 위에 후드집업 입고 가세요

앞서 이야기했듯, 수능 시험장에서는 히터를 틀어 줍니다.

그리고 그 히터의 세기는 우리의 예상보다 훨씬 더 셀 수도 있죠. 만약 스웨터처럼 두꺼운 옷을 입고 갔는데 히터가 너무 세다면 더워서 시험에 제대로 집중할 수 없게 될 수도 있습니다.

이를 대비해서 벗기 쉬운 후드집업을 입고 가시는 걸 추천합니다. 시험장이 추우면 입고 그대로 시험을 보면 되고, 더우면 벗어서 안에 입고 온 얇은 티셔츠만 입은 채로 시험을 보면 되니까요.

3. 초콜릿을 가저 가세요

긴 시간 동안 집중해서 시험을 치다 보면 자연스레 체력이 떨어지기 마련입니다. 그리고 떨어진 체력을 다시 채워 주는 데는 초콜릿이 매우 효과적이죠. 수능을 앞둔 수험생들에게 초콜릿 선물을 주는 이유도 여기서 찾을 수 있습니다.

영어 시험이 끝날 즈음이 되면 슬슬 집중력이 떨어지는 것이 느껴질 텐데, 이 타이밍에 한 개쯤 먹으면 효과를 볼 수 있습니다. 물론 너무 많이 먹는다면 그것도 좋지 않은 영향을 미칠 수 있겠죠?

4. 신경안정제는 미리 시험해 보고 가세요

긴장을 많이 하는 분들은 수능 당일 신경안정제를 복용하는 것도 고려하고 있을 것입니다. 그러나 신경안정제가 본인에게 어떤 영향을 가지고 올지도 모른 채, 사전 테스트 없이 갑자기 복용하고 가는 것은 매우 위험한 선택입니다.

본인에게 과도하게 많은 양을 복용하면 긴장이 너무 많이 풀려 집중력이 떨어지게 되고, 심하면 시험을 잘 보게끔 하는 의욕마저 잃어버리게 될 수도 있습니다. 약물의 도움은 어디까지나, 해당 약물에 대한 충분한 이해를 갖춘 뒤 받아야 합니다.

'순응'이 곧 끝납니다

십여 년 전 어느 날, 누군가의 이야기가 쓰일노트들은 저마다 그 덮개를 열었습니다.

노트 속 각자가 그려 나간 발자취가 하나하나 남아 모인 기록들은 저마다의 역동적인 이야기를 구성하고 있습니다. 그 이야기는 서로 닮아 있는 한편 독창적입니다.

누구나 겪는 제도교육하에서의 12년. 그러나 그 12년의 세월 동안 여러분이 제각각 쌓아 올린 수많은 이야기들은 저마다 다른 방식으로 아름답게 수놓여 있습니다.

처음 유치원에 들어가 익숙했던 엄마의 손을 놓기 싫어 하염없이 울던 순간부터, 낯설었지만 어느새 익숙해진 친구들과 천진난만하게 어울려 놀던 나날들, 그 천진난만함을 아스라이 찾아온 성숙으로 승화해 나가던 성장의 시간들과 그 속에서 싹튼 소중한 추억들. 이렇게 여러분의 노트 속 이야기 1막은 마무리를 향해 나아가고 있습니다.

그러나 흥미로운 이야기의 주인공은 항상 시련을 맞이하는 법. 그 제도교육하에서 그려 나갈 인생 1막의 마지막 장면에는, 언젠가는 결국 마주해야 하는 커다란 관문이 남아 있습니다. 그리고 그 관문은, 어느새 단 하루라는 거리를 사이에 둔 채 여러분의 앞에 자리하고 있죠.

그렇게 긴 세월 동안 써 내려간 이야기의 마지막이 단 하루만에 결정된다는 사실, 그리고 그 사실을 마주해야 할 시간이 어느새 눈앞에 자리하고 있다는 것은 힘겹고 불안합니다. 지금까지 쌓아 온 모든 것들이 부정당할 수도 있다는 현실에 불안해하지 않을 수 있는 사람이 그 어디에 있을까요.

그 이야기의 마지막은 하루에 결정됩니다. 그러나 그 하루를 위해 달려온 수많은 길들, 그리고 그 길에서 겪어 나간 여정을 여러분은 기억해야 합니다.

그 하루를 위해 여러분이 쏟아낸 땀과 눈물, 그리고 감내했던 수많은 어려움들은 노력이라는 이름으로 노트 속의 이야기에 남아 있습니다. 그리고 이는 1막의 마무리에 해피엔딩을 맞이하게 해 줄 개연성이 될 것입니다.

관문을 통과하는 데 주어진 시간은 하루지만, 그 하루 안에는 여러분이 쌓아 올린 몇 년, 아니 몇십 년간의 세월이 녹아 들어 있습니다.

여러분이 해 온 노력을 믿으세요. 그 모든 것들을 인내한 채 단 하루만을 바라보고 나아간 여러분의 끈기와 의지를 써 내려간 펜은, 곧 성공이라는 기록을 마지막에 남기게 될 것이니 말이죠.

순응이 곧 끝납니다.
12년의 길고 길었던 교육과정이 마무리됩니다.

매일 같은 시간에 등하교하고, 점수에 의해 등급으로 줄 세워지고, 여러분의 의지와는 관계없이 따라야 했던, 여러분의 이야기 1막을 구속했던 모든 순응도 이제 그 끝이 보이고 있습니다.

여러분의 노력이 그에 응당 걸맞은 만족스러운 성과를 얻기를 바라지만, 그보다도 여러분 스스로가 가진 가치가 성적이라는 단 한 가지의 요소에 매몰되지 않은 채 온전하고 합당하게 측정되기를 더더욱 바랍니다.

순응이 곧 끝납니다.
여러분이 제대로 찍기를 응원합니다.

정답을 찍는 것만이 아닌, 이 순응의 체계에 마침표를 찍고 새로운 2막의 이야기를 써 나가기를 응원합니다.

여러분이 제대로 붙기를 응원합니다.

대학에 붙는 것만이 아닌, 여러분을 억누르는 모든 것들과 제대로 한 판 붙기를 응원합니다.

순응이 곧 끝납니다.

이제 여러분에 대한 모든 구속에 불응할 수 있는, 멋진 성인이자 대학생이 될 수험생 여러분을 진심으로 응원합니다.

이 글의 특정 표현(순응, 찍기, 붙기 등)은 홈플러스 공식 인스타그램 (theclub_homeplus)을 참고했습니다.

새로운 세상으로
나아가는 여러분에게

> "새는 알에서 나오려고 투쟁한다. 알은 세계다.
> 태어나려는 자는 한 세계를 깨뜨려야 한다.
> 새는 신에게 날아간다. 그 신의 이름은 아브락사스다."
>
> – 헤르만 헤세, 『데미안』

태초의 울음을 터뜨릴 때, 우리는 모두 순백의 도화지와도 같은 모습을 한 채 태어납니다. 마치 세상이 처음 생겨났을 때의 모습을 연상케 하는, 한 점 얼룩 없는 백색의 도화지.

그리고 우리는, 그 속에 우리가 살아가는 세계 속에서 겪은 경험이라는 이름의 그림을 그립니다. 엄마의 품을 떠나기 싫어 치맛자락을 붙잡고 울던 한 아이는 어느새 엄연한 소년·소녀가 되어 초등학교 졸업 연단에 서고, 곧 서점에서 수능 기출 문제집을 골라 드는 입시를 준비하는 학생이 되죠.

이 일련의 성장 과정 속에서 겪는 다양하고 입체적인 경험들로 각자의 도화지는 충만해지며, 그로 인해 우리 모두는 한층 더 발전한 사람이 됩니다. 그러므로 우리 누구에게나, 인생 속에서 많은 경험을 쌓아 나가는 것은 발전을 위한 중요한 초석이 됩니다.

그러나 언젠가 우리는 안주하고 있던 세계라는 알을 깨고 날아가 새로운 세상을 마주해야 합니다. 우리가 마주하는 성장의 각 단계는, 때로 익숙함을 떠나 낯섦을 받아들일 것을 요구하며, 우리는 도태되지 않기 위해 이 요구를 받아들여야만 하죠.

그럼에도 알을 깨기 위한 투쟁은 고통스러우며, 새로운 세상은 종종 마주하기 힘든 모습으로 다가옵니다. 흥미로운 이야기의 주인공이 마주하는 서사가 으레 그렇듯, 우리 모두의 삶에는 굴곡이 존재하며, 다양한 시련들은 항상 우리와 얼굴을 마주합니다.

매일 함께했던 정든 친구들과의 헤어짐, 끝이 보이지 않는 피눈물 나는 노력, 그럼에도 노력을 무참하게 비웃고 짓밟는 성과까지, 우리 모두 인생에 있어 필연적으로 시련을 마주하죠. 그림이 덜 그려진 도화지에 쓰여진 낙서가 유난히 커 보이듯, 성장기에 마주한 시련은 특히나 큰 아픔으로 다가옵니다.

그럼에도 수족관 속의 아늑한 환경을 영위하던 물고기보다 야생 속에서 평생을 살아온 물고기가 더 크게 자라는 건 왜일까요. 따뜻하고 깨끗한 물, 아무것도 하지 않아도 주어지는 먹잇감, 위협적인 포식자의 부재, 이 모든 것을 갖추지 못함에도 불구하고, 야생 속의 물고기는 마지막까지 헤엄쳐 나가 자신의 진짜 모습을 모두에게 드러냅니다.

언제까지나 끝나지 않을 것 같던 어려움, 금방이라도 몸이 터져 나갈 것만 같은 알을 깨기 위한 투쟁, 그러나 이 모든 것을 이겨 낸 자들은 그 과정 속에서 한층 성숙해져 다시 태어납니다.

도화지의 낙서를 그림의 한 부분으로 승화시킬 때, 비로소 우리는 완성된 그림으로서의 스스로를 찾아낼 수 있습니다.

"나를 죽이지 못하는 고통은 나를 더 강하게 만든다."

프리드리히 니체가 남긴 명언이자, 제가 제일 좋아하는 말입니다.

무한 경쟁을 요구하는 대한민국의 입시 체계, 그 속에서 괄목할 만한 성과를 거두기까지 여러분은 얼마나 많은 고통을 겪어야 했을까요. 수없이 반복되는 희망 고문과 절망, 좌절의 연쇄, 이제 겨우 열 몇 살이 된 학생들이 이겨내기엔, 너무나도 가혹했을 겁니다.

그럼에도 이 모든 것을 이겨냄으로써, 여러분은 한층 더 단단하고 강한 사람이 되었습니다. 알을 깨기 위한 투쟁, 결국 알을 깬 여러분이 나아가 만날 새로운 세상에는 무한히 새로운 경험들과 성장의 가능성이 존재하고, 이는 발전을 위한 탄탄한 초석이 되어 줄 것입니다.

태초의 울음을 터뜨릴 때, 우리는 모두 순백의 도화지와도 같은 모습을 한 채 태어납니다. 이제 이 도화지에는 우리 각자가 쌓은 경험이라는 제각기 아름다운 화폭이 수놓아져 있죠. 이 아름다운 화폭을 뒤로 한 채 새로이 마주할 세상에서, 여러분은 또 새로운 그림을 그려 나가야만 합니다.

이 새로운 그림이 어떤 모습으로 그려질지는 아무도 모릅니다. 그러나 한 가지 확실한 것은, 여러분은 이미 여러 시련을 이겨 내고 알을 깨고 나와 그림을 그려 냈기에, 이 경험을 바탕으로 앞으로 어떤 새로운 어려움을 마주해도 이겨 낼 능력을 갖추었다는 점입니다.

지금까지 그래 왔던 것처럼, 언젠가 다시 한 번 새로운 한 폭의 아름다운 그림을 그려 내, 힘들었던 지난 세월을 웃으면서 회상하는 날이 찾아오게 되기를 기원합니다.

무한 입시 경쟁이라는 멀고 험한 길을 걸어와 마침내 이 글을 읽게 되기까지, 정말 고생 많으셨습니다. 그 고생이 결국에는 새로운 세상에서 여러분이 영위하게 될 찬란한 새로운 삶의 모습으로 승화되어 나타날 수 있기를 응원합니다.

지금까지 저자 한정윤이었습니다.
감사합니다.

* 저자가 과학탐구 시험 해당자가 아니었기에 과학탐구 파트는 정시 합격자인 서울대학교 산업공학과 21학번 김병훈이 집필했습니다.

서울대 1등급 노트

초판 1쇄 발행 2024년 9월 11일

지은이 한정윤
펴낸이 김선준

편집이사 서선행
책임편집 오시정(sjoh@forestbooks.co.kr)
편집3팀 최한솔, 최구영
마케팅팀 권두리, 이진규, 신동빈
홍보팀 조아란, 장태수, 이은정, 권희, 유준상, 박미정, 이건희, 박지훈
디자인 김세민
경영관리팀 송현주, 권송이, 정수연

펴낸곳 ㈜콘텐츠그룹 포레스트 **출판등록** 2021년 4월 16일 제2021-000079호
주소 서울시 영등포구 여의대로 108 파크원타워1, 28층
전화 070)4276-3280 **팩스** 070)4170-4865
홈페이지 www.forestbooks.co.kr
종이 월드페이퍼 **인쇄·제본** 한영문화사

ISBN 979-11-93506-81-3 (03370)

㈜콘텐츠그룹 포레스트는 독자 여러분의 책에 관한 아이디어와 원고 투고를 기다리고 있습니다. 책 출간을 원하시는 분은 이메일 writer@forestbooks.co.kr로 간단한 개요와 취지, 연락처 등을 보내주세요. '독자의 꿈이 이뤄지는 숲, 포레스트'에서 작가의 꿈을 이루세요.